高等院校金融学专业系列教材

固定收益证券
(第 2 版)

张雪莹　编著

清華大學出版社
北　京

内 容 简 介

本书在内容上吸收了近年来固定收益证券方面的理论研究成果，同时紧密联系固定收益证券、衍生产品市场发展及投资实践的最新动态，通过介绍大量的实际案例，深入浅出地诠释了全书内容，使读者在掌握专业理论知识的同时，能够迅速提高固定收益证券分析与操作的能力。

本书共分为 8 章，主要内容包括固定收益证券基础、债券价格与利率、利率期限结构的理论与拟合、利率期限结构的动态模型、固定收益证券投资管理、固定收益衍生产品概述、固定收益衍生产品定价模型、内嵌期权固定收益类产品的价值分析。

本书既可以作为高等院校金融、经济、管理等相关专业的高年级本科生和硕士研究生的教材，也可以作为理论研究人员和金融从业者的参考书。

本书封面贴有清华大学出版社防伪标签，无标签者不得销售。
版权所有，侵权必究。举报：010-62782989，beiqinquan@tup.tsinghua.edu.cn。

图书在版编目(CIP)数据

固定收益证券/张雪莹编著. —2 版. —北京：清华大学出版社，2022.9
高等院校金融学专业系列教材
ISBN 978-7-302-61808-9

Ⅰ. ①固… Ⅱ. ①张…… Ⅲ. ①固定收益证券—高等学校—教材 Ⅳ. ①F830.91

中国版本图书馆 CIP 数据核字(2022)第 166275 号

责任编辑：孟 攀
封面设计：刘孝琼
责任校对：么丽娟
责任印制：刘海龙
出版发行：清华大学出版社

网　　址：http://www.tup.com.cn, http://www.wqbook.com
地　　址：北京清华大学学研大厦 A 座　　**邮　　编**：100084
社 总 机：010-83470000　　**邮　　购**：010-62786544
投稿与读者服务：010-62776969, c-service@tup.tsinghua.edu.cn
质量反馈：010-62772015, zhiliang@tup.tsinghua.edu.cn
课件下载：http://www.tup.com.cn, 010-62791865

印 装 者：北京鑫海金澳胶印有限公司
经　　销：全国新华书店
开　　本：185mm×260mm　　**印　　张**：12.5　　**字　　数**：304 千字
版　　次：2014 年 1 月第 1 版　2022 年 9 月第 2 版　　**印　　次**：2022 年 9 月第 1 次印刷
定　　价：39.00 元

产品编号：091864-01

序

2013 年 4 月，张雪莹副教授给我带来了他撰写的《固定收益证券》书稿。我利用业余时间陆续看完了这部书稿，觉得它既承续了以往同类教材的逻辑体系和理论框架，又体现了其特有的实践性、操作性和新颖性，在固定收益证券理论和实务的中国化方面有着鲜明的特色。回想起雪莹在攻读博士学位阶段的执着追求，我又看到了他 10 多年在这一领域辛勤耕耘的一颗硕果。

本书的第一个特点是实践性。目前，国内各种固定收益类教材很多，但大多沿袭了国外的编写模式。然而中国从 2010 年起已成为世界第二大经济体，随着金融创新速度的加快，固定收益证券市场不断扩大，品种也不断增加，操作模式和管理都形成了中国自有的一套体系和特色。如果学生只看国外模式的教材，就只能了解国外的固定收益品种和运行模式，难以了解中国固定收益证券市场的实际状况，学生走出校门后将难以快速融入中国的资本市场，难以承担起相应的投资管理责任。而本书在贴近中国固定收益证券市场方面迈出了很大的步伐，每一章都融入了中国固定收益证券市场的实际状况，介绍了中国固定收益证券市场的产品、市场分类及相关的运行机制。在第三章的利率期限结构的理论与拟合中，作者用中国的市场数据拟合了利率期限结构变动的三维图形，让读者能够更直观地了解中国的利率期限结构。在第五章的固定收益证券投资管理中，作者更多地运用中国固定收益证券市场的实际数据来解释证券投资管理理论，不仅给学生带来亲近感，而且对学生更好地理解中国固定收益证券市场具有很高的参考价值。

本书的第二个特点是操作性。在本书各章涉及有计量分析内容的部分，都对模型的证明过程进行了展示，同时对中国固定收益证券市场的案例进行详细分析。例如，在第二章债券价格与利率中，介绍了关于即期利率与远期利率期限结构以及到期收益率等的计算过程，展示了通过计算程序实现计算的详细过程、期限结构曲线的拟合方法等。在第四章利率期限结构的动态模型中，编制了 BDT 模型的二叉树实现案例，详细地展示了其中的每一步变化过程。在第八章内嵌期权固定收益类产品的价值分析中，以国内实际发行的可转换公司债券以及利率挂钩型结构化产品为例，深入细致地剖析了内嵌期权固定收益类产品的价值分析方法，通过具体的案例分析，使学生在了解理论的基础上，把握了实际的操作过程，不仅加深了学生对理论的理解和升华，而且锻炼了学生的实务操作能力。

本书的第三个特点是新颖性。在完整介绍固定收益证券传统理论的基础上，作者将这些理论的最新发展尽可能地在教材中得到体现，并且债券市场的最新发展也能够从教材中得到展现。本书在大部分章节中添加了“拓展阅读”的内容，这体现了该学科领域理论和实践发展的最新情况。读者学习完“拓展阅读”的内容后，不仅加深了对本部分主题内容的理解，而且了解了这一方面相关研究成果的最新发展动态、相关固定收益证券市场的最新拓展情况以及未来的发展趋势。

以此为序。

金德环

前　言

本书第 1 版自 2014 年出版发行以来，得到了国内读者特别是高等学校师生的欢迎，被很多高等学校先后选为教材或参考书。近 10 年来，中国固定收益证券市场高速发展，从交易品种、交易规模、投资者结构、市场化程度及与国际接轨等多个方面来看，与 2014 年相比都发生了巨大的变化。固定收益证券在我国宏观经济运行和金融市场体系中占据着非常重要的位置。越来越多的高等学校的经济管理专业将“固定收益证券”列为骨干课程。广大的金融从业者也越来越重视固定收益证券知识的培训与学习。

本书的第 2 版保持了第 1 版的主要框架和特点，紧密联系我国固定收益证券及衍生产品市场发展及投资实践的动态，采用引导案例、理论夯实及拓展阅读的编写模式，突出强调内容的实践性和可操作性，力求满足高等学校及业内实务部门从事基础固定收益证券的教学、研究及实际应用的需求。

本书由山东财经大学金融学院张雪莹教授撰写初稿，并得到了中央国债登记结算有限责任公司中债研发中心、统计监测部、中债金融估值中心有限公司专家的大力支持，张绚、李波、商瑾、王琼、唐洁珑、刘爽、刘一楠、黄稚渊、周舟、姜嘉馨对初稿前二章内容进行了修改和补充，提供了大量反映我国债券市场实践发展新状况的案例，极大地提高了本书内容的新颖性。

由于编者水平有限，且本书中所涉及的内容与现实联系密切，而实践中相关理论进展与实务变化较多、较快，因此，本书的编写难免存在疏漏和不足之处，恳请广大读者批评和指正。

编　者

第 1 版前言

固定收益证券在现代金融市场中占据着非常重要的位置。从微观意义上讲，它是基础性的投资和融资工具；从宏观的角度看，固定收益证券市场作为金融市场体系的重要组成部分，直接影响宏观经济运行、货币政策传导等多个方面。因此，加强对固定收益证券理论和应用的教学与研究显得尤为重要。近年来，随着国内固定收益证券市场的发展，越来越多的学校开设了固定收益证券的相关课程。但总的来看，与关于股票投资的各类教材相比，固定收益证券方面的教材相对较少。

2006 年，笔者在上海财经大学攻读金融工程专业博士学位时，为了准备国债定价方面的博士学位论文，阅读了国内外大量的固定收益证券方面的教材与专著，发现与国外教材相比，国内的教材无论在理论深度上还是在知识面的广度上都有所欠缺，由此萌发了写作本书的构想。其后开始将日常的教学和研究资料加以收集整理，并借鉴吸收了近几年出版的固定收益证券优秀教材，如陈蓉和郑振龙(2011)编写的《固定收益证券》、李磊宁和周欣(2011)编写的《固定收益证券的估值、定价与计算》、张戡和徐晟(2011)编写的《固定收益证券》等教材的体系和框架，对固定收益证券的经典理论与最新实践进行汇总和归纳。

具体来说，本书主要分为四个部分。第一部分为第一章和第二章，主要介绍固定收益证券市场、债券价格及利率体系的基本概念、分类和计算方法。第二部分为第三章和第四章，主要介绍利率期限结构的理论模型及其估计方法。第三部分为第五章，重点讲解固定收益证券现货市场投资管理策略。第四部分为第六章、第七章和第八章，主要阐述了固定收益证券衍生产品市场的发展及各类产品的定价方法。

与其他固定收益证券教材相比，本书的主要特色有以下几点。首先，内容更加全面丰富，增加了理论深度，并吸收了近年来固定收益证券方面的最新理论研究成果。例如，本书中介绍了利率期限结构拟合技术、利率模型及实现、利率衍生产品的定价等内容，满足了金融工程专业及研究生层次对这方面内容的需求。其次，紧密联系固定收益证券及衍生产品市场发展及投资实践的最新动态，特别是结合我国固定收益证券及衍生产品市场在利率市场化进程中出现的问题，通过介绍大量的实际案例，使读者在掌握专业理论知识的同时，充分了解中国固定收益证券市场的运行机制和发展趋势，为将来从事相关工作打下良好基础。最后，突出内容诠释上的深入浅出，对于相关理论模型的讲解简洁明晰，尽可能地省略公式的推导和原理，直接给出结论和公式，注重可操作性。在本书的部分章节，直接介绍计算机软件，如 Excel 和 Matlab 的实现方法，列举了固定收益证券相关的网络资源，引导学生自己动手实践，提高其固定收益证券分析与操作技能。

本书既可以作为高等院校金融、经济、管理等相关专业的高年级本科生和研究生的教材，也可以作为理论研究人员和金融从业者的参考书。

本书由山东财经大学金融学院张雪莹副教授编著，在编写过程中参考了国内外现有的教材以及一些研究者的论文成果。此外，龙腾飞、王晚景、王晓玉也参与了本书书稿的整

理与校对工作。在写作本书期间，笔者赴加拿大拉瓦尔大学(Laval)金融工程实验室工作并进修，得到了 Vanson Lai 教授的辛勤指导，在此一并表示感谢。

由于编者水平有限，且教材中所涉及的内容与现实联系密切，而实践中相关理论进展与实务变化较多、较快，因此本书的内容难免存在疏漏和不足之处，恳请广大读者批评和指正。

编　者

目　录

第一章　固定收益证券基础

【学习要点及目标】

- 理解和掌握固定收益证券的定义及分类。
- 了解我国固定收益证券市场的发展历史。
- 熟悉我国固定收益证券市场的现状。

【核心概念】

固定收益证券　国债　政府支持机构债券　市政债券　抵押贷款相关证券　债券回购　零息债券　附息债券　银行间债券市场

【引导案例】

债券：最熟悉的陌生人

寒风萧瑟，但透过冬日的阳光却可以让人更深刻地体会到温暖。2012 年 11 月的冬日，说起国内股票市场的种种，总是难免让人寒意浓重。从 2007 年上证综合指数的最高点 6124 点至 2012 年年底的 2269.13 点，5 年时间，上市公司股价连遭腰斩，投资者财富损失惨重。可是如果我们的眼睛不仅仅盯在股票上，且往他处观望，也许还有别样的风景让我们在寒冬时节心存暖意。其中，债券投资就可能让我们在低风险的基础上获得高于银行利率的收益。

说起债券投资，很多人涌进脑海的场景是一些上了年纪的大爷大妈去银行排队买国债，那些被视若无睹的企业债、公司债、信用债，虽然成绩不俗，但常常擦肩而过，如同最熟悉的陌生人。相对于股票等高风险投资产品，债券最大的特点就是稳定。每年一次稳定的付息，与股市的涨涨跌跌给投资者带来的感受截然不同。投资债券相对可以有效规避股市的风险，最差也可以获得票面利率，若债券的交易价格上涨，还可以赚取资本利得，可谓“双丰收”。

买债券之前，如果准备长期持有，应该做足功课，对标的债券的收益率、净价、债券评级、公司评级、公司性质、债券期限、是否为浮动利率债券、是否可提前偿还以及债券有无担保的情况作详细了解。

(资料来源：新商报，2012 年 11 月 26 日)

第一节　固定收益证券概述

一、固定收益证券的定义及基本要素

固定收益证券(Fixed-income Instrument)，通常也被称为“债券”(Bond)。从投资者的角度来说，固定收益证券是指持有人可以在未来特定的时间内按照事先确定的条款获得现金流的一大类金融工具的总称。从发行人的角度来说，固定收益证券也可理解为是政府、金

融机构、工商企业等直接向社会筹措资金时，向投资者发行，承诺按一定利率支付利息并按约定条件偿还本金的债权债务凭证或者债务工具。固定收益已经变成一个非常不精确的名词。债券最初被称为固定收益证券，是因为早期的债务工具相对简单，在契约期内提供固定的现金流量，因而其未来收益是固定的。但伴随着金融创新步伐的加快，许多固定收益证券提供的现金流量不再固定，而是随着利率水平的变动而变动。由此可见，固定收益证券不再是价格和投资回报率被固定起来的有价证券，而是可以用数学公式测算其价格以及波动、投资回报率的有价证券。因此，有时也把固定收益证券称为利率相关资产(Interest Rate Related Assets)。为简洁起见，在不引起歧义的情况下，本书将固定收益证券与债券混用。

描述固定收益证券特征的基本要素包括固定收益证券名称、发行人、发行总额、发行方式和对象、债券面值、发行价格、债券期限和利率、债券付息次数、债券担保情况、信用评级等多个方面。其中，债券面值(Par Value 或 Face Value)是指债券发行时所设定的票面金额，它代表着发行人借入并承诺于未来某一特定日期(如债券到期日)，偿付给债券持有人的金额，我国发行各类债券的面值通常为 100 元。债券的发行价格(Issue Price)可能不等同于债券面值。当债券发行价格高于面值时，称为溢价发行；当债券发行价格低于面值时，称为折价发行；当债券发行价格等于面值时，称为平价发行。债券的期限(Term)是指债券发行时就确定的债券还本的年限，债券的发行人到期必须偿还本金，债券持有人到期收回本金的权利得到法律的保护。债券的票面利率(Coupon Rate)是指债券券面上所载明的利率，在债券到期以前的整个时期都按此利率计算和按规定的年付息次数支付债券利息。到期日(Maturity Date)是指固定收益证券合约终止的日期，发行人应在到期日还清所有的本金与利息。债券的票面利率通常以年利率(Annual Coupon Rate)来表示。债券的信用评级(Credit Rating)大多数是以企业或经济主体发行的有价债券为对象进行的信用评级，是由专业的信用评级公司对某一特定债券按期还本付息的可靠程度进行评估，并据此标示其信用程度的等级。由于有政府的保证，国家财政发行的国库券和国家银行发行的金融债券，通常不参加债券信用评级。而对于一些信用等级较低的企业，在发行债券时，为了提升投资人的信心，规避兑付风险，可以由更高信用级别的企业甚至银行等金融机构为其正常还本付息提供担保，以此达到所谓“信用增级”(Credit Enhancing)的效果。债券的含权条款赋予债券的发行人或投资人某些额外的权利，例如，可赎回条款允许债券发行人在债券到期前根据一组预先设定的赎回价格从投资人手中买回债券；可回售条款允许投资者以事先约定的价格将债券提前出售给发行人；可转换条款则赋予投资人按约定价格将债券转换为对应公司股票的权利。债券的剩余期限(Term to Maturity)是指债券距离最终还本付息还有多长时间，一般以年为计算单位。

【案例 1】 某债券发行合同的主要条款如表 1-1 所示。

表 1-1　某债券发行合同的主要条款

证券名称	2020 年第一期贵州省凯里城镇建设投资有限公司公司债券	证券简称	20 凯里城投债 01
信用评级	AA	评级机构	联合资信评估有限公司
证券代码	2080066	发行总额/亿元	8
证券期限	7 年	票面利率/%	7.98

续表

计息方式	附息式固定利率	付息频率	12月/次
发行日	2020年3月30日	起息日	2020年3月30日
债权债务登记日	2020年4月1日	交易流通起始日	2020年4月2日
交易流通终止日	2027年3月29日	兑付日	2027年3月30日
发行价格	100元/百元面值		

【拓展阅读】债券及数字债券

1. 债券

在学理层面，债券的定义在法律、经济词典中有明确的解释。《布莱克法律词典》(第9版，Thomson West 2009年版)定义债券(Bond)为“在某些情形下或某一时刻发生时，付款或采取某种行为的书面承诺”，定义证券(Security)为“持有人与一家公司或政府间的借贷关系的证明工具”。《元照英美法词典》(北京大学出版社，2017年版)将债券解释为“政府或公司签发的承诺向持有人支付一定利息并在到期后偿还本金的借款证书”。我国《现代经济词典》(中国社会科学院经济研究所编，凤凰出版社；江苏人民出版社2005年版)将债券定义为：由筹资者(即债务人)向投资者(即债权人)出具的、承诺在一定时期支付利息和到期归还本金的债务凭证，表明债权债务关系的有价证券。

在立法层面，我国现行法律制度中，并未对债券做出概念化的解释。我国《证券法》仅将部分债券纳入其适用范围，且未对“债券”定义加以解释。《证券法》第二条规定公司债券、上市交易的政府债券以及资产支持证券适用《证券法》，而银行间债券市场金融债券、非金融企业债务融资工具等品种的发行、交易、登记、托管、结算等，由中国人民银行及其指定机构依照《中国人民银行法》等制定的现行有关规定管理。《公司法》仅给出公司债券的定义：“本法所称公司债券，是指公司依照法定程序发行、约定在一定期限还本付息的有价证券。”

结合现有学理研究和法律法规，我们认为债券的定义应为：由筹资者(即债务人)向投资者(即债权人)发行的、承诺在约定期限内履行还本付息义务、表明债权债务关系的可等分的有价证券。其中，约定期限包括固定期限和无固定期限(如永续债)；还本付息是指一般债券需要还本和(或)付息，但也有例外(如零息债券、可转换债券)；最后，“可等分”是指在债券总量的基础上划分为均等份额，每张债券的票面价值相等，“可等分”是债券区别于票据的特征。

2. 数字债券

数字债券是以数字化形式存在的债券，包括“标准化”和“数字技术”两个要素。其中，标准化是指对事物的底层信息标准化，即将所有要素都用统一的标准和数据格式进行刻画，如指标名、指标定义、指标值和指标单位。数字技术是利用一定的设备将信息转化为电子计算机能识别的二进制数字“0”和“1”，进而对信息进行运算、加工、存储、传送、解码的技术。数字技术自计算机信息技术、网络通信技术兴起以来就存在，并不断发展创新，目前的区块链、大数据、云计算等仅是实现数字技术的手段之一，而非全部。我们认为数字债券是在对债券底层信息标准化的基础上，再利用数字技术进行加工处理和解析，建立业务流、数据流和数据库，通过操作和分析数据来进行债券相关业务操作或提升业务能力。

(资料来源：中央结算公司《债券市场登记托管结算问题研究》课题组研究成果)

二、固定收益证券的分类

固定收益证券按照发行主体、期限、有效期内现金流特征、信用等级、嵌入期权特征等标准，可以有多种分类。

(一)按发行主体分类

按发行主体分类，固定收益证券主要可分为政府债券、政府支持机构债券、地方政府债券、公司债券以及主要由金融机构发行的抵押贷款相关证券和资产支持证券等。

1. 政府债券

政府债券又称为国债，是指由国家财政部发行的，以弥补国家财政赤字或者解决政府公共设施及重点建设项目投资的资金需要为主要目的的债券。国债是一种收入稳定、风险极低的投资工具，这一特性使得国债利率处于整个利率体系的核心环节，并且成为其他金融工具定价的基础。国债市场的高效运行有助于形成市场基准利率，及时反映出金融市场的资金供求状况。另外，中央银行通过在二级市场上买卖国债来进行公开市场操作，借此吞吐基础货币，调节货币供应量和利率。

美国国债市场的情况及在全球金融市场中的意义

我国国债主要包括凭证式国债、储蓄国债和记账式国债三种。凭证式国债是财政部于 1994 年推出的，主要面向个人投资者销售的国债品种，这种国债要在“凭证式国债收款凭证”上记载购买人的姓名、发行利率、购买金额等内容。储蓄国债则是财政部于 2006 年推出的，通过商业银行面向个人投资者销售的、以电子方式记录债权的、不可流通的人民币债券，是以满足长期储蓄性投资需求，较多偏重储蓄功能而设计发行的一种债务品种。记账式国债则以记账形式记录债权、通过证券交易所的交易系统发行和交易，可以记名、挂失。投资者进行记账式证券买卖，必须在证券交易所设立账户。与前两种形式的国债种类相比，记账式国债最大的特点是上市后随时可以通过证券市场进行买卖，变现流通更加灵活。当然，变现时的记账式国债价格完全受市场供需及利率波动影响而变化。

2. 政府支持机构债券

政府支持机构债券是由一国中央政府部门(除财政部外)或其所属机构发行的债券。例如，美国的联邦政府机构债券(Federal Agency Securities)就是由美国联邦政府所属机构或联邦政府创办的经营机构发行的债券。联邦政府机构债券属于政府债券的一个组成部分，具有政府债券的一些特点，例如风险小、安全性高等。所不同的是，政府债券可以通过增发纸币来实现其无限的清偿权；而政府支持机构债券的信誉是靠政府的支持和资助才得以实现的。联邦政府机构债券所筹资金的用途不同于政府公债，后者广泛地用于政府的各项财政开支，只有少数用于特定的建设项目，而前者所筹资金主要用于各个不同的行业，以实现其各自特定的职能。比较知名的美国联邦政府机构债券包括联邦国民抵押贷款协会[Federal National Mortgage Association，简称房利美(Fannie Mae)]和联邦住房抵押贷款公司[Federal Home Loan Mortgage Corp，简称房地美(Freddie Mae)]发行的债券。这两家均为私人拥有的上市公司，但它们是作为美国联邦法律创建的“政府赞助企业”，可以享受特殊的权利，包括它们可以免交各种联邦及州政府的税务。它们发行的债券也具有较高的信用等级。因此，2008 年 11 月 25 日，美联储宣布将从两大住房抵押贷款机构——房利美和房地美以及联邦住房贷款银行购买最高达 1000 亿美元的机构债(Agency Debt)，用于刺激经济复苏，这一举动被称为量化宽松(Quantitative Easing，QE)政策。2009 年 3 月 18 日又宣布将机构债的采购额最高增至 2000 亿美元。

我国的中央银行票据(可简称央行票据)也可看作一种特殊的政府支持机构债券，它是中央银行为调节货币供应量和短期利率，而向商业银行等机构发行的短期债务凭证，其实质是中央银行债券。之所以叫“中央银行票据”，是为了突出其短期性特点。从已发行的央行票据来看，期限主要有 3 个月、6 个月、12 个月及 3 年。其中，3 个月和 12 个月期限的央行票据所占比例最大。我国的央行票据最早出现于 2002 年 6 月，当时出现的背景是外汇占款持续上升而导致基础货币增加和银行体系内流动性过剩。为确保稳健货币政策的实施，央行将原本由商业银行持有、可以直接用于发放贷款的超额准备金存款，转变为仍由商业银行持有、但不能直接用于发放贷款的央行票据，减少了可贷资金量，从而起到与提高法定存款准备金率来吸收超额存款准备金的相同效果，同时也在一定程度上避免了对金融体系造成的猛烈冲击，产生过于强烈的紧缩信号。但近年来，巨额的央行票据存量，加大了央行的利息支出；而且央行票据集中到期带来的还本付息压力，可能导致基础货币的大幅度增加，从而增加货币调控的难度。在这种情况下，自 2013 年 7 月以来，我国中央银行暂停了央行票据的发行，而改为通过短期回购操作调节市场的流动性。但自 2018 年 11 月开始，通过香港金融管理局债务工具中央结算系统(CMU)债券投标平台，中国人民银行开始在香港发行人民币央行票据，截至 2020 年年底，共发行 26 期央行票据，总金额超过 3000 亿元。

我国三大政策性银行(国家开发银行、中国农业发展银行和中国进出口银行)所发行的政策性金融债，其信用级别较高，通常被认为是政府支持机构债券。发行政策性金融债的主要目的是为政策性银行筹集资金。其发行对象主要是国有商业银行、区域性商业银行、保险公司和农村信用社等金融机构。我国政策性银行担负着贯彻国家产业政策、支持国家重点建设的重要职能，其资金来源除了国家财政拨款外，主要是靠发行政策性金融债。作为规模仅次于国债的债种，政策性金融债有力地支持了国家大中型基础设施、基础产业、支柱产业的发展，为缓解瓶颈制约、调整产业和区域经济结构，促进整个国民经济健康发展发挥了重要作用。2004 年以前，国家开发银行和中国进出口银行是政策性金融债仅有的两家发行人，其中又以国家开发银行为主要发行体，其发行的“国开债”占整个政策性金融债券发行量的 90%以上。2004 年以后，中国农业发展银行正式恢复政策性银行债券的发行业务。这三家政策性银行债券的信用等级较高，仅略低于国债，长期以来享有国家信用等级，能够持续以低成本在债券市场融资。另外，自 2011 年 10 月起，我国铁道部(现为中国国家铁路集团有限公司)发行的中国铁路建设债券也被认定为政府支持机构债券。

国家开发银行与国开债

3. 地方政府债券

地方政府债券又称地方债、市政债券，是指地方政府根据信用原则，以承担还本付息责任为前提而筹集资金的债务凭证，目前全世界已有多个国家实行地方政府债券模式，其中，美国和日本的地方政府债券发行规模最大，也最具代表性。美国市政债券的基本形式

为一般责任债券(General Obligation Bonds)和收益债券(Revenue Bonds)。一般责任债券由各州及州以下地方政府发行，由政府的征税能力作偿债担保。收益债券由特定的地方政府代理机构发行(这些机构为进行某项基础设施建设依法成立)，并以项目或企业收入偿还，如供水、机场、污水处理、体育馆、桥梁、道路、医院等建设项目。无论上述哪一种市政债券，其信用风险都比较低，但仍然要高于联邦政府债券。

2009 年 2 月，为积极应对金融危机、着力扩大内需、保持经济平稳较快发展、有效缓解地方财政面临的减收和增支压力，我国决定通过中央财政代理地方政府发行 2000 亿元地方政府债券。作为首期地方政府债券，新疆维吾尔自治区政府债券于 2009 年 3 月 30 日至 2009 年 4 月 1 日在上海证券交易所发行，发行结束后在 2009 年 4 月 3 日上市。该期债券为固定利率债券，票面年利率为 1.61%，期限为 3 年，利息每年支付一次。

我国地方政府债券的历史沿革

另外，我国还具有所谓的“准市政债券”，即“城投债”，是指由地方政府投融资平台(一般是隶属于地方政府的城市建设投资公司)作为发行主体公开发行的债券，多用于地方基础设施建设或公益性项目。公司名称多为国有资产经营公司、城市建设投资公司、基础设施投资公司、交通控股公司、交通建设投资公司、电力投资公司、铁路投资公司、高速公路公司、经济开发区开发公司、高速铁路公司等。募集资金多用于公共服务项目、地方基础设施建设或公益性项目等建设，如高速公路、机场、铁路等设施建设。尽管城投债的形式包括企业债、短期融资券、中期票据中的相关品种，但城投债的发行人多为国有企业或者当地国资委、发改委占绝对控股股权的公司，所以其性质上更多地接近于市政债券。

城投债的历史沿革

4. 公司债券

公司债券是指企业依照法定程序发行、约定在一定期限内还本付息的有价证券。公司债券的还款来源由于是公司的经营利润，而任何一家公司的未来经营都存在很大的不确定性，所以公司债券持有人承担着损失利息甚至本金的风险，这使公司债券的信用风险要高于前面介绍的其他三类债券。当然，按照风险与收益成正比的原则，公司债券预期的收益水平也较高。另外，对于某些公司债券而言，发行者与持有者之间可以相互给予一定的选择权。

在发达国家的债券市场中，企业债券与公司债券并没有明确的区分；但在我国，企业债券一般是指由中央政府部门所属机构、国有独资企业或国有控股企业发行的债券，因而严格意义上讲带有极强的政府信用性质，并不是真正意义上具有信用风险的公司债券。随着经济市场化程度的提高，中国证监会于 2007 年 8 月 14 日发布《公司债券发行试点办法》，将公司债券明确为是由股份有限公司或有限责任公司发行的债券，其后长江电力股份有限公司发行了国内首笔公司债券。发展我国公司债券市场，对于拓展企业融资渠道、丰富证券投资品种、完善金融市场体系以及促进资本市场协调发展都具有重要意义。

另外，中期票据(Medium-term Notes，MTN)也是公司债券的一种重要形式。它是一种经监管当局一次注册批准后、在注册期限内可以多次发行的债券。最早的中期票据可以追溯到 1972 年，通用汽车承兑公司(General Motors Acceptance Corporation)首次发行了期限不超过 5 年的债务工具，以优化其资产负债管理。由于其期限介于商业票据和公司债券之间，因而被形象地称作“中期票据”。1982 年 3 月，美国证监会颁布了 415 规则(Rule 415)，允许中期票据的发行采用注册制度(Shelf Registration)，在注册后两年的有效期内，可以根据市场变化分批发行，且每次发行时可灵活确定发行规模、发行利率等，且不再需要获得监管部门的核准。这种一次注册、分批发行的灵活操作，使得企业对于票据的发行时机和发行条款具有灵活的选择权。随着中期票据市场的发展，中期票据已成为美国公司债券的主要品种。中期票据的期限也不再限定于 2～5 年，10～30 年的中期票据也变得较为普遍。这使得“中期票据”这一叫法更多是出于惯例，而与实际内容有些差异。

2008 年 4 月，中国人民银行发布《银行间债券市场非金融企业债务融资工具管理办法》，中国银行间市场交易商协会发布《银行间债券市场中期票据业务指引》和《银行间债券市场非金融企业债务融资工具注册规则》等七项自律规则，铁道部等七家大型央企获批总额度高达 1190 亿元的发行注册，并开始实施首期的发行工作。这些重大举措标志着中国银行间债券市场中期票据业务的正式开启。作为我国债券市场上的一个新品种，中期票据具有“一次注册、分批发行”的特点，减少了发行的中间环节；同时对我国当前缺乏的 1～5 年的企业债券品种做了很好的填补，对于企业融资以及中国资本市场的发展具有深远的意义。据 Wind 数据库统计，截至 2021 年 3 月底，中期票据存量 6426 只，余额达 75520 亿元。

我国企业债务融资工具的主要种类

5. 抵押贷款相关证券和资产支持证券

抵押贷款(Mortgage)是指以指定的不动产作为抵押所取得的贷款。在抵押贷款下，借款者必须预先确定贷款偿还计划，并提交一定的不动产作为抵押，如果借款者违约，贷款者(一般是银行等金融机构)就有权取消抵押物的赎回权，通过处置抵押物而收回债权。可以用作抵押贷款抵押物的不动产主要分为两大类：住宅资产和非住宅资产(如商业性不动产等)。抵押贷款发放以后，就成为金融机构的长期资产；但这类资产的长期性使其很容易成为资产负债管理的难题，因为银行的很多负债都是短期的。提供二级市场交易，提高抵押贷款的流动性，就成为增加抵押贷款资本来源的重要渠道。为此，在 20 世纪 60 年代，美国的一些住房专业银行及储蓄机构利用其贷出的住房抵押贷款，发行所谓的抵押贷款支持证券(Mortgage Backed Securities，MBS)，其过程是把贷出的住房抵押贷款中符合一定条件的贷款集中起来，形成一个抵押贷款的集合体(Pool)，进而利用贷款集合体定期发生的本金及利息的现金流入来发行证券(主要以债券形式)，并且由政府机构或政府背景的金融机构对该证券进行担保。因此，美国的 MBS 实际上是一种具有浓厚的公共金融政策色彩的证券化商品，在美国债券市场中占有重要地位。这也是为什么在 2008 年金融危机爆发之后，美国的中央银行(美国联邦储备委员会)出台的一系列量化宽松的货币政策中，包含了大量购买抵押贷款支持证券(也称抵押贷款债券)，以调控市场利率。

资产支持证券(Asset-Backed Securities，ABS)则可看作抵押贷款支持证券的一种推广，其抵押物扩展到应收账款、汽车贷款、学生贷款、设备租赁贷款等。例如，1985 年 3 月，

美国的斯佩里金融租赁公司(Sperry Lease Finance Corporation，现改为Unisys)为了融通资金、改善经营，以1.92亿美元的租赁票据为担保，发行了世界上第一笔资产支持证券，随后，马林·米兰德银行(Marine Midland)于1985年5月发行了世界上第一笔以汽车贷款担保的资产支持证券。一般来讲，资产支持证券的发行、交易及兑付过程与抵押贷款支持证券类似。

2005年12月15日，中国建设银行和国家开发银行分别推出住房抵押贷款支持证券(RMBS)和现金流抵押贷款证券(CLO)，两项交易的规模总量为72亿元左右。2008年，中国建设银行发行了国内首只不良贷款资产支持证券。2008年年底，全球金融危机爆发，由于监管机构对于风险的担忧，资产证券化试点暂停。2016年5月，随着商业银行不良资产率上升，处理不良资产的需求迫切，受2008年全球金融危机影响暂停的不良资产证券化试点正式重启，中国工商银行、中国建设银行、中国银行、中国农业银行、交通银行和招商银行6家银行参与首批试点，总额度为500亿元。其后，资产支持证券市场稳步发展，但总的来看，我国资产支持证券无论是数量还是规模，在整个债券市场中所占比重均较低。据Wind数据库统计，截至2021年3月底，我国资产支持证券存量9104只，余额达45390亿元，占整个债券市场的比重约为3.88%。

【拓展阅读】中国资产支持证券的分类

在我国，按照发起机构类型和发行场所，资产证券化产品主要分为信贷资产支持证券(信贷ABS)、非金融企业资产支持票据(ABN)、企业资产支持专项计划(企业ABS)和保险资产管理机构设立的保险资产支持计划(保险ABS)四类(见表1-2)。根据《标准化债权类资产认定规则》，信贷ABS、企业ABS和ABN为标准化债权类资产，保险ABS为非标准化债权类资产。

表1-2　中国四类资产证券化产品对比

	信贷ABS	ABN	企业ABS	保险ABS
监管机构	中国人民银行、银保监会	中国人民银行	证监会	银保监会
审核方式	银保监会资格审批+中国人民银行注册+银登中心信息登记	交易商协会注册	交易所审核+基金业协会备案	初次申报核准、后续产品注册
发起机构	金融机构	非金融企业	非金融企业或金融机构	非金融企业或金融机构
投资者	银行间债券市场投资者	银行间债券市场投资者	合格投资者，发行对象不超过200人	保险机构以及其他合格投资者
基础资产	信贷资产	与企业ABS类似	负面清单制，各类债权和收益权	负面清单制，与企业ABS类似
流通场所	银行间债券市场	银行间债券市场	交易所、报价系统、券商柜台等	中保登
登记结算	中央结算公司	上海清算所	中证登	中保登

(资料来源：中央结算公司研究报告)

(二)按期限分类

按期限分类，固定收益证券可分为长期债券、中期债券和短期债券。长期债券期限在10年以上，短期债券期限一般在1年以内，中期债券的期限则介于二者之间。短期债券又包括短期国债、央行票据、短期融资券等，其主要特点是期限在1年以内，有很强的流动性。

美国国债的期限分类

在我国的短期债券中，值得一提的是短期融资券和超级短期融资券。短期融资券是指中华人民共和国境内具有法人资格的非金融企业，依照《短期融资券管理办法》规定的条件和程序，在银行间债券市场发行并约定在一定期限(一般是一年)内还本付息的有价证券。超级短期融资券(Super & Short-term Commercial Paper，SCP)是指具有法人资格、信用评级较高(一般为中央AAA级企业)的非金融企业在银行间债券市场发行的，期限在270天(9个月)以内的短期融资券。SCP期限最短为7天，也可以此类推为14天、21天等，但最长期限不超过9个月。SCP比短期融资券更为灵活，可以满足企业短期流动资金不足的瓶颈，有助于提高企业流动性管理水平，特别适合财务集中管理的大型企业集团；在利率上也比银行流动性贷款更有竞争优势、更市场化，而银行贷款还要受制于央行的管制利率。目前，超级短期融资券试点范围包括九家大型国有企业及中国铁道部(现为中国国家铁路集团有限公司)，根据试点结果将会决定是否进一步扩大到其他企业。九家大型国有企业分别为中国国电集团公司、中国南方电网有限责任公司、中国石油天然气集团公司、中国石油化工股份有限公司、中国海洋石油集团有限公司、神华集团有限责任公司、中国电信集团公司、中国联合网络通信集团有限公司及中国移动通信集团有限公司。自2010年12月推出超级短期融资券以来，市场发展迅速。仅在2021年3月，就发行520只SCP，总发行量达5460亿元。

另外，从广义上讲，同业拆借和债券回购作为一种短期债务融资工具，也可看作一种短期固定收益证券。同业拆借，或同业拆款、同业拆放、资金拆借，是指具有法人资格的金融机构及经法人授权的金融分支机构之间进行短期资金融通的行为。同业拆借发生量大，交易频繁，对市场反应敏感，能作为一国银行利率的中间指标。同业拆借除了通过中介机构进行外也可以是双方直接联系，同业拆借期限短，一般为1～2天，最多不超过1～2周，拆款利息即拆息按日计算，拆息变化频繁，甚至一日内都会发生变化。同业拆借的资金主要用于弥补银行短期资金的不足、票据清算的差额以及解决临时性资金短缺需要。同业拆借市场亦称“同业拆放市场”，是金融机构之间进行短期、临时性头寸调剂的市场。

伦敦银行间同业拆借市场及LIBOR

债券回购是指债券持有人(卖方)在将债券卖给债券购买人(买方)时，以契约方式约定在将来某一日期以约定的价格(本金和按约定回购利率计算的利息)，由债券的卖方向买方买回相等数量的同品种债券的交易行为。实际上，债券回购可看作债券持有人(卖方)将债券抵押给债券购买人(买方)，从债券购买方短期借入资金的一种行为，因而也可将两个主体称为融资方(债券卖方)和融券方(债券买方)。国债回购包括正回购和逆回购两种，根据国际通常做法，从交易发起人的角度出发，凡是抵押出债券，有效借入资金的交易就称为进行债券正回购；凡是主动贷出资金，获取债券质押的交易就称为进行债券逆回购。国债回购的操作程序如图1-1所示。

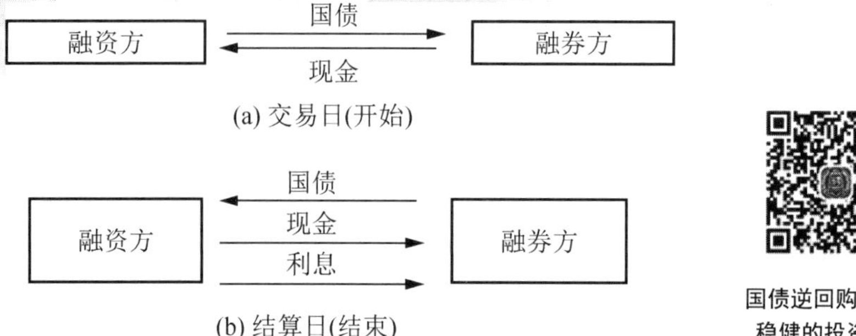

(a) 交易日(开始)

(b) 结算日(结束)

国债逆回购：一种稳健的投资品种

图 1-1　国债回购的操作程序

在债券回购业务发展的早期阶段，通常采用双边回购开展交易。回购交易的双方不仅需要自己寻找交易对手，自行商谈融资资金的金额、期限、利率，而且对质押债券的价值和风险也需要自行评估，成本高，效率低，还存在交易对手违约风险。2018 年 10 月 16 日，中国人民银行发布消息，在银行间债券市场正式推出三方回购交易，资金融入方(正回购方)将债券出质给资金融出方(逆回购方)以融入资金，约定在未来返还资金和支付回购利息，同时解除债券质押，并由第三方机构提供相关的担保品管理服务的交易。在债券三方回购业务中，除了资金融入方和资金融出方这两个交易主体之外，还包括央行认可的第三方机构，例如中央结算公司、上海清算所等，提供包括确定合格担保品范围与折扣率标准、逐日盯市、违约发生时回购担保品处置等一系列担保品管理的相关服务，这一做法有助于提高银行间债券市场的交易效率和风险管理的精细化水平。

【拓展阅读】正是扬帆搏浪时——中债担保品管理发展历程及展望

21 世纪以来，随着全球资本市场的迅速扩张和互动增强，金融系统的操作风险与日俱增，市场参与方对担保品管理的要求不断提升。无论是微观主体需求，还是宏观政策考量，都给方兴未艾的担保品管理行业带来革命性变化。特别是 2008 年的国际金融危机促使各国监管机构将风险管理视为首要任务，重视与加强担保品管理已成为全球主流趋势，国际先进托管机构纷纷把担保品管理服务作为创新亮点和战略支撑点。作为中国重要金融基础设施，中央结算公司(以下简称“公司”)敏锐把握担保品管理时代浪潮，依托中央托管机构的职责与专业优势，从金融市场安全与创新的战略高度出发，自主研发、精心打造出一套核心技术自主掌控、关键功能集约统筹的债券担保品管理系统。

随着服务领域的不断拓展，中债担保品管理体量亦快速增长：管理余额从 2016 年年初的 8 万亿元迅速增长到 2020 年年底的 15.9 万亿元，年均增长率达 15%，管理余额稳居全球中央托管机构首位；服务客户数量从 2016 年年初的 3200 余家迅速增长到 2020 年年底的 9200 余家，年均增长率达 24%；客户群体从初期的银行类、政府类机构为主，逐步拓展至保险、证券、期货等非银金融机构，以及境外央行和外资银行等境外投资者。

随着人民币国际化和金融开放提速，公司不断推动多项跨境担保品业务创新：为境外央行与境内银行开展货币互换提供履约担保，为合格境外机构投资者(QFII)参与期货交易提供保证金支持，为金融机构的跨境融资、跨境发行等提供全流程的服务支持，以人民币债券资产为支点，融通全球。与此同时，公司与国际市场广泛开展合作，推动跨境担保品纳入中英经济财金对话成果，与国际掉期与衍生工具协会(ISDA)发布联合白皮书，与全球托管机构互联合作，在担保品领域搭建连接中国与国际市场的桥梁，发挥担保品基础设施连接国内国际双循环的关键作用。

(资料来源：中央结算公司研究报告)

(三)按有效期内现金流特征分类

按有效期内现金流的特征分类，固定收益证券主要可分为零息债券和附息债券。

1. 零息债券

零息债券(Zero Coupon Bonds)又称为贴现债券，是指在债券有效期内没有票息收益，而只是在到期日(期末)获得一个固定的现金流。通常以低于面值的价格发行，到期时则按面值偿还本金，两者之间的差即作为债券投资者的收益。一般而言，贴现国债一般期限较短，例如，美国每周四发行期限为 4 周、13 周、26 周的国库券，均是以贴现债券的形式发行，其中期限为 13 周(3 个月期)的国库券的发行利率已成为全球金融市场重要的基准利率。我国 1996 年推出贴现国债品种。根据财政部 1997 年的规定，期限在一年以内(不含一年)以贴现方式发行的国债归入贴现国债类别。

贴现债券的现金流示意如图 1-2 所示。

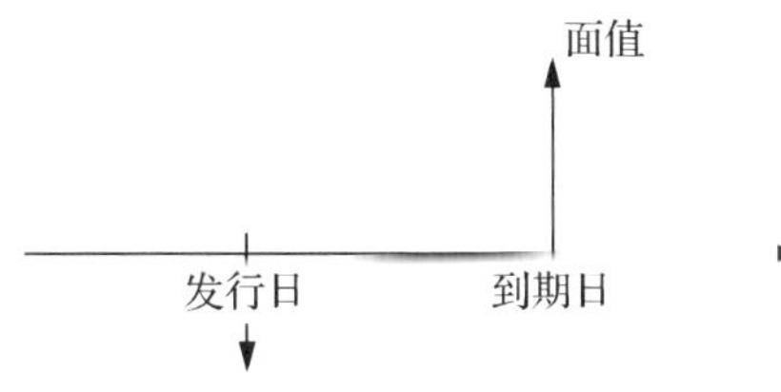

图 1-2　贴现债券的现金流示意

2. 附息债券

附息债券(Coupon Bonds)是指在每一期都能获得一个现金流量的债券，又叫息票债券。它又可进一步分为固定利率债券(固定票息债券)和浮动利率债券(浮动票息债券)。

1)　固定利率债券

固定利率债券是指在发行时规定利率在整个偿还期内不变的债券。固定利率债券不考虑市场变化因素，因而其筹资成本和投资收益可以事先预计，不确定性较小。但债券发行人和投资者仍然必须承担市场利率波动的风险。例如，未来市场利率下降，发行人能以更低的利率发行新债券，则原来发行的债券成本就显得相对高昂，而投资者则获得了相对现行市场利率更高的报酬，原来发行的债券价格将上升；反之，如果未来市场利率上升，新发行债券的成本增大，则原来发行的债券成本就显得相对较低，而投资者的报酬则低于购买新债券的收益，原来发行的债券价格将下降。

固定利率债券的现金流示意如图 1-3 所示。

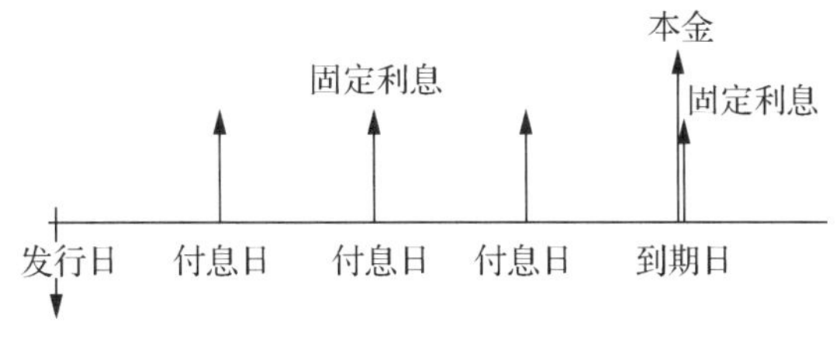

图 1-3　固定利率债券的现金流示意

财政部发行贴现国债和附息国债

2)　浮动利率债券

浮动利率债券是指发行时规定债券利率随市场利率定期浮动的债券，也就是说，债券利率在偿还期内可以进行变动和调整。浮动利率债券的现金流示意如图 1-4 所示。浮动利率债券往往是中长期债券。浮动利率债券的利率通常根据市场基准利率加上一定的利差来确定。美国浮动利率债券的利率水平主要参照 3 个月期限的国债利率，欧洲则主要参照伦敦银行同业拆借利率。

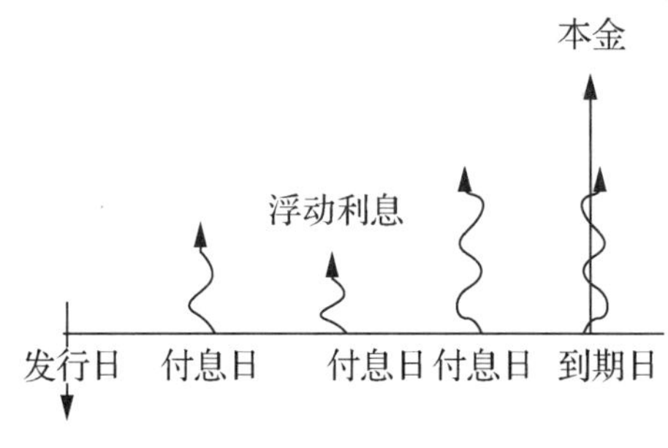

图 1-4　浮动利率债券的现金流示意

美国的通货膨胀保值债券

(四)按信用等级分类

信用评级机构对债券进行评级的一个主要原因是方便投资者进行债券投资决策。如果发行者到期不能偿还本息，投资者就会蒙受损失，这种风险称为信用风险。债券的信用风险因发行后偿还能力不同而有所差异，对广大投资者尤其是中小投资者来说，事先了解债券的信用等级是非常重要的。由于投资者受到时间、知识和信息的限制，无法对众多债券进行分析和选择，所以需要专业机构对准备发行的债券还本付息的可靠程度，进行客观、公正和权威的评定，也就是进行债券信用评级，以方便投资者决策。对债券信用评级的另一个主要原因是减少信誉高的发行人的筹资成本。一般来说，信用等级越高的债券，越容易得到投资者的信任，因此能够以较低的利率出售；而信用等级低的债券，其风险较大，所以只能以较高的利率发行。

国内外主要的债券信用评级公司

垃圾债券(Junk Bonds)也称为高风险债券，是指根据美国两大债券评级机构穆迪和标准普尔的评定结果，评信级别在标准普尔公司 BB 级或穆迪公司 Ba 级以下的公司发行的债券，属于可能无法偿付类别的公司债券。垃圾债券向投资者提供高于其他债务工具的利息收益，所以垃圾债券也被称为高收益债券(High Yield Bonds)。但垃圾债券的发行主体信用评级都比较低，因此，相对于投资级债券而言，垃圾债券的投资风险更大，投资者更容易遭受因发行者到期无法偿还本息的违约风险。

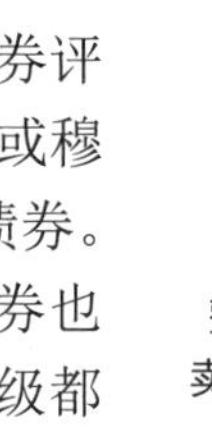

整肃信用评级服务卖方须转向服务买方

20 世纪 80 年代垃圾债券在美国能风行一时，主要有以下几个原因：一是 20 世纪 80 年代初正值美国产业大规模调整与重组时期，由此引发的更新、并购所需资金单靠股市是远远不够的，加上在产业调整时期这些企业风险较大，以盈利为目的的商业银行不能完全满足其资金需求，这是垃圾债券应时而兴的重要背景。二是当时美国金融管制的放松，也是造成素质低下的垃圾债券纷纷出笼的原因。三是 20 世纪 80 年代后美国经济逐渐复苏，经济景气使证券市场更加繁荣。在经济持续旺盛时期，人们对债券前景抱有美好憧憬，更多地注意到其高收益而忽略了其风险，商业银行、证券承销商及众多投机者都趋之若鹜，收购者、被收购者、债券持有者、发行人和包销商都有利可获。

作为企业的一种直接融资工具，垃圾债券有助于企业经营状况的改善。第一，垃圾债券市场的繁荣可以使企业尤其是中小企业以低利率借债，企业在融资成本降低的情况下获利能力将得到显著增强；第二，垃圾债券可以使实力更弱的公司在业务回暖之前获得财务上的喘息空间；第三，垃圾债券市场的繁荣将有力地激活企业并购尤其是杠杆并购。利用发行垃圾债券来筹集资金对被收购公司的股权进行收购的行为，在西方证券市场上被称作杠杆收购。与垃圾债券市场繁荣相伴随的是杠杆并购的大量涌现。当然，垃圾债券的发行人所背负的沉重债务负担有可能使垃圾债券陷入“高风险—高负担—高拖欠—更高风险”的恶性循环之中。而且，垃圾债券存在着明显的投机风险。在发行垃圾债券的公司出现资金周转困难、商业银行纷纷撤回担保的情况下，垃圾债券的市场危机将不可避免。

全球约 60%的高收益债券集中在美国市场，此外，欧洲占 21%，拉丁美洲占 9%，亚太地区占 6%。从评级分布来看，BB 级高收益债券最多，B 级次之，CCC 级及以下的较少。自 1982 年开始，美国高收益债券的发行量呈现爆发式增长。到了 20 世纪 90 年代，高收益债券的投机性质凸显，发行公司无法偿付高额利息的情况屡有发生，高收益债券陷入了“高风险—高利率—高负担—高拖欠—更高风险”的恶性循环。1989 年，垃圾债券大王——米尔肯所在的 Drexel 公司被迫申请破产，垃圾债券市场受到打击。2009 年以来，金融危机使得银行信贷有所萎缩，高收益债券的发行金额再次迅速上升。自 1996 年以来，高收益债券占每年新发债券的金额在 5%～25%波动。目前，高收益债券占美国存量公司债券的金额也在 20%左右。

垃圾债券大王——迈克尔·米尔肯(Michael Milken)

中国虽然没有正式推出国际标准定义下的高收益债券(垃圾债券)市场，但在宏观经济稳增长压力和信用债违约频发的背景下，中国的高收益债券事实上不仅存在，而且已经具备了较为可观的规模。2018 年和 2019 年，一些在宽松融资环境下尚可持续经营的企业都出现了资金链紧张甚至局部断裂的情况，高收益债券市场规模快速增加。伴随而来的是各类投资主体的深度参与，可以预计这一趋势在未来几年中仍将持续。中小企业融资困境已经成为当今中国融资环境的首要问题，而高收益债券的推出，在一定程度上可以缓解中小企业融资难的现状。当然中国发行高收益债券仍存在一些制度上的问题，例如，国内评级机构的权威性不够，不同评级公司对同一发债主体评级差异较大，近年来评级向高等级迁移明显，而发行主体出现一些风险点的时候评级公司的评级调整也较滞后。另外，衍生产品不够发达，如果想要高收益债券能够真正活跃交易，仍需衍生产品来转移风险。还有就是目前市场对债权人保护不够。如果市场上出现高收益债券，那么相信中国的债券市场离出现违约债券也不远了。然而，目前市场在信息披露方面对债权人保护不够，如 2020 年部分城投债甚至在未经过债权人同意的情况下已部分转移资产。而一旦公司破产，也很难马上启动相关程序让债权人介入，以保障其相应权利。

中国“垃圾债券”市场的春天来了？

(五)按嵌入期权特征分类

在债券市场上，许多债券都附加一些期权条款，赋予发行者或投资者某种期权(又称选择权)。最常见的就是发行人可赎回债券(Callable Bond)、投资人可回售债券(Puttable Bond)以及可转换债券(Convertible Bond)。

普通债券发行以后，如果利率上升，则发行人将获利，因为他以相对偏低的利率借款；相反，如果利率下降，则发行人将受损，因为他以相对偏高的利率借款。而可赎回债券则给予发行人在利率下降、债券价格上升时以事先规定的价格提前买回债券，并以较低的市场利率重新发行新债券的权利。发行人所持有的这种可赎回权，将限制投资者因为债券价格上升而获得的利润。而投资人可回售债券则是允许投资者根据一组预先设定的回售价格(Puttable Price)将债券提前卖给发行人，从而有利于投资者避免在债券持有期内因利率上升、债券价格下跌而遭受更大的损失。

可转换债券是“可转换公司债券”的简称，又称“可转债”。它赋予持有人在发债后一定时间内，可依据本身的自由意志，选择是否依约定的条件将持有的债券转换为发行公司的股票或者另外一家公司股票的权利。换言之，可转换公司债券持有人可以选择持有债券到期，要求公司还本付息；也可选择在约定的时间内转换成股票，享受股利分配或资本增值。可转换公司债券为投资者提供了转换成股票的权利，这种权利具有选择权的含义，也就是投资者既可以行使转换权，将可转换公司债券转换成股票，也可以放弃这种转换权，持有债券到期。也就是说，可转换公司债券包含了股票买入期权的特征，投资者通过持有可转换公司债券可以获得股票上涨的收益。因此，可转换公司债券是股票期权的衍生，往往将其看作为期权类的二级金融衍生产品。

本书的第八章将对含权债券的相关问题进行更加详细的介绍。

第二节　我国固定收益证券市场简介

一、我国固定收益证券市场发展简史

中国债券市场从 1981 年恢复发行国债开始至今经历了曲折探索阶段和快速发展阶段。

1981 年 1 月 16 日，国务院发布《中华人民共和国国库券条例》，决定自 1981 年起恢复发行国库券。当年 7 月财政部通过行政分配发行 48.66 亿元国库券，为促进经济建设和扭转财政赤字起到了积极作用。次年中国金融机构首次在国际资本市场发行国际债券成功。随后企业内部债券和金融债券陆续发行成功。

1987 年 1 月 5 日，中国人民银行上海分行发布《证券柜台交易暂行规定》，明确了经认定的政府债券、金融债券、公司债券可以在经批准的金融机构办理柜台交易，债券二级交易市场开始出现。

1990 年 11 月，国库券在上海证券交易所和上海各证券公司柜台挂牌交易，我国集中性撮合成交的国债交易市场出现，形成债券场内和场外交易并存的市场格局。1992 年 12 月 28 日，上海证券交易所首次设计并试行推出了 12 个品种的国债期货合约。1993 年 7 月 10 日，财政部颁布《关于调整国库券发行条件的公告》，该公告称，在通货膨胀居高不下的背景下，政府决定将参照中央银行公布的保值贴补率给予一些国债品种的保值补贴。国债收益率开始出现不确定性，国债期货市场的炒作空间扩大。1995 年 2 月 23 日，发生国债“327”事件，鉴于“327”国债违规事件的恶劣影响，5 月 17 日，中国证监会发布《关于暂停全国范围内国债期货交易试点的紧急通知》，之后国债期货市场被关闭。

制度建设的缺陷，使债券市场的问题逐渐暴露。债券市场缺乏中央托管机构，因此发生“纸危机”—— 一些机构以代保管单的形式超发和卖空国债，引起巨大的市场风险，并

基于虚假的国债代保管单作国债登记抵押，回购演变为信用拆借，大量资金通过回购渠道违规进入房地产和股市投机。债券市场主管部门和有关国内外专家经研究讨论，认为国债市场稳定的基础是债券集中统一托管，建议我国借鉴国际经验，成立债券中央托管机构。1996 年 12 月，经国务院同意，中国债券市场的中央托管机构——中央国债登记结算有限责任公司(中央结算公司，CCDC。)正式成立，成为财政部唯一授权主持建立、运营全国国债托管系统的机构，承担国债的总登记职责。1997 年 6 月，中国人民银行发布《关于各商业银行停止在证券交易所证券回购及现券交易的通知》，要求商业银行全部退出上海和深圳证券交易所市场，各商业银行通过全国银行间同业拆借中心提供的交易系统进行回购和现券交易，全国银行间债券市场开始形成。中国人民银行指定中央结算公司作为全国银行间债券市场债券登记、托管、结算机构和商业银行柜台记账式国债交易一级托管人。

【拓展阅读】我国债券市场的无纸化进程

现代证券市场发展的基石之一是消除证券的实物形态，将证券以“电子簿记”形式集中托管于中央登记托管机构，由此支撑着现代证券市场的规模增长、交易扩容、品种扩展和金融创新。而无纸化的证券形态需要依托完善的中央登记托管体制，以确认证券真实性、证券信息和证券权属。因此，没有证券无纸化和中央登记托管体制，就没有证券市场真正的现代化。

1996 年之前，我国债券市场中纸质债券、纸质保管单、保管券等大量存在，出现大量乱开保管券、挪用客户债券、套取资金、冒用国家信用等市场乱象。中央结算公司成立后助力我国债券市场现代化和无纸化进程。一方面，积极推进债券发行无纸化，1998 年开始支持企业债记账式发行，1999 年开始支持记账式国债在银行间债券市场发行。另一方面，建立实物券集中保管库体系，整合全国 47 处保管库(包括沪、深证券交易所实物国债保管库)，进行完善的国债实物资产盘点，扭转了当时因债券分散托管导致的混乱局面。2001 年，实物国债库房管理业务圆满结束，实物国债逐步退出历史舞台，标志着我国全面实现债券无纸化。我国用较短的时间走完了发达国家几十年才完全实现的无纸化历程，充分彰显了后发优势，为保障日后中国债券市场的高速和规范发展奠定了坚实基础。

(资料来源：中央结算公司研究报告)

2002 年 4 月，中国人民银行发布公告，规定金融机构进入全国银行间债券市场实行准入备案制后，由于中国大多数社会资金集中于商业银行和信用社等机构，而这些机构只能在银行间进行市场交易，在强大资金量的支持下，银行间市场的债券存量规模和交易规模开始逐渐超过了交易所市场，而银行柜台市场则由于交易券种逐步减少而日趋萎缩。与此同时，银行间市场的投资和交易群体，已涵盖了绝大多数类型的金融机构和众多的非金融机构。2003 年央行票据作为公开市场操作的工具，开始在银行间市场定期发行。

2005 年 5 月，中国人民银行发布《短期融资券管理办法》及相关配套文件，首次允许国内非金融企业在银行间市场发行期限最长为一年的短期债券。短期融资券的推出也为企业通过银行间债券市场进行直接融资打开了渠道，迅速得到发展。

2007 年 8 月，中国证券监督管理委员会正式颁布实施《公司债券发行试点办法》，试点公司范围仅限于在沪、深证券交易所上市的公司。2007 年 9 月 18 日，长江电力公司债券发行获得证监会审核通过，第一期、第二期各发行 40 亿元。2007 年 11 月，“中小企业集合债券”出现，它是由一个机构作为牵头人，以多个中小企业所构成的集合作为发债主体，若

干个中小企业各自确定债券发行额度，采用集合债券的形式，使用统一的债券名称，形成一个总发行额度而向投资人发行的约定到期还本付息的一种企业债券形式。作为首家中小企业集合债券，2007 年深圳中小企业集合债券(简称“07 深中小债”)是由深圳市贸易工业局牵头，20 家深圳市中小企业作为联合发行人发行的债券。在央行调控银行信贷规模、中小企业融资难的情况下，中小企业集合债券的发行可以促进优质中小企业的直接融资，使成长性良好的中小企业募集到发展所需的资金，且融资成本低于向银行贷款，为中小企业发展提供强有力的支持。与一般企业债券相比，中小企业集合债券具有发行主体较宽泛、对单个企业的信用要求较低、发行难度较低、发行费用相对较低等优势。2008 年 4 月 22 日，首批 392 亿元中期票据招标发行，正式亮相债券市场。

进入 2009 年，中国实施积极财政政策，扩大投资规模。作为首期地方政府债券，新疆维吾尔自治区政府债券(一期)于 2009 年 3 月 30 日至 2009 年 4 月 1 日在上海证券交易所发行，发行结束后于 2009 年 4 月 3 日上市。在宽松货币政策和积极财政政策的大背景下，大规模基础设施建设资金需求带动企业债市场升温，以隶属于地方政府的城市建设投资公司作为发行主体公开发行，用于地方基础设施建设或公益性项目的所谓城投债市场呈现爆炸式发展。2009 年城投债共发行 108 期，发行金额为 1530 亿元，为 2002—2008 年发行总期数的 1.45 倍和发行总金额的 1.51 倍。

2009 年 11 月，银行间市场清算所股份有限公司即上海清算所正式成立；2011 年 12 月 19 日，银行间市场清算所股份有限公司正式向银行间市场提供现券交易净额清算服务，这标志着我国银行间债券市场集中清算机制的正式建立。

2010 年境外人民币清算行等三类机构获准进入银行间债券市场，标志着我国债券市场正式对外开放，也由此开启了境外机构参与境内债券市场的全球通入市模式。

2012 年 2 月 13 日，中国金融期货交易所正式启动国债期货仿真交易，这标志着国债期货时隔 17 年重新启动。

2012 年 5 月，中小企业私募债的试点办法公布；6 月，上海证券交易所和深圳证券交易所正式接受私募债的备案，标志着有高风险、纯信用特点的中小企业私募债品种在国内正式推出。

2013 年 9 月，在关闭国债期货 18 年后，国债期货 9 月 6 日正式在中国金融期货交易所上市交易。

2015 年 7 月，中国人民银行进一步放开相关境外机构(即境外央行、国际金融组织、主权财富基金)进入银行间债券市场，审批制改为备案制，投资额度放开，交易品种也相应拓宽，并允许其自主选择结算代理人为其代理交易和结算，境外投资者参与市场的深度和灵活性提高。

2017 年 6 月 21 日，中国人民银行发布《内地与香港债券市场互联互通合作管理暂行办法》。7 月 3 日，中国农业发展银行率先发行 160 亿元“债券通”金融债，其中面向境外投资者专场发行 10 亿元。这标志着内地与香港债券市场互联互通机制，即所谓的“债券通”正式开放。“债券通”的开放是中国资本市场开放具有里程碑意义的事件，在促进人民币国际化和吸引国际资本投资中国债券市场方面产生了多方面的积极影响。

2019 年 1 月，财政部明确提出将国债与央行货币政策操作衔接起来，并扩大国债在货币政策操作中的运用，健全国债收益率曲线的利率传导机制。

2019 年 4 月，以人民币计价的中国国债和政策性银行债正式被纳入彭博巴克莱全球综合指数。这标志着以人民币计价的中国债券将成为继美元、欧元、日元之后的第四大计价货币债券。

2020 年 2 月 28 日起，9 只中国政府债券纳入摩根大通旗舰全球新兴市场政府债券指数系列(GBI-EM)。2021 年 3 月，富时罗素正式宣布从 2021 年 10 月起将人民币国债纳入富时罗素世界国债指数(WGBI)。

我国债券市场发展过程中的一些重要事件及时点如图 1-5 所示。

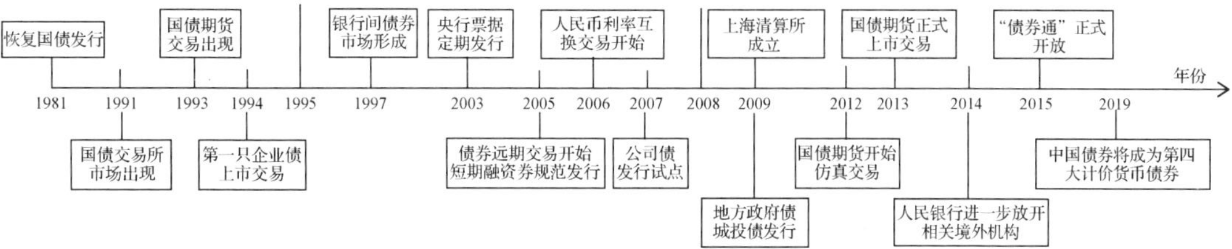

图 1-5 我国债券市场发展过程中的重要事件

从各类债券总额与 GDP 的比例关系来看，在 2011 年年底，美国为 174.7%，日本为 254.8%，韩国也达到 102.7%，而我国仅为 45.8%。但其后我国债券市场发展迅速，其规模变化如图 1-6 所示。

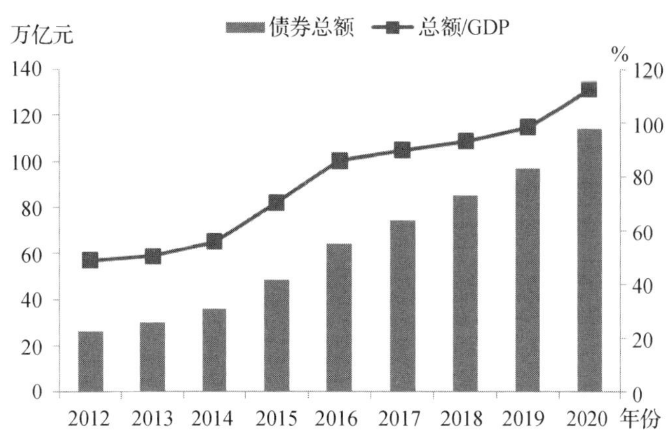

图 1-6 我国债券市场规模变化

二、我国固定收益证券市场的现状

1. 托管和交易结算的场所

目前，我国债券市场形成了包含银行间市场、交易所市场和商业银行柜台市场三个基本子市场在内的统一分层的市场体系。1997 年建立的银行间债券市场是我国债券市场的主体，经过多年的发展，其在我国债券市场的份额和影响力不断扩大，目前的债券存量和交易量占全部市场的 90%左右。这一市场是各类机构投资者进行双边报价、逐笔结算实现大宗批发交易的场外市场；由全国银行间同业拆借中心为债券交易提供报价服务，而中央国债登记结算有限责任公司办理债券的登记、托管和结算。在 2008 年国际金融危机爆发后，国际社会对建立集中清算制度安排、降低交易对手方风险并实施有效监管达成了普遍共识。

在这种背景下，为适应我国银行间市场参与者日益扩大的清算需求，提高金融市场的交易效率，降低交易成本，防范交易对手方的风险，进一步提高场外金融市场的透明度，2009 年 11 月 28 日，经财政部、中国人民银行批准成立，由中国外汇交易中心、中央国债登记结算有限责任公司、中国印钞造币总公司、中国金币总公司 4 家单位共同发起，建立了上海清算所(Shanghai Clearing House)即银行间市场清算所股份有限公司，为银行间债券市场提供以中央对手净额清算为主的直接和间接的本外币清算服务。与原先的双边、逐笔、全额清算业务相比，上海清算所提供的现券净额清算业务具有节约资金、简化清算和结算操作等优点，更主要的是其能够集中管理风险，交易双方由原来的互为对手方，变成以上海清算所为双方的共同对手方，即中央对手方。市场参与者无须考虑对手方风险，而是共同遵守上海清算所的风险控制规则，由上海清算所集中管理对手方风险。从 2011 年开始，上海清算所登记托管以及交易清算业务规模不断扩大。

证券交易所市场是由除银行以外的各类社会投资者(包括机构和个人)通过交易所撮合成交系统进行零散债券集中交易、净额结算的场内市场。交易所市场实行两级托管体制，其中，中央国债登记结算公司为一级托管人，负责为交易所开立代理总账户；中国证券登记结算公司上海、深圳分公司为债券二级托管人，分别负责上交所和深交所的债券托管和结算。

【拓展阅读】债券登记托管的基本概念和制度建设

一、债券登记托管的基本概念

债券登记是指登记机构依据法律法规，受债务人委托，以簿记方式记录债券信息，确认债券权属的行为。债券托管是指托管机构接受债券持有人委托，对债券持有人的债券权益进行维护和管理的行为。根据托管层级的不同，债券托管分为一级托管和多级托管。其中，一级托管是指最终投资者以自己的名义将债券托管于中央登记托管机构(Central Securities Depository, CSD)，由 CSD 直接管理投资者的债券权益；多级托管是指终端投资者将债券托管于中介机构，中介机构再以自己的名义托管于上一级中介机构，直至 CSD，中介机构是其托管债券的名义持有人，终端投资者只能通过中介机构主张债券权利。以上两种托管模式相比较，一级托管具有明显优势：法律关系清晰，投资者权益可以得到有效保障；中间环节少，操作风险小；监管便利，可控性强。而多级托管则存在挪用风险高、增加市场复杂性等问题。

二、我国中央登记托管体制的发展历程

我国债券市场的登记、托管也经历了从分散到集中的过程。市场早期由分散的金融机构办理债券登记并代为保管债券，随着债券发行和交易规模的扩大，分散的登记、托管引发一系列虚假发行、超冒信用、私卖挪用等欺诈行为，酿成严重的金融风险，危害了债券市场乃至整个金融体系的健康有序运行。实践证明，分散的登记、托管不利于市场的安全和效率，我国开始从实践和法律层面推动债券集中的登记、托管。1996 年，中央结算公司成立，实现了银行间市场债券集中的登记、托管。依照《中华人民共和国证券法》，“在证券交易所和国务院批准的其他全国性证券交易场所交易的证券的登记结算，应当采取全国集中统一的运营方式”。中央政府部门陆续发布《中华人民共和国国债托管管理暂行办法》(财国债字〔1997〕25 号)、《全国银行间债券市场交易管理办法》(中国人民银行令〔2000〕

第 2 号)、《银行间债券市场债券登记托管结算管理办法》(中国人民银行令〔2009〕第 1 号)等重要文件，确立了中央登记托管在我国债券市场中基础性制度的地位。

中央登记托管在我国债券市场的实践主要体现为“中央登记、一级托管”的业务模式。对银行间市场机构投资者，中央登记托管机构直接为机构投资者开立债券账户，账户实时反映资金和债券的流动，便于监管部门进行债券市场动态监测和风险管控；对境外投资者，以“全球通”作为入市主渠道，境外机构投资者委托银行间市场结算代理人在中央登记托管机构开立实名账户，该模式具有安全、简洁、透明的特点，确保实现穿透监管，实现安全与效率的统一。中央登记托管制度自建立至今，展示了强大的生命力和适应性，奠定了债券市场健康快速发展的基础。在中央登记托管制度的保驾护航下，我国债券市场迅速成长壮大，实践证明，我国建立中央登记托管制度是吸取国际多级托管的教训、充分释放后发优势、符合我国国情的最优实践，是遵循国际规则、世界领先的成功案例。

(资料来源：中央结算公司研究报告)

商业银行柜台市场是银行间市场的延伸，也属于零售市场。商业银行柜台债券市场是个人和中小企事业单位按照商业银行柜台挂出的债券买入价和卖出价进行债券买卖的债券场外零售市场；商业银行总行为投资者办理债券的登记、托管和结算。柜台市场也实行两级托管体制，其中，中央国债登记结算公司为一级托管人，负责为承办银行开立债券自营账户和代理总账户，承办银行为债券二级托管人。柜台市场创新设计了以明细数据传输和投资者账务复核机制为核心的穿透式二级托管安排。承办银行于每营业日终向中央结算公司(一级托管人)发送明细数据，由中央结算公司对投资者明细数据进行复核，并为投资者提供账务复核查询服务，以便投资者及时准确掌握其账户的债券余额及变动情况，从而能够控制风险，更好地保护投资者利益，柜台业务二级托管模式是针对以零售投资者为主的特点而进行的设计，是多层次债券市场建设的灵活制度安排。与前两类场所相比，无论是存量余额还是各年的交易结算量，商业银行柜台市场所占的份额都极小，只有不到 1%。

表 1-3 给出了以银行间债券市场和交易所债券市场为主的中国债券市场基本框架。

表 1-3　中国债券市场基本框架

债券市场分类	银行间债券市场	交易所债券市场
管理者	中国人民银行	中国证券监督管理委员会
交易工具	现券交易、回购、远期交易、利率互换	现券交易、回购
上市交易的债券品种	国债、政策性银行债券、金融债券、中期票据、短期融资券、企业债券、信贷资产支持证券、非金融企业资产支持票据	国债、公司债券、可转换债券、企业资产支持证券
投资者	商业银行、城乡信用社等境内外金融机构、境外合格机构投资者；证券公司；各类证券投资基金；保险公司；信托公司、财务公司、租赁公司等其他非银行金融机构；社保基金、住房公积金、企业年金等其他债券投资主体	除商业银行和信用社以外的金融机构、企业、自然人等

续表

交易方式	场外询价、逐笔成交	集中竞价、撮合成交
托管机构	中央国债登记结算公司、上海清算所	中国证券登记结算公司

全市场债券托管交易结算分布情况如表 1-4 所示。

表 1-4　全市场债券托管交易结算分布情况　　单位：万亿元

交易场所		2020 年年底余额	2020 年全年发行	2020 年全年交易结算
银行间债券市场	中央国债登记结算公司	77.14 (73.94%)	21.87(57.93%)	943.23 (61.24%)
	上海清算所	13.37 (12.82%)	9.69(25.67%)	302.26 (19.63%)
交易所债券市场(中证登)		13.81 (13.24%)	6.19(16.40%)	294.61 (19.13%)
总计		104.32 (100%)	37.75(100%)	1540.10 (100%)

注：2020 年债券市场统计分析报告，中国债券信息网。

从表 1-4 可见，交易所债券市场已经逐渐被边缘化，虽然交易所市场及其主管部门在品种创新、交易机制方面做了很大的努力，例如，推出可转债、公司债，建立固定收益证券综合电子平台等，但与银行间市场规模相比，交易所市场仍显尴尬。近年来，关于两个市场互联甚至统一的呼声越来越高，但从相关主管部门的态度来看，可能仍需时日。

中央国债登记结算公司

2. 债券的品种结构

从发行主体的角度来看，图 1-7 显示了 2020 年年底，我国各券种存量的占比。其中，主要由国债、地方政府债和政策性银行债构成的利率债占据了半壁江山，占到市场的 56.29%；其次是由金融债券、公司债券、中期票据和企业债券等组成的信用债，占 33.97%。

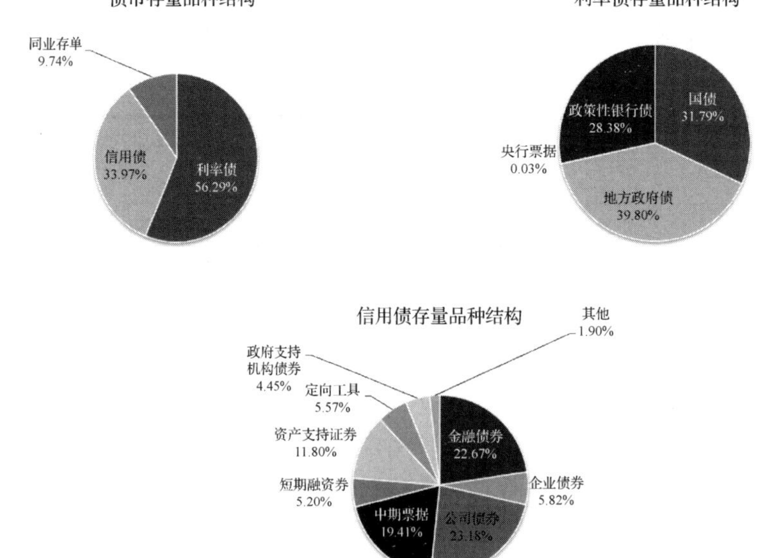

图 1-7　2020 年年底各券种存量占比

从图 1-8 所示的各期限品种的总量分布情况看，1 年以下及 1～3 年期品种托管量最大，分别占比约 25.74%和 26.67%。其他期限品种占比从高到低依次为 3～5 年期的 18.26%、7～10 年期的 11.44%、5～7 年期的 9.72%和 10 年以上期的 8.17%。而由图 1-9 显示的债券信用评级占比可知，我国债券信用评级普遍较高，评级 AAA 债券占比达 65.15%。

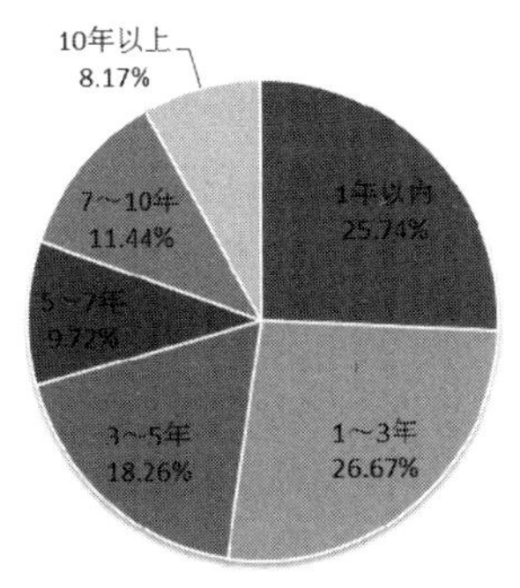

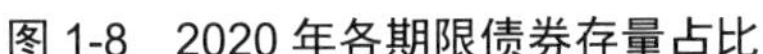
图 1-8　2020 年各期限债券存量占比

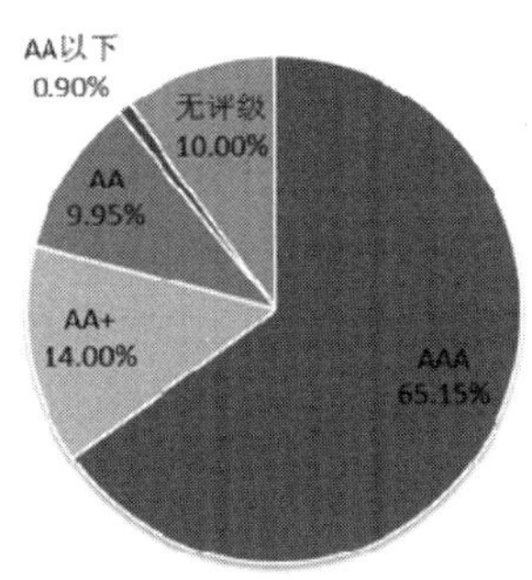

图 1-9　2020 年年底各信用评级债券占比

【拓展阅读】中国绿色债券市场回顾

绿色债券市场始于 2007 年，近几年出现爆发式增长。尽管受到新冠肺炎疫情影响，但绿色债券市场蓬勃发展的势头依旧迅猛。截至 2020 年年底，全球绿色债券发行量达到了创纪录的 2695 亿美元。

我国绿色债券市场经过多年培育，规模已稳居世界第二位。截至 2020 年年末，我国累计发行贴标绿债超 1.4 万亿元。期限结构趋于分散化，长期限占比增多。以 2020 年发行为例，其中 3 年期占 37.0%，同比下降 8.7%；5 年期占 25.4%，同比下降 9.3%；而 7 年期占 13.6%，同比上升 9.9%。

绿色债券发行主体不断扩大。2020 年前，绿债发行以绿色金融债为主，占比超过 50%。2020 年，绿色金融债发行占比下降为 11%。同时，绿色金融债发行主体更加多元化，除了国有大行、政策性银行、股份制银行之外，地方城市商业银行、农村商业银行、金融租赁公司也纷纷试水绿色债券发行。此外，绿色资产支持证券(ABS)也在积极探索。很多民营企业通过发行绿色 ABS，降低企业融资门槛和融资成本，缓解了民企融资难、融资贵的问题，为绿色产业的发展提供了有力的支撑。根据我国《绿色债券支持项目目录(2020 年版)》，按照节能环保产业、清洁生产产业、清洁能源产业、生态环境产业、基础设施绿色升级、绿色服务六大领域进行分类，发行绿债规模最大的是节能环保产业类，其次是基础设施绿色升级和绿色服务。

绿色债券市场的表征指数蓬勃发展。中央结算公司与中节能合作，推出中债-中国绿色债券指数，总市值约 4 万亿元，加权平均绿色占比为 86.85%；与气候倡议组织合作，推出中债-中国气候相关债券指数，总市值约 1.2 万亿元，加权平均绿色占比为 99.98%；还与兴业银行合作，推出中债-兴业绿色债券专项指数。自中债绿色系列债券指数发布以来，受到国内外市场机构的广泛关注，指数应用不断深入。绿色债券投资理念也不断深化。2020 年 10 月，中债金融估值中心开始发布中债 ESG 评价系列产品，包括 ESG 评价、ESG 数据库、ESG 报告、ESG 咨询服务等多元化产品和综合性解决方案，国内债券市场诞生首只 ESG 评价产品。

近年来，我国除了贴标绿色债券市场获得较快发展之外，我国还存在大量未贴标、但实际投向绿色项目的“实质绿”债券，它们也为推动绿色发展做出了积极贡献。2018 年，受中国绿金委委托，中央结算公司与中节能公司合作完成《绿色债券环境效益信息披露制度及指标体系》课题研究，构建了具有可操作性的绿色债券环境效益信息披露指标体系，并首创“实质绿”绿色债券评估认定方法。该方法认为募集资金投向符合中国人民银行《绿色债券支持项目目录(2015 版)》、国家发展改革委《绿色债券发行指引》、国际资本市场协会(ICMA)《绿色债券原则 2015》、气候债券组织(CBI)《气候债券分类方案》这四项绿债标准之一的，且投向绿色产业项目的资金规模在募集资金中占比(或发行人绿色主营业务收入占比)不低于 50%的债券，可将其认定为“实质绿”债券。截至 2020 年 12 月 31 日，债券市场上存续“实质绿”债券规模达 39689.54 亿元。其中，政府支持机构债券的存量规模最大，占比接近四成(39.64%)，地方政府债(19.41%)存量规模紧随其后，企业债券(11.02%)、中期票据(11.02%)、金融债券(7.98%)和公司债券(7.56%)占比相近，短期融资券、国际机构债和项目收益票据存量规模较小。

在“2030 年前碳达峰、2060 年前实现碳中和”目标愿景下，碳减排对绿色债券的需求更为巨大，中国绿色债券市场迎来历史性机遇。

(资料来源：中央结算公司研究报告)

3. 债券市场的投资者结构

中国债券市场的投资者结构经历了一个以个人投资者为主逐渐转向以机构投资者为主的过程。在 1981 年恢复发行国债之初，国债的投资者主要是广大居民。但目前在债券市场中，个人投资者并不居于主导地位。个人投资者仅能在交易所债券市场上进行国债买卖，对于规模更大的银行间市场没有准入权，这也限制了个人投资者作为债券投资主体的可能性。大部分个人投资者都通过交易市场或银行柜台系统购买债券并持有到期，以保证本金安全和取得利息收入。

银行间债券市场的机构参与者包括两类：第一类是可直接进行交易的市场成员，建立之初，银行间债券市场只有 16 家商业银行，随后市场成员的类型和数量不断增加，央行相继批准外资银行、保险公司、农村信用联社、部分投资基金、证券公司、财务公司、金融租赁公司入市，2002 年 4 月投资者入市由核准制改为备案制。第二类是非市场成员机构、非金融机构通过结算代理业务进入银行间债券市场，丰富了投资者结构，形成了包含各类机构投资者的场外债券市场基本框架。交易所债券市场方面，1997 年商业银行退出交易所市场，2009 年，证监会发布《关于开展上市商业银行在证券交易所参与债券交易试点有关问题的通知》，规定商业银行可向证券交易所申请从事债券交易。目前交易所债券市场的主要参与者包括证券公司、基金公司、保险公司、企业、符合证监会标准的商业银行以及个人等投资者。

债券投资和贷款是商业银行资产运用的主要渠道，虽然与贷款相比，债券的收益率相对较低，但风险更小，有利于平衡商业银行资金运用的总体风险收益状况。商业银行债券投资的资金主要来源于存贷差和理财产品的发行，其投资的主要目的是保证本金安全并获得一定利息收入。保险公司同样也是我国国债市场上重要的机构投资者，其拥有的数额巨大的保费收入主要在银行存款、证券投资基金和债券之间分布。从投资品种期限来看，由于寿险公司负债(资金来源)期限较长，所以必须为保证资产负债匹配而投资于期限较长的债券，与银行相同，保险公司主要是在一级市场上购买债券，并持有到期。证券公司在债券市场中可以同时扮演一般投资者、中介机构和做市商等多重角色。证券公司的自营投资中国债投资品种以短期为主，主要为配合流动性的管理或博取债券价格波动中的资本利得。目前一些规模较大的证券公司如中信证券、国泰君安等，还具有公开市场业务操作以及交易商和做市商资格。另外，证券投资基金在债券市场上的投资发展非常迅速，特别是其中的债券型基金和货币市场基金。

表 1-5 显示了截至 2020 年年底，一些主要债券品种的投资者结构余额分布情况。

表 1-5 主要债券品种的投资者结构余额分布情况

单位：亿元

券种		机构名称										
		政策性银行	商业银行	信用社	保险机构	证券公司	其他金融机构	非法人产品	非金融机构	境外机构	其他	汇总
记账式国债	2020 年	1138.35	122342.6	1666.68	4788.34	3906.95	945.64	15010.53	5.1	18775.81	25785.04	194365.1
	占比(%)	0.586	62.945	0.857	2.464	2.010	0.487	7.723	0.003	9.660	13.266	100.000
地方债券	2020 年	15165.41	215920.8	1485.48	5504.35	1087.49	343.1	7909.19	0	33.4	7076.3	254525.5
	占比(%)	5.96	84.84	0.58	2.16	0.43	0.13	3.11	0.00	0.01	2.78	100.00
政府支持机构债券	2020 年	527.26	9320.51	138.72	1920.23	215.43	85.17	4323.88	0.21	57.19	636.39	17225
	占比(%)	3.061	54.110	0.805	11.148	1.251	0.494	25.102	0.001	0.333	3.695	100.000
政策性银行债	2020 年	550.6	100365.8	5200.02	6021.72	1614.08	434.91	56278.64	0.2	9191.82	747.1	180404.9
	占比(%)	0.31	55.63	2.88	3.34	0.89	0.24	31.20	0.00	5.10	0.41	100.00
商业银行债	2020 年	920.9	18390.34	284.18	3919.95	313.21	137.35	34325.27	2	327.15	0	58620.34
	占比(%)	1.571	31.372	0.485	6.687	0.534	0.234	58.555	0.003	0.559	0.000	100.000
企业债券	2020 年	60.23	5096.73	98.29	697.73	1821.49	66.04	12504.86	1.76	98.38	8944.44	29389.95
	占比(%)	0.205	17.342	0.334	2.374	6.198	0.225	42.547	0.006	0.335	30.434	100.000
资产支持证券	2020 年	15.14	13339.04	0.5	65.27	293.32	660.27	7158.89	0	278.25	7.28	21817.96
	占比(%)	0.069	61.138	0.002	0.299	1.345	3.026	32.812	0.000	1.276	0.033	100.000

资料来源：中央结算公司(2020 年债券市场统计分析报告)。

4. 债券市场的监管体制

中国债券市场的监管是根据市场、债券类别和业务环节不同进行分别监管的。从不同市场来看，中国人民银行是银行间债券市场的主管机构，而交易所债券市场的主管机构是证监会。作为中国债券市场的总托管人，中央结算公司接受三方监管，在业务上受央行和财政部监管；在资产与财务管理上受财政部监管；在人事和组织机构上受银监会领导，并接受其定期审计。此外，如果参与集中性交易市场业务，根据《中华人民共和国证券法》(以下简称《证券法》)还受证监会管辖。从不同债券类别来看，财政部负责管理国债发行；银

行间市场交易商协会负责管理短期融资券、中期票据、超级短融券、私募债券等；证监会负责管理可转债、公司债券的发行和交易；发改委负责管理企业债券的发行和上市交易；银监会负责管理商业银行的次级债、混合资本债等资本工具的发行，因此有所谓“五龙治水”的说法，如表 1-6 所示。这种相互割裂的监管体制不利于全国统一互联债券市场的建立，不同的融资标准也不利于企业债券融资的公平性，更不利于我国债券融资规模的发展壮大。甚至由于目前债券市场各自为政的制度体系，还经常出现法规之间互相矛盾的局面。例如，《证券法》规定了债券暂停和终止上市制度，而由于银行间债券市场不适用《证券法》，在银行间债券市场和交易所市场同时上市的同一公司债券，可能会出现交易所上市被暂停或终止交易而银行间债券市场继续交易的现象，曾在上海证券交易所上市交易的“06 沪水务”和“08 广纸债”等公司债券都出现过这种情况。

中国银行间市场交易商协会

表 1-6 中国债券市场的监管体制

债券类别	监管机构
政府债券	中国人民银行、财政部、证监会
中央银行票据	中国人民银行
政策性金融债	中国人民银行
商业银行债券及证券公司债	中国人民银行、证监会
公司债券	证监会
中期票据	中国银行间市场交易商协会
短期融资券	中国人民银行、中国银行间市场交易商协会
资产支持证券	银保监会、中国人民银行、证监会
企业债券	国家发改委、中国人民银行、证监会
国际机构债券	中国人民银行、财政部、国家发改委、证监会
可转换债券	中国人民银行、证监会

本章小结

(1) 本章重点介绍固定收益证券的基本概念、要素和分类，并在此基础上介绍了我国固定收益证券市场的发展历史和现状。

(2) 固定收益证券(Fixed-income Instrument)，通常也被称为“债券”(Bond)，是指持有人可以在未来特定的时间内按照事先确定的条款获得现金流的一大类金融工具的总称；也可理解为是政府、金融机构、工商企业等直接向社会借债筹措资金时，向投资者发行，承诺按一定利率支付利息并按约定条件偿还本金的债权债务凭证或者债务工具。

(3) 描述固定收益证券特征的基本要素包括固定收益证券名称、发行人、发行总额、发行方式和对象、债券面值、发行价格、债券期限和利率、债券付息次数、债券担保情况、信用评级等方面。

(4) 固定收益证券按照发行主体、期限、有效期内现金流特征、信用等级、嵌入期权特征等标准，可以有多种分类。按发行主体可分为政府债券、政府支持机构债券、地方政府债券、公司债券以及主要由金融机构发行的抵押贷款相关证券和资产支持证券等。按期限可将债券分为长期债券、中期债券和短期债券。按有效期内现金流特征主要可分为零息债券和附息债券。按信用等级可分为高信用等级债和低信用等级债。按嵌入期权特征可将债券分为发行人可赎回债券、投资人可回售债券以及可转换债券等。

(5) 我国债券市场形成了包含银行间市场、交易所市场和商业银行柜台市场三个基本子市场在内的统一分层的市场体系。银行间债券市场是我国债券市场的主体。

(6) 从发行主体的角度来看，国债和政策性银行债占据了我国债券市场的一半以上；从各期限品种的总量分布来看，3～5 年中期品种所占比例最大。从投资者结构来看，我国债券市场经历了以个人投资者为主逐渐转向以机构投资者为主的过程。从监管体制上看，我国债券市场目前存在多头监管的特点。

复习思考题

1. 固定收益证券特征的基本要素有哪些？在此基础上，对固定收益证券有哪些分类？
2. 我国凭证式国债和记账式国债有何区别？
3. 如何看待我国国家开发银行改制对其发行的金融债的影响？
4. 地方政府发行的城投债的特征是什么？如何理解其与企业债及市政债的关系？
5. 公司债券主要有哪些种类？各自有什么特点？
6. 什么叫抵押贷款证券和资产支持证券？如何理解它们在 2008 年发生的次贷危机中的作用？
7. 国债回购交易的主要过程是什么？
8. 简述改革开放以来，我国固定收益证券市场的发展历程。
9. 试分析我国固定收益证券市场的基本框架和特点。

第二章　债券价格与利率

【学习要点及目标】

- 理解货币时间价值的概念，掌握现值、终值的计算方法。
- 理解掌握零息债券利率、即期利率、贴现因子、远期利率的概念及相互关系。
- 熟悉主要的市场利率指标，掌握到期收益率的计算方法。
- 掌握久期和凸性的概念与计算方法，理解其在描述利率风险方面的作用。

【核心概念】

即期利率　贴现因子　远期利率　瞬时即期利率　瞬时远期利率　到期收益率　久期凸性

【引导案例】

固定收益证券和股票在本质上具有不同的关注点。股票缺少数学味道——如果你持有一张股票，没人保证你会得到什么；你能知道的就是股价可能上涨或下跌。与之相反，债券这样的固定收益证券有着漂亮的运作机制，承诺在将来定期支付利息，到期偿付本金。这种细节上的确定性使得固定收益证券与股票相比更像是一桩可以算得出来的生意，也是一个更加可以根据数学分析作出调整的证券。当你走过华尔街热火朝天的固定收益证券交易楼层时，你听见人们通过双向不间断的语音通信系统大声喊出的是收益率、差价这些数字，而在繁忙的股票交易楼层，你最常听见人们喊出的是公司的名字。与股票买卖相比，固定收益证券的交易要求掌握更好的技术和数学方法。一次我对一位做交易员的朋友评论道，我所认识的固定收益证券交易员看上去似乎比股票交易员聪明，他听了以后简短地作了一个总结，他说："那是因为，做股票没必要聪明。"

(资料来源：Emanuel Derman. 宽客人生(My Life As A Quant). 北京：中信出版社，2007)

第一节　货币时间价值

一、货币时间价值的相关概念

货币时间价值也称为资金的时间价值，是指货币经历一定时间的投资和再投资所增加的价值，它表现为同一数量的货币在不同的时点上具有不同的价值。例如，将资金存入银行可以获得利息，将资金运用于公司的经营活动可以获得利润，将资金运用于对外投资可以获得投资收益，这种由于资金运用实现的利息、利润或投资收益就可看作货币的时间价值。由于不同时间的资金价值不同，所以，在进行资金价值大小对比时，必须将不同时间的资金折算为同一时间后才能进行比较。由此，与货币的时间价值有关的两个基本概念就是终值和现值。

终值又称将来值，是指现在一定量现金在未来某一时点上的价值，有时也称为本利和。现值也称本金，是指未来某一时点上的一定量现金折合为现在的价值。资金的时间价值，主要是解决资金的现在价值和未来价值之间的换算，即知道了现在的价值如何计算将来的价值，或者是知道了将来的价值如何计算现在的价值。

二、货币时间价值的计算

(一)单利情况下的终值与现值

单利是指只对借贷的原始金额或本金支付(收取)的利息。我国银行一般是按照单利计算利息的。另外，有些到期一次还本付息的国债也是按单利计息的。

假设 P 表示本金(现值)，i 表示利率，I 表示利息，F 表示本利和(终值)，n 表示时间，则有以下公式。

1. 单利终值

单利终值是本金与未来利息之和。其计算公式为

$$F=P+I=P+P\times i\times n=P(1+i\times n) \tag{2-1}$$

例如，将 100 元存入银行，利率假设为 8%，一年后、两年后、三年后的终值分别为

一年后：100×(1+8%)=108(元)

两年后：100×(1+8%×2)=116(元)

三年后：100×(1+8%×3)=124(元)

2. 单利现值

单利现值就是确定未来终值的现在价值。例如，公司的商业票据在向银行贴现时，银行按一定利率从票据的到期值中扣除自借款日至票据到期日的应计利息，将余款支付给持票人。贴现时使用的利率称为贴现率，计算出的利息称为贴现息，扣除贴现息后的余额称为贴现值即现值。单利现值与单利终值互为逆运算，因此其计算公式为

$$P=F/(1+i\times n) \tag{2-2}$$

(二)复利情况下的终值与现值

复利，就是不仅本金要计算利息，本金所衍生的利息在下期也要加入本金一起计算利息，即所谓的“利滚利”。同样，假设 F 表示复利终值，i 表示年利率，P 表示复利现值，n 表示以年为单位的计息期数，m 表示每年计息的次数，则有以下公式。

1. 复利终值

如果某种债券每年计息一次，则 n 年后的本利和就是复利终值。其计算公式为

$$F=P(1+i)^n \tag{2-3}$$

如果某种债券每年付息 m 次，则复利终值的计算公式为

$$F=P\left[1+(i/m)\right]^{mn} \tag{2-4}$$

当 m 趋于无穷大时，公式 $[1+(i/m)]^{mn}$ 趋向于 e^{in}，其中 e 近似等于 2.71828。即在利率为 i，现值为 P，连续复利情况下，第 n 年年末收到的现金流量终值为

$$P=Fe^{in} \tag{2-5}$$

2. 复利现值

复利现值是指将未来可能获得的终值按复利折算为现在的价值，即为取得未来一定终值而于现在所需要的本金。由终值求现值，称为折现，折算时使用的利率称为折现率。类似地，由于复利现值与复利终值的计算互为逆运算，所以可以得到以下公式。

Excel 与 Matlab 中的终值和现值的计算

每年计息一次情况下，复利现值的计算公式为

$$P = F(1+i)^{-n} \tag{2-6}$$

每年付息 m 次的情况下，复利现值的计算公式为

$$P = F[1+(i/m)]^{-mn} \tag{2-7}$$

当 m 趋于无穷大(连续复利情况)时，复利现值的计算公式为

$$P = F\mathrm{e}^{-in} \tag{2-8}$$

第二节　利率的相关概念与计算

一、零息债券利率和贴现因子

零息债券是不派息的债券，其以低于面值的价格购买，在到期时按照票面金额兑付，避免了投资者在持有债券期间所获得利息的再投资风险。由于这一特性，零息债券成为最基本的债券；而附息债券则可以看作是由持有期内各付息现金流所代表的若干个零息债券的组合。因此，对于债券价格及利率的研究，可以从零息债券价格及零息债券利率开始。具体地，我们将在到期日 T 支付面值为 1 元的零息债券在期初 t 时的价格记为 B_t^T，称为贴现因子。而将其在期初 t 至到期日 T 之间的收益率，称为零息债券利率，或称为即期利率(Spot Interest Rate)。单位零息债券的现金流示意如图 2-1 所示。

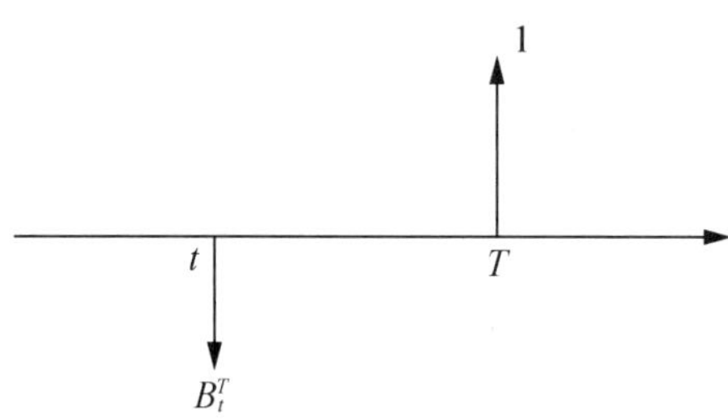

图 2-1　单位零息债券的现金流示意

如果我们将 t 时点在到期日为 T 的零息债券利率(即期利率)记为 R_t^T，则在年度复利(Annual Compounding)的计息方式下，有以下关系式。

$$B_t^T = 1\cdot(1+R_t^T)^{-(T-t)} \tag{2-9}$$

$$R_t^T = (B_t^T)^{-1/(T-t)} - 1 \tag{2-10}$$

在连续复利(Continuous Compounding)的情况下，贴现因子和零息债券利率可分别表示为

$$B_t^T = 1\cdot\mathrm{e}^{-R_t^T(T-t)} \tag{2-11}$$

$$R_t^T = -\frac{1}{T-t}\ln B_t^T \tag{2-12}$$

贴现因子函数的用途很多。例如，任何现金流的现值能够通过贴现因子的合适值与现金流的名义值相乘得到，而任一附息债券可分解为若干零息债券的叠加，如图 2-2 所示。

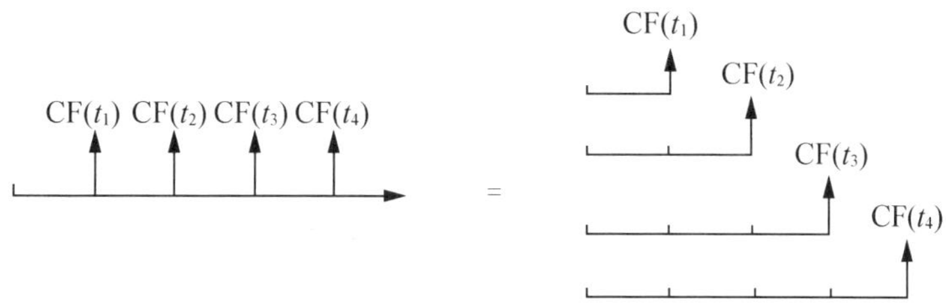

图 2-2　附息债券现金流的分解

综合可得，债券的理论定价可表示为

$$P_t = \sum_{i=1}^{q} \mathrm{CF}(t_i) B_t^{t_i} \tag{2-13}$$

式中：P_t 为 t 时点债券的理论全价；t_i 是债券 k 第 i 次现金流发生时所对应的时间；$\mathrm{CF}(t_i)$ 表示债券在分析日至到期日期间发生的第 i 次现金流，如支付的票面利息及到期兑付时的本金；$B_t^{t_i}$ 是债券第 i 次现金流发生时所对应的贴现因子，即 t 时点到期日为 t_i 对应的贴现因子。

美国短期国库券的报价方式——贴现率

由零息债券利率(即期利率)派生出来的一个重要的概念是瞬时即期利率(Instantaneous Spot Rate)，其定义式为

$$r(t) = \lim_{T \to t} R_t^T = R(t,t) \tag{2-14}$$

可见，瞬时即期利率实际上表示在无穷小时间$(t,\ t+\Delta t)$内，零息债券的投资收益率。瞬时即期利率有时也被称为“短期利率”(Short Rate)。在理论研究和实践中，通常可以用某些具体的短期债券利率，如隔夜拆借利率、7 天回购利率或 1 个月期国债利率等指标来近似反映。

在引入瞬时即期利率这一变量之后，根据积分的数学含义，我们可以将债券持有期(t～T)无限细分，进而将到期日 T 时的面值向期初 t 不断贴现，从而可推出期初 t 时的债券价格 B_t^T 与瞬时短期利率 $r(t)$之间的关系。

$$B_t^T = \exp\left(-\int_t^T r(s)\mathrm{d}s\right) \tag{2-15}$$

进而利用 $R_t^T = -\frac{1}{T-t}\ln B_t^T$，可以得到期限为 $T-t$ 的零息债券利率。可见，一旦我们知道了瞬时即期利率的变化规律，即 $r(t)$ 的函数形式，我们就能够求得其他一系列的债券相关指标。这一思想在本书第四章中会反复地加以运用。

二、远期利率

远期利率是指当前就可以锁定的在今后某一段时间内的利率。例如，在当前时刻 t，已知自未来 T 时刻起至 S 时刻(S>T)的利率可计为 $f_t^{T,S}$。可见，即期利率和远期利率的区别在于计息日起点不同，即期利率的起点在当前时刻，而远期利率的起点在未来某一时刻，两者之间的关系可用图 2-3 表示。

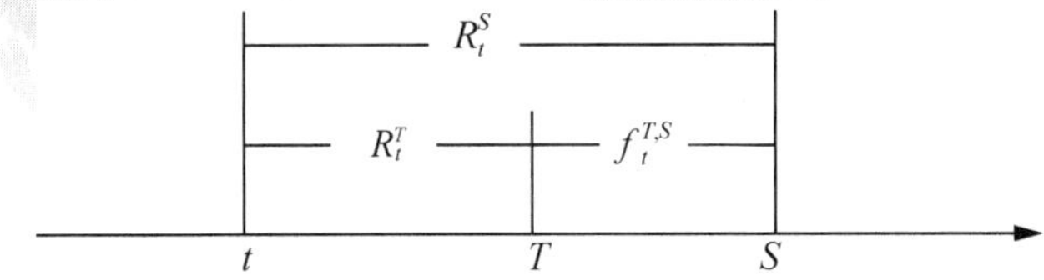

图 2-3　即期利率和远期利率的关系

由图 2-3 可见，由 S 时刻的终值 1 贴现至当前时刻 t 应该等价于由 S 贴现至 T、再由 T 贴现至 t，因而在年度复利的情况下，有以下关系式成立。

$$(1+R_t^S)^{-(S-t)} = (1+R_t^T)^{-(T-t)}(1+f_t^{T,S})^{-(S-T)} \tag{2-16}$$

从而有

$$f_t^{T,S} = \frac{(1+R_t^T)^{-(T-t)/(S-T)}}{(1+R_t^S)^{-(S-t)/(S-T)}} - 1 \tag{2-17}$$

如果用 B_t^T 和 B_t^S 分别表示到期期限为 T 和 S 的贴现因子，显然有

$$B_t^S = (1+R_t^S)^{-(S-t)}，\quad B_t^T = (1+R_t^T)^{-(T-t)} \tag{2-18}$$

从而，可以将公式(2-18)写为

$$B_t^S = B_t^T(1+f_t^{T,S})^{-(S-T)} \tag{2-19}$$

进而，远期利率也可表示为

$$f_t^{T,S} = \left(\frac{B_t^T}{B_t^S}\right)^{1/(S-T)} - 1 \tag{2-20}$$

容易证明，在连续复利的情况下，远期利率与贴现因子之间的关系为

$$B_t^S = B_t^T \mathrm{e}^{-f_t^{T,S}(S-T)} \tag{2-21}$$

从而有

$$f_t^{T,S} = -\frac{\ln B_t^S - \ln B_t^T}{S-T} \tag{2-22}$$

进一步，由公式(2-22)还可得到连续复利下远期利率与零息利率(Zero-coupon Rates)之间的关系为

$$f_t^{T,S} = \frac{R_t^S(S-t) - R_t^T(T-t)}{S-T} \tag{2-23}$$

【案例 1】由即期利率期限结构得到不同期限远期利率结构

表 2-1 反映了由期初(t=0)时刻的即期利率期限结构计算得到期初(t=0)时刻的、不同期限间隔的远期利率的情况。

表 2-1　即期利率期限结构和远期利率结构

到期时点 T / 期初 t	1	2	3	4	5
0	R_0^1=8.0	R_0^2=8.5	R_0^3=9.0	R_0^4=10.0	R_0^5=11.0
1		$f_0^{1,2}$=9.0	$f_0^{1,3}$=9.5	$f_0^{1,4}$=10.7	$f_0^{1,5}$=11.8
2			$f_0^{2,3}$=10.0	$f_0^{2,4}$=11.5	$f_0^{2,5}$=12.7

续表

期初 t \ 到期时点 T	1	2	3	4	5
3				$f_0^{3,4}=13.1$	$f_0^{3,5}=14.1$
4					$f_0^{4,5}=15.1$

例如，利用 $(1+R_0^2)^{-2}=(1+R_0^1)^{-1}(1+f_0^{1,2})^{-1}$，$(1+R_0^3)^{-3}=(1+R_0^1)^{-1}(1+f_0^{1,3})^{-2}$，$(1+R_0^4)^{-4}=(1+R_0^1)^{-1}(1+f_0^{1,4})^{-3}$ 等公式，可分别由表 2-1 中的第一行各元素，计算得到第二行 $f_0^{1,2}$、第三行 $f_0^{1,3}$、第四行 $f_0^{1,4}$ 等数值。

在现代金融分析中，远期利率有着非常广泛的应用。它们可以预示市场对未来利率走势的期望，也是中央银行制定和执行货币政策的参考工具。更重要的是，在成熟市场中几乎所有利率衍生品的定价都依赖于远期利率。虽然我国目前还没有利率衍生品，但随着金融全球化的发展，我国对外开放的进一步扩大和利率市场化改革的全面推进，引进这些金融工具是势在必行的，进而对远期利率变化特征的研究也是十分必要的。

与瞬时即期利率类似，将当前时间 t 的远期利率 $f_t^{T,S}$ 对应的未来期限 $S-T$ 无限细分，即 S 无限逼近 T，由此可引出瞬时远期利率(Instantaneously Compounded Forward Rate)，即有

$$f_t^T=f(t,T)=\lim_{S\to T^+}f_t^{T,S}=-\frac{\partial \ln B_t^T}{\partial T}=-\frac{\partial B_t^T/\partial T}{B_t^T} \tag{2-24}$$

可见，瞬时远期利率 $f(t,T)$表示 t 时点确定的、在将来无限小的期间$(T,T+\mathrm{d}t)$之内的远期利率，也可看作是在 t 时刻下，将来时刻 T 的瞬时即期利率；而瞬时即期利率 $r(t)$则表示当前时间 t 的瞬时利率。在数学关系上，将瞬时远期利率对时间积分，可求出各种期限的远期利率。因此，瞬时远期利率可以说是各期限远期利率的基础。

三、贴现因子、即期利率及瞬时远期利率之间的关系

根据积分所表示的“累积”的数学意义，我们可以得到瞬时远期利率与单位零息债券价格(贴现因子)之间的关系为

$$B_t^T=\mathrm{e}^{-\int_t^T f_t^u \mathrm{d}u} \tag{2-25}$$

从而，由公式(2-24)，可推导出

$$f_t^T=\frac{\partial[R_t^T(T-t)]}{\partial T}=R_t^T+\frac{\partial R_t^T}{\partial T}(T-t) \tag{2-26}$$

相应地，由公式(2-12)和公式(2-24)，可得

$$R_t^T=\frac{1}{T-t}\int_t^T f_t^u \mathrm{d}u \tag{2-27}$$

这表明零息债券利率实际上可看作是对瞬时远期利率取了平均值。

结合前面的公式，我们可以得到图 2-4 所示的关系图。

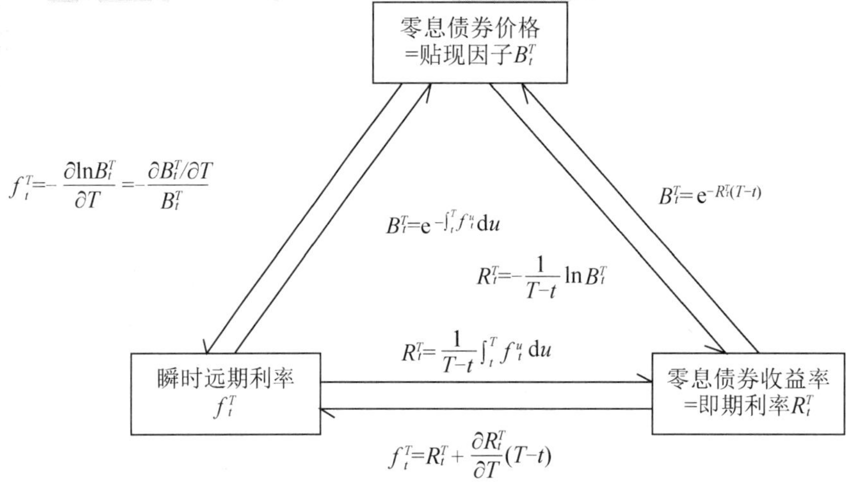

图 2-4　贴现因子、即期利率及瞬时远期利率之间的关系

【案例 2】我们以横轴为时间、纵轴为相对应之瞬时远期利率，得到如图 2-5 所示的瞬时远期利率曲线，按照公式(2-27)，进一步可以得到即期利率随到期时间 T 的变化图。

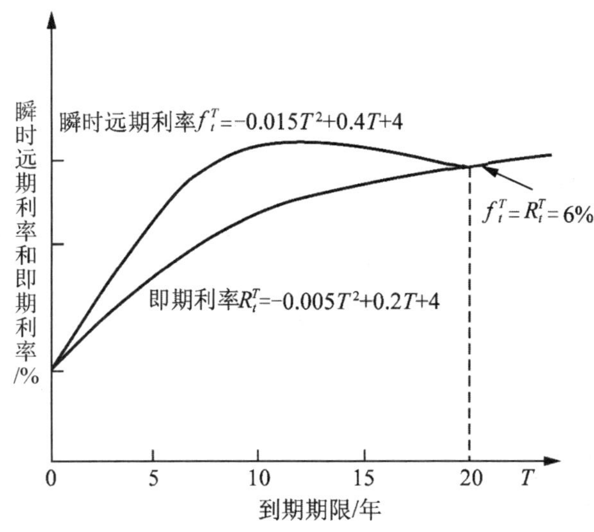

图 2-5　瞬时远期利率曲线和即期利率曲线

由瞬时远期利率曲线得到即期利率曲线的这一思路，实际上也是本书第三章讲述的 Nelson-Siegel 模型的核心思想。

第三节　市场利率体系

影响债券价格最主要的因素就是市场利率，因此有必要对常用的市场利率体系加以介绍。

一、同业拆借市场利率

同业拆借市场是指金融机构之间以货币借贷方式进行短期资金融通活动的市场。同业拆借的资金主要用于弥补银行短期资金的不足、票据清算的差额以及解决临时性资金短缺的需要。同业拆借利率既是同业拆借市场的资金价格，是货币市场的核心利率，也是整个金融市场上具有代表性的利率，它能够及时、灵敏、准确地反映货币市场乃至整个金融市场短期资金供求关系。当同业拆借利率持续上升时，反映资金需求大于供给，预示市场流动性可能下降；当同业拆借利率下降时，情况则相反。目前，国际货币市场上最有代表性的同业拆借利率有美国联邦基金利率(Federal Funds Rate)和伦敦银行同业拆借利率(LIBOR)。

美国联邦基金利率是指美国同业拆借市场的利率，其最主要的品种是隔夜拆借利率。按规定，会员银行在以每周三为结束日的两周内须保持一定的准备金额度。而其持有的联邦基金是由超额准备金加上票据交换轧差的盈余所组成。会员银行由于存款余额时常变化，其准备金或有盈余或有不足，不足行可以向盈余行拆借联邦基金以补足准备金额度或用于票据交换轧差，其方式是通过联储账户相互划拨，利息的支付在约定的时间内汇总清算或随时利随本清。而各拆入和拆出银行之间达成的隔夜拆借利率的加权平均值形成所谓的联邦基金有效利率(Federal Funds Effective Rate)。而联邦基金目标利率则是由联邦公开市场委员会(Federal Open Market Committee，FOMC)对联邦基金有效利率设定目标区间，并通过公开市场操作，以确保利率维持在此区间内。联邦基金有效利率的变动能够敏感地反映银行之间资金的余缺，美联储瞄准并调节该利率能直接影响商业银行的资金成本，并且将同业拆借市场的资金余缺传递给工商企业，进而影响消费、投资和国民经济。因此，联邦基金利率也就成为美国金融市场上最重要的短期利率。

伦敦银行同业拆借利率是由英国银行家协会(British Bankers' Association，BBA)根据其选定的银行在伦敦市场报出的银行同业拆借利率，进行取样并平均计算成为基准利率后对外发布的。根据现行的 LIBOR 定价机制，20 家大型银行在每天伦敦时间上午 11 点向英国银行家协会提交借贷利率估值，后者去除占报价行总数 1/4 的最高利率和最低利率得出的算术平均值，即为当天的 LIBOR 利率。LIBOR 利率的期限为隔夜、7 天、1 个月、3 个月、6 个月、1 年。自从 1986 年 LIBOR 诞生以来，其一直是金融市场的重要基准指标，直接影响利率期货、利率掉期、工商业贷款、个人贷款及住房抵押贷款等金融产品的定价以及货币政策制定。根据美国商品期货交易委员会的数据，全球有超过 800 万亿美元的证券或贷款与 LIBOR 相联系，包括直接与 LIBOR 挂钩的 350 万亿美元掉期合约和 10 万亿美元贷款。这意味着 LIBOR 每变动 1 个基点，就可能在全球范围内造成数百万美元的利润或亏损。此外，在金融危机期间，LIBOR 曾被视为反映银行业健康水平的晴雨表而受到市场密切关注，部分国家央行还将 LIBOR 作为其货币政策操作的标准之一。

LIBOR 操纵案

我国常用的同业拆借利率是上海银行间同业拆放利率(Shanghai Interbank Offered Rate，SHIBOR)。它是以位于上海的全国银行间同业拆借中心为技术平台计算、发布并命名的，是由信用等级较高的银行组成报价团自主报出的人民币同业拆出利率计算确定的算术平均利率，是单利、无担保、批发性利率。目前，对社会公布的 SHIBOR 品种包括隔夜、1 周、2 周、1 个月、3 个月、6 个月、9 个月及 1 年。SHIBOR 报价银行团现由 16 家商业银行组成。报价银行是公开市场一级交易商或外汇市场做市商，在中国货币市场上人民币交易相对活跃、信息披露比较充分的银行。中国人民银行成立 SHIBOR 工作小组，依据《上海银行间同业拆放利率(SHIBOR)实施准则》确定和调整报价银行团成员，监督和管理 SHIBOR 运行，规范报价行与指定发布人行为。全国银行间同业拆借中心受权进行 SHIBOR 的报价计算和信息发布。每个交易日根据各报价行的报价，剔除最高、最低各两家报价，对其余报价进行算术平均计算后，得出每一期限品种的 SHIBOR，并于交易日上午 11:30 对外发布。SHIBOR 利率在 2007 年 1 月正式公布后，很快成为一些金融产品发行和定价的基准指标。例如，2007 年 4 月 18 日，中国化工集团发行了第一笔以 1 年期 SHIBOR 加点确定发行价格的企业债券；9 月 21 日，上海华谊(集团)公司发行了首只 SHIBOR 浮动利率企业债券。在经过 10 多年的培育后，SHIBOR 逐步成为市场认可的基准利率品种。由于期限结构连续，一年期以内的金融产品，包括浮息债、同业存单、短期融资券、利率互换等大都参考 SHIBOR 的定价。

SHIBOR 已成为我国货币市场基准利率了吗？

二、回购利率

回购利率一般是指国债回购利率，可看作使用国债借钱所需要偿还的利息，即借款人根据契约，将国债抵押给资金贷出方，获得资金，最后归还资金本息以赎回国债，在这一过程中所付出的资金成本。由于回购期限一般比较短，所以回购利率也主要以短期利率为主，例如，隔夜、7 天和 14 天等。

近年来，国债回购市场以及回购利率引起理论界及一些国家央行的重视。例如，美国联邦基金利率一直作为传统的货币政策工具，但当金融危机程度加深时，一方面，银行间市场上的短期借贷行为由于缺乏安全性担保受到较大程度的抑制；另一方面，由于只有存款性金融机构和部分政府资助的企业能够持有美联储的储备结余并参与联邦基金市场，所以限制了美联储货币调控政策的覆盖范围。而回购市场有高信用等级资产作为抵押物，无论是市场规模还是参与主体范围，都远大于联邦基金市场[①]。因此，通过瞄准并调节回购利率，美联储能够影响各类机构的资金成本(或收益率)，加强货币政策传导的有效性。对此，Klee 和 Stebunvos 实证研究了回购利率与联邦基金利率之间的动态关系，发现在金融危机发生后，通过回购市场进行流动性管理的效果要优于联邦基金市场；与联邦基金利率相比，目标回购利率可能是一个更加有效的货币政策工具。欧洲央行自 1999 年以来即将“主要再融资操作”(Main Refinancing Operations)中的回购利率作为关键的货币政策指标。到 2008 年时，欧元区回购市场的规模已达到 6 万亿欧元，占欧元区 GDP 的 65%。金融危机爆发后，欧洲央行通过降低回购利率、扩大回购金额等手段来增加欧元区金融体系的流动性。印度自 2000 年 6 月开始采取所谓的“流动性调节机制”(Liquidity Adjustment Facility，LAF)，其主要方式是进行政府债券正回购和逆回购的固定利率招标、构造所谓“利率走廊”(Interest Rate Corridor)来调节市场上存在的短期流动性不匹配状况，引导市场利率走势。这一措施目前已取代存款准备金率调节成为其主要的货币政策操作工具。另外，瑞典、南非、瑞士、菲律宾等国也将回购利率作为主要的货币政策操作指标。

我国的国债回购市场经过十几年的发展，市场规模不断扩大，回购利率的市场化程度也显著提高，已经具备成为基准利率的条件。特别是自 2012 年以来，在实施稳健货币政策，既要保证经济稳增长对流动性的需求，又要稳定市场对房价和物价反弹预期的背景下，央行通过回购操作对货币市场流动性状况进行精细、灵活的调节成为我国货币政策的主要工具之一。

央行回购操作

① 联邦基金市场的日交易量几百亿美元，而美国债券回购市场的日交易量达几万亿美元。回购市场的参与主体可包括存款性机构、投资银行、保险公司、各类基金等。

三、债券市场利率

债券市场利率主要分为两类：一类是债券发行时的利率，比如附息债券的票面利率以及零息债券贴现发行的贴现率；二类是发行结束后上市，在二级市场交易过程中确定形成的不同期限利率。后者又可分为到期收益率以及本章第二节所介绍的零息债券利率(即期利率)。

到期收益率(Yield to Maturity，YTM)是指使债券在有效期内得到的所有净回报(净现金流)的贴现值与债券当前价格相等的贴现率。

假设债券在未来时间 $t_1, t_2, \cdots, T$，有净现金流 $C_1, C_2, \cdots, C_T$，其中 C_T 为债券到期兑付时的现金流。假设当前时刻 t 时的债券价格为 $B(t,T)$，则到期收益率 y 与债券价格及各时点发生的现金流之间的关系式一般可表示为

$$B(t,T)=\frac{C_1}{(1+y)^{t_1-t}}+\frac{C_2}{(1+y)^{t_2-t}}+\cdots+\frac{C_T}{(1+y)^{T-t}} \tag{2-28}$$

而各期限零息债券利率即(期利率)则是满足下式成立的 $R_1, R_2, \cdots, R_T$。

$$B(t,T)=\frac{C_1}{(1+R_1)^{t_1-t}}+\frac{C_2}{(1+R_2)^{t_2-t}}+\cdots+\frac{C_T}{(1+R_T)^{T-t}} \tag{2-29}$$

我国银行间债券市场债券到期收益率的计算

可见，到期收益率与即期利率之间的区别在于：它把短期、中期、长期利率看成是相等的。这个假设显然与市场实际情况不符。在多数情况下，期限越长，利率越高。对于不同期限的现金流，应该采用不同的利率水平进行折现。这个随期限而变化的折现利率就是前面讲到的即期利率(Spot Interest Rate)。

到期收益率计算的 Excel 和 Matlab 实现

国债是无风险资产，信用等级最高，因此国债市场反映的利率水平是最重要的基准利率。而且，与拆借利率、回购利率等短期利率品种相比，国债市场还可反映一些关键期限(如 1 年、3 年、5 年、10 年等)中长期利率水平，从而蕴含了未来的通胀率、经济增长、利率水平等信息，为宏观经济政策的制定提供参考依据。我们将在第三章详细介绍利率期限的有关内容。

四、我国其他重要的利率指标

在我国金融市场运行中，还有其他一些重要的利率指标，例如，存贷款基准利率、再贴现利率、央行再贷款利率等。虽然不能完全由市场资金供求自主决定，但体现了一定的货币政策意图，总的来看，其市场化的程度正逐步提高。长期以来，银行存贷款利率一直是我国整个利率体系的基础，是测定其他利率的标尺，现在很多金融产品的定价仍以其为参照。同时，存贷款利率调节也是我国中央银行重要的货币政策工具。再贴现率是商业银行将其贴现的未到期票据向中央银行申请再贴现时的预扣利率。再贷款利率就是央行向商业银行的贷款利率。例如，自 2010 年 12 月 26 日起，央行上调再贴现利率 0.45 个百分点至 2.25%；上调了对金融机构的再贷款利率，一年期再贷款利率上调 0.52 个百分点至 3.85%。近 10 年之后的 2020 年 7 月 1 日起，央行下调再贷款、再贴现利率。其中，下调支农再贷款、支小再贷款利率 0.25 个百分点，下调再贴现利率 0.25 个百分点至 2%。

值得注意的是，为了进一步创新和完善货币流动性供给及调节机制，中国央行自 2013 年以来陆续创设了短期流动性调节工具(SLO)、常备借贷便利(SLF)、中期借贷便利(MLF)、

抵押补充贷款(PSL)等新型货币政策工具，各自对应的利率指标被认为是货币政策利率的重要体现而被市场广泛关注。例如，常备借贷便利(Standing Lending Facility，SLF)是中国人民银行在2013年年初创设的中央银行借贷便利类工具，用以满足金融机构短期的临时性流动性需求。SLF期限包括隔夜、7天和1个月。中国人民银行根据货币政策调控、引导市场利率的需要等适时调整SLF利率水平。例如，2020年4月10日，在超额存款准备金利率下调至0.35%后，中国人民银行下调各期限SLF利率30个基点，下调后隔夜、7天、1个月常备借贷便利利率分别为3.05%、3.2%、3.55%。中期借贷便利(Medium-term Lending Facility，MLF)于2014年9月创设，是中国人民银行提供中期基础货币的借贷便利类工具。MLF的发放方式与SLF类似，但MLF的期限更长，主要有3个月、6个月和1年期，而且临近到期可重新约定利率并展期。例如，2020年10月15日，中国人民银行进行5000亿元一年期MLF操作，利率为2.95%。

另外，中国人民银行宣布从2013年10月25日起建立贷款基础利率(Loan Prime Rate, LPR)的集中报价和发布机制。2019年8月17日，中国人民银行发布改革完善贷款基础利率形成机制公告，在报价原则、形成方式、期限品种、报价行、报价频率和运用要求等六个方面对LPR进行改革，同时将贷款基础利率中文名更改为贷款市场报价利率，英文名LPR保持不变。贷款市场报价利率是由具有代表性的报价行，根据本行对最优质客户的贷款利率，以公开市场操作利率(主要指中期借贷便利利率)加点形成的方式报价，由中国人民银行授权全国银行间同业拆借中心计算并公布基础性的贷款参考利率。各金融机构应主要参考LPR 进行贷款定价。公众可在全国银行间同业拆借中心和中国人民银行网站查询。现行的LPR包括1年期和5年期以上两个品种。LPR市场化程度较高，能够充分反映信贷市场资金供求情况，使用LPR进行贷款定价可以促进形成市场化的贷款利率，提高市场利率向信贷利率的传导效率。2020年4月20日，中国人民银行授权全国银行间同业拆借中心公布，2020年4月20日贷款市场报价利率(LPR)为：1年期LPR为3.85%，较上一期下降20个基点，是自2019年8月LPR改革以来，降息幅度最大的一次；5年期以上LPR为4.65%，较上一期下降10个基点。

我国利率市场化改革进程与近10年的主要利率变化

中央国债登记结算有限责任公司自2019年1月1日起每日编制并于日终发布隔夜基准回购利率(BR001)和7天基准回购利率(BR007)两个期限品种指标。基准回购利率(BR)相比现有指标在代表性和稳健性方面具有一定的优势。相比于上海银行间同业拆放利率(SHIBOR)，BR所代表的回购市场为有担保的货币市场，参与机构更加广泛，而且剔除了对手方信用风险的溢价；相比于银行间质押式回购加权平均利率(R)，BR剔除了质押品风险，而且在统计方法上更加稳健；未来BR有望成为较具代表性的基准利率指标。

图2-6～图2-8分别给出了银行间市场7天回购利率(R007)、10年期国债收益率、贷款利率自2010年初至2020年6月末的变化情况。

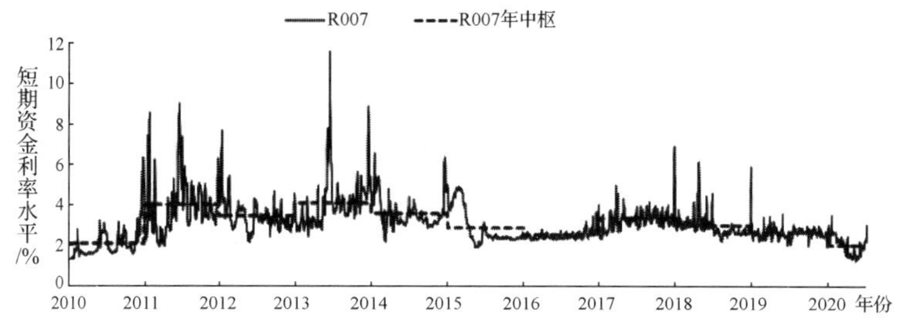

图2-6　短期资金利率(R007)水平及变动

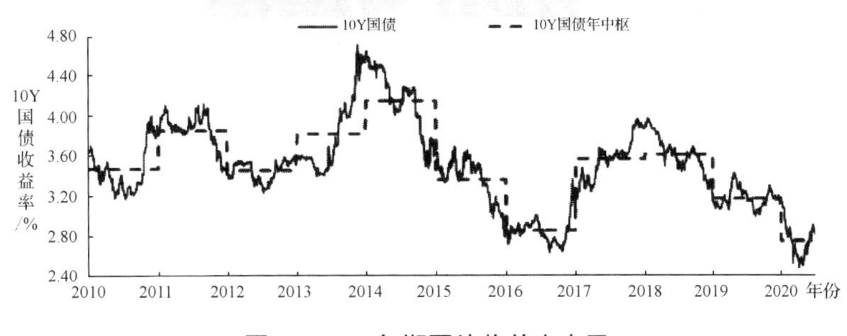

图 2-7　10 年期国债收益率水平

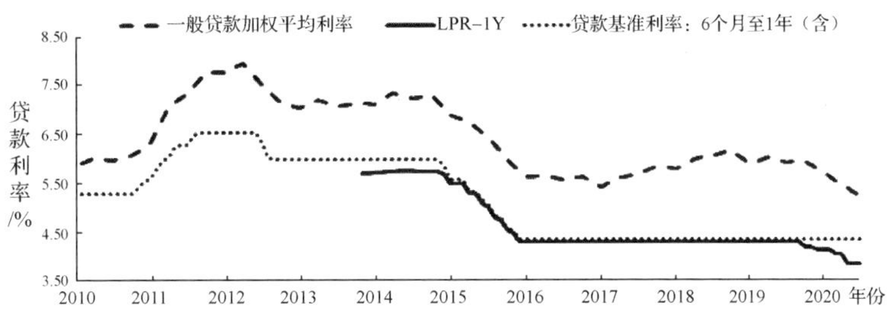

图 2-8　贷款利率水平及变动

(资料来源：张敬国和刘怡. 一文回顾中国利率十年走势.中国金融四十人论坛，2020 年 12 月 2 日)

第四节　债券价格与利率敏感性

一、债券价格的相关概念

(一)债券价格

债券价格包括发行价格和交易价格。债券的交易价格即债券买卖时的成交价格。在行情表上我们还会看到最高价、最低价、开盘价和收盘价。最高价是一天交易中最高的成交价格；最低价即一天交易中最低的成交价格；开盘价是当天开市第一笔交易价格；收盘价是闭市前的最后一笔交易价格。债券交易价格的表示方法有净价和全价之分。由于债券的利息是定期支付，所以债券在二级市场买卖时，其报价和成交价都可能包含应计而未付的利息收入，这种价格就是全价。净价是由全价扣除应计未付利息后的价格。全价、净价和应计利息三者的关系是：全价=净价+应计利息。目前，我国银行间债券市场与交易所债券市场均实行净价交易、全价结算。所谓净价交易，是指在债券交易时，以不含应计利息的价格(净价)报价并成交的交易方式。在净价交易方式下，由于债券交易价格不含应计利息，其价格形成及变动能够更加准确地体现债券的内在价值、供求关系和市场利率的变动趋势。并且，由于国债的利息收入一般都享有免税待遇，所以净价交易也有利于国债交易的税务处理。在净价交易中，交易时采用净价，结算时仍然采用全价。

(二)应计利息

应计利息是指自上一利息支付日至买卖结算日产生的利息收入。零息债券是指发行起息日至交割日所含利息金额。由于零息(贴现)债券没有票面利率，其应计利息额为零或按发

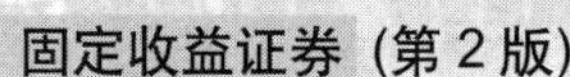

行收益率计算。每百元债券所含利息额的计算公式可表示为

应计利息额=(到期兑付额−发行价格)÷起息日至到期日的实际天数×起息日至交割日的实际天数

附息债券是指本付息期起息日至交割日所含利息金额。由于票面利率以年为单位，所以对于附息债券应计利息的计算公式如下(以每百元债券所含利息额列示)

$$应计利息=100\times 票面利率\times\frac{计息天数}{年度天数} \tag{2-30}$$

债券计息天数规则重要吗？

其中，计息天数为上一次利息支付日距此次债券买卖结算日之间的天数，年度天数则为一年所包括的天数。

利用 Excel 和 Matlab 由到期收益率计算债券价格

在实务中，这两个指标有多种计算方法。例如，美国国债采用(Act/Act)制度：分子(计息天数)和分母(年度天数)都按实际天数计算，大多数年份的年度天数是 365 天，闰年则是 366 天。根据中国人民银行 2007 年 6 月 22 日发布的文件，全国银行间债券市场应计天数基准由原先的“实际天数/365”调整为“实际天数/实际天数”。其他的计息基准还有 30/360 基准，表示：计息天数按每月 30 天计算，年度天数则是 360 天。

二、债券价格对利率变化的敏感度

描述债券价格对利率变化敏感度的指标主要有久期和凸性两种。

(一)久期

久期的概念是由麦考利(Macaulay，1938)首次提出来的，因此，久期的最基本形式被称为 Macaulay 久期。鉴于久期概念及其免疫策略在债券组合投资中的重要性，许多学者在麦考利的工作基础上作了大量的进一步研究，针对 Macaulay 久期中隐含的一些不符合实际情况的假设，提出了许多不同的改进的久期模型，对久期概念有了进一步的发展。譬如，出现了所谓 Fisher-Weil 久期、方向久期(Directional Duration)、部分久期(Partial Duration)和近似久期(Approximate Duration)等。

Macaulay 久期用来度量债券价格对到期收益率变化的敏感程度。债券的价格与其到期收益率呈相反方向变化，因此 Macaulay 久期表示，当到期收益率上升(或下降)时，债券价格下降(或上升)的百分比。

根据本章第一节所讲的知识，债券的理论价格 P 可表示为

$$P=\frac{C_1}{(1+r)}+\frac{C_2}{(1+r)^2}+\cdots+\frac{C_T+M}{(1+r)^N} \tag{2-31}$$

其中，P 表示债券在期初的理论价格。

相应地，由式(2-31)可知，债券价格 P 和到期收益率 r 的关系示意如图 2-9 所示。

P 是到期收益率 r 的函数，因此，可对 P 取 r 的一阶导数，得到债券价格，即

$$\frac{\mathrm{d}P}{\mathrm{d}r}=\left[\frac{(-1)C}{(1+r)}+\frac{(-2)C}{(1+r)^2}+\cdots+\frac{(-N)C}{(1+r)^{N+1}}+\frac{(-N)M}{(1+r)^{N+1}}\right] \tag{2-32}$$

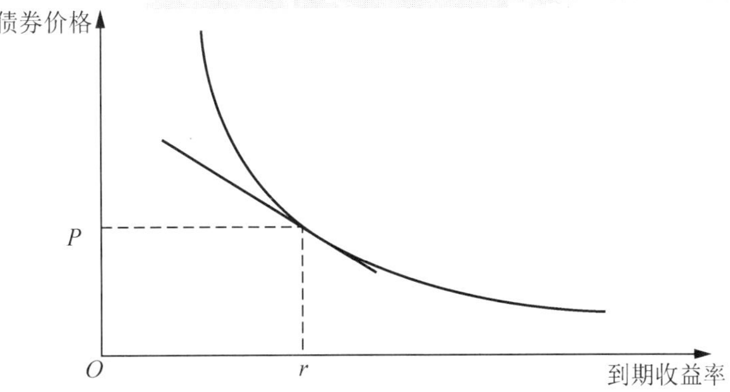

图 2-9　债券价格 P 和到期收益率 r 的关系示意

对上式两边同时除以 P，并进一步化简得

$$\frac{\mathrm{d}P}{\mathrm{d}r}\frac{1}{P}=-\frac{1}{(1+r)}\left[\frac{1C}{(1+r)}+\frac{2C}{(1+r)^2}+\cdots+\frac{NC}{(1+r)^N}+\frac{NM}{(1+r)^N}\right]\frac{1}{P} \tag{2-33}$$

从而，Macaulay 久期 D 被定义为

$$D=\left[\frac{1C}{(1+r)}+\frac{2C}{(1+r)^2}+\cdots+\frac{NC}{(1+r)^N}+\frac{NM}{(1+r)^N}\right]\frac{1}{P} \tag{2-34}$$

进一步化简为

$$D=\sum_{t=1}^{N}t\frac{\mathrm{PV}_t}{P}=\sum_{t=1}^{N}t\frac{C_t(1+r)^{-t}}{P} \tag{2-35}$$

其中，$\mathrm{PV}_t=C_t(1+r)^{-t}$ 表示债券在第 t 期本息(现金流)支付的现值。从式(2-35)我们可以看出，Macaulay 久期是债券本息支付时间的加权平均，其权重等于债券本息支付现值占债券总现值的比例。由此有

$$\frac{\mathrm{d}P}{\mathrm{d}r}\frac{1}{P}=-\frac{1}{(1+r)}D \tag{2-36}$$

$$\frac{\mathrm{d}P}{P}=-\frac{1}{(1+r)}D\mathrm{d}r \tag{2-37}$$

进一步，定义一个更加常用的指标——修正久期(Modified Duration)，即

$$D_{\mathrm{M}}=\frac{D}{1+r} \tag{2-38}$$

其中，D_{M} 表示债券的修正久期。比较可知

$$\frac{\mathrm{d}P}{P}=-D_{\mathrm{M}}\mathrm{d}r \tag{2-39}$$

由式(2-39)我们可以看到，与 Macaulay 久期相比，修正久期所表示的含义更为直观，即修正久期表示到期收益率上升或下降 1 个百分点时债券价格下降或上升的百分数。进而，当收益率曲线作很小的平行移动时，债券价格的变化率等于修正久期乘以收益率的改变量的相反数。由此可见，债券的久期越大，利率的变化对该债券价格的影响也越大，因此风险也越大。在降息时，久期大的债券上升幅度较大；在升息时，久期大的债券下跌幅度也较大。因此，投资者在预期未来降息时，可选择久期大的债券；在预期未来升息时，可选择久期小的债券。这在本书的第五章债券投资策略中还会有更详细的介绍。

可以证明，债券久期具有以下性质：①零息债券的久期为其到期日的时间，而有息债

券的久期不会长于其距离到期日的时间；②当距离到期日的时间一定时，债券的息率越低其久期越长；③当息率一定时，债券的久期随距离到期日时间的延长而延长；④当其他所有因素保持不变时，有息债券的到期收益率越低，其久期越长。

另外，需要说明的是，久期的概念不仅广泛应用在单个债券上，而且广泛应用于债券的投资组合中。债券组合的久期(D_P)是构成组合的各个债券久期(D_i)的加权平均，权重是各个券种的市值占债券组合总市值的比重(W_i)，即 $D_P = W_1D_1 + W_2D_2 + \cdots + W_iD_i$。由此，一个长久期的债券和一个短久期的债券可以组合成一个中等久期的债券投资组合，而增加某一类债券的投资比例又可以使该组合的久期向该类债券的久期倾斜。所以，当投资者在进行资金运作时，准确判断好未来的利率走势后，就可以确定债券投资组合的久期，在该久期确定的情况下，灵活调整各类债券的权重，基本上就能达到预期的效果。

【案例 3】债券久期的计算

假设有两个距离到期日均为两年的债券 A 和 B。债券 A：年息 8%，半年支付一次；债券 B：零息债券。到期收益率皆为年利率 10%(即每半年 5%)，债券久期的相应计算如表 2-2 所示。

表 2-2　债券久期的计算

债券种类	距离到期日	现金流	折现值(5%的折现率)	权重	久期=距离到期日×权重
债券 A	0.5	$40	38.095	0.0395	0.0198
	1	40	36.281	0.0376	0.0376
	1.5	40	34.553	0.0358	0.0537
	2	1040	855.611	0.8771	1.7542
	总和	—	964.54	1	1.8653
债券 B	0.5～1.5	0	0	—	—
	2	1000	822.70	1	2
	总和	—	—	1	2

【拓展阅读】资产负债匹配管理与债券久期的应用

资产负债匹配管理是银行、基金和保险公司等金融机构在管理利率风险过程中常用的一个概念。这些金融机构为使其经营更加稳健、更具营利性而对其资产与负债的管理进行协调，这样的协调就称为资产负债匹配管理，简称 ALM(Asset Liability Management)。

假如某一金融机构未来有一系列债务 L_t(即将来的一系列现金流出)，同时也有一系列的资产收入 A_t(表现为一系列的现金流入)，这些债务或者资产可以看作是一系列的零息债券。如果当前利率期限结构是水平的，即所有期限的利率水平为 i，资产与债务的当前价值 A_0 和 L_0 是相同的，把它们放在一起就是一个投资组合 N，令 $N = A_0 - L_0$，其中：

$$L_0 = \sum_{t=1}^{T} L_t (1+i)^{-t} \tag{2-40}$$

$$A_0 = \sum_{t=1}^{T} A_t (1+i)^{-t} \tag{2-41}$$

可以把资产与负债看作两张附息债券，它们的久期分别是

$$D_{\mathrm{A}}=\left[\sum_{t=1}^{T}tA_t(1+i)^{-t}\right]\div A_0 \tag{2-42}$$

$$D_{\mathrm{L}}=\left[\sum_{t=1}^{T}tL_t(1+i)^{-t}\right]\div L_0 \tag{2-43}$$

管理者的目标是将来无论利率如何变化，投资组合 N 将来的价值变化均为零，即

$$\frac{\mathrm{d}N}{\mathrm{d}i}=\frac{\mathrm{d}}{\mathrm{d}i}\left[\sum(A_t-L_t)(1+i)^{-t}\right]=0 \tag{2-44}$$

参考式(2-43)，我们可以进一步写成如下的式子：

$$\frac{\mathrm{d}N}{\mathrm{d}i}=(1+i)^{-1}\sum_{t=1}^{T}t(L_t-A_t)(1+i)^{-t}=(1+i)^{-1}(D_{\mathrm{L}}L_0-D_{\mathrm{A}}A_0)=0 \tag{2-45}$$

显然只有 $D_{\mathrm{A}}=D_{\mathrm{L}}$，即资产的久期与负债的久期相等，才能保证投资组合在利率变化时价值变化为零。这意味着当负债结构事先确定时，金融机构必须寻找与负债久期相同的资产组合；或者当资产结构事先确定时，金融机构必须寻求与资产久期相同的负债结构。只有这样，资产与负债的价值在将来才能相匹配。资产与负债久期相等称为资产组合针对利率免疫的一阶条件。由于凸性的存在，仅仅一阶条件还不足以保证组合的免疫要求。试想当负债的凸性大于资产的凸性时，组合的价值为负，这意味着金融机构将来无法满足其偿还债务的要求。所以，在久期相等的前提下，资产的凸性应该等于或者大于负债的凸性，才能控制这一风险，这一要求称为资产组合针对利率免疫的二阶条件。因此，尽量购买并持有凸性大的债券，成为投资者的当然要求。

(二)凸性

债券的凸性(Convexity)是指债券价格变动率与收益率变动关系曲线的曲度。如图 2-10 所示，债券价格变动率和到期收益率变动之间并不是线性关系，凸性越大，债券价格曲线的弯曲程度越大，用修正久期度量债券的利率风险所产生的误差越大。在图 2-10 中，直线 A 表示用久期近似计算的收益率变动与价格变动率的关系，B、C 曲线分别表示不同凸性的收益率变动幅度与价格变动率之间的真实关系，其中 C 的凸性大于 B。从图 2-10 中可以看出，当收益率下降时，价格的实际上升率高于用久期计算出来的近似值，而且凸性越大，实际上升率越高；而当收益率下降时，价格的实际下跌比率却小于用久期计算出来的近似值，且凸性越大，价格的实际下跌比率越小。这说明：①当收益率变动幅度较大时，用久期近似计算的价格变动率就不准确，需要考虑凸性调整；②在其他条件相同时，人们应该偏好凸性大的债券。

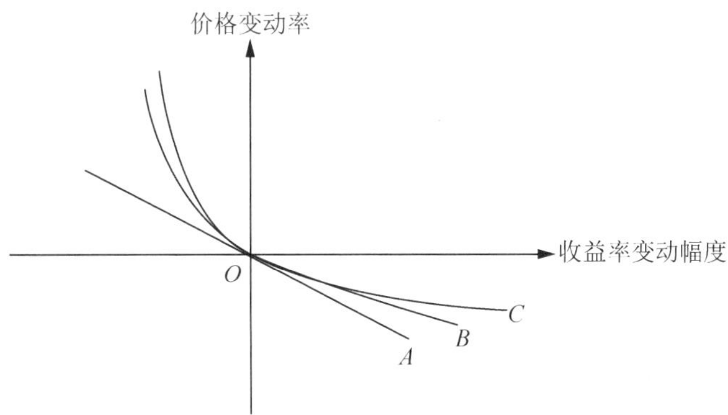

图 2-10　债券价格变动率和到期收益率变动之间的关系

理论上讲，久期等于债券的价格-收益率曲线的斜率，凸性则衡量了曲线的弯曲程度，表示的是价格-收益曲线的斜率的变化，用数学表示则为债券价格方程对收益率的二阶导数。债券价格变动百分比可以用修正久期和凸性近似表示。其主要的证明过程是：由于债券价格 P 随利率 r 的变化而变化，即可以把债券价格视为利率函数，利用泰勒级数将债券价格按泰勒公式展开。

$$\mathrm{d}P=\frac{\mathrm{d}P}{\mathrm{d}y}\mathrm{d}y+\frac{1}{2}\frac{\mathrm{d}^2P}{\mathrm{d}y^2}(\mathrm{d}y)^2+\varepsilon \tag{2-46}$$

进而在考虑了凸性问题后，收益率变动幅度与价格变动率之间的关系可以重新写为

$$\begin{aligned}\frac{\mathrm{d}P}{P}&=\frac{\mathrm{d}P}{\mathrm{d}y}\frac{1}{P}\mathrm{d}y+\frac{1}{2}\frac{\mathrm{d}^2P}{\mathrm{d}y^2}\frac{1}{P}(\mathrm{d}y)^2+\frac{\varepsilon}{P}\\&\approx-D^*\mathrm{d}y+\frac{1}{2}C(\mathrm{d}y)^2\end{aligned} \tag{2-47}$$

其中，我们可以把债券的凸性(C)类似地定义为债券价格对收益率二阶导数除以价格，即

$$C=\frac{1}{P}\frac{\partial^2P}{\partial y^2} \tag{2-48}$$

债券凸性价值

例如，一只修正久期为 10、凸性为 180 的债券收益率增加 100 个基点，根据上述公式，债券价格变动百分比$=-10\times0.01+0.5\times180\times(0.01)^2=-9.1\%$。

债券久期和凸性的 Excel 和 Matlab 实现

可以证明，债券凸性具有以下特征：①在息票率和收益率均保持不变的情况下，债券(或贷款)凸性随着到期期限的增加而提高。②到期收益率和久期相同的两种债券，凸性越大，对投资者越有利。③收益率和久期保持不变，票面利率提高，凸性越大。这种情况产生于凸性公式中的贴现效应。④当利率轻度变化时，凸性对风险的纠正是极小的，而当利率波动幅度比较大时，凸性对风险的衡量(均衡)非常重要。

本 章 小 结

(1) 货币的时间价值也称为资金的时间价值，是指货币经历一定时间的投资和再投资所增加的价值，它表现为同一数量的货币在不同的时点上具有不同的价值。与货币的时间价值有关的两个基本概念就是终值和现值。其计算公式分为单利和复利两种情况。在单利情况下，现值 P、利率 i 和终值 F 之间的关系是 $F=P(1+in)$；在复利情况下，现值 P、利率 i 和终值 F 之间的关系是 $F=P(1+i)^n$；若连续计息复利，则有 $P=Fe^{in}$。

(2) 将在到期日 T 支付面值为 1 元的零息债券在期初 t 时的价格称为贴现因子 B_t^T。而将其在期初 t 至到期日 T 之间的收益率，称为零息债券利率或即期利率 R_t^T。瞬时即期利率表示在无穷小的时间内的零息债券利率，即 $r(t)=\lim\limits_{T\to t}R_t^T$。远期利率 $f_t^{T,S}$ 表示在当前时刻 t，确定的自未来 T 时刻起至 S 时刻($S>T$)的利率。瞬时远期利率 $f(t,T)$表示 t 时点确定的、在将来无限小的期间($T,T+\mathrm{d}t$)之内的远期利率，即 $f_t^T=\lim\limits_{S\to T^+}f_t^{T,S}$。贴现因子、即期利率及瞬时远期利率之间存在相互推导的关系。

(3) 常用的市场利率指标包括同业拆借市场利率、回购利率、债券市场利率、存贷款

基准利率、再贴现利率、央行再贷款利率等。债券到期收益率(Yield to Maturity，YTM)是指使债券在有效期内得到的所有净现金流的贴现值与债券当前价格相等的贴现率。

到期收益率 y 与当前债券价格 P_t 及各时点发生的现金流之间的关系式一般可表示为

$$P_t = \frac{C_1}{(1+y)^{t_1-t}} + \frac{C_2}{(1+y)^{t_2-t}} + \cdots + \frac{C_T}{(1+y)^{T-t}} \tag{2-49}$$

(4) 债券的价格包括发行价格和交易价格。债券交易价格的表示方法有净价和全价之分。全价=净价+应计利息。

(5) 描述债券价格对利率变化敏感度的指标主要有久期和凸性。久期 D 用来度量债券价格对到期收益率变化的敏感程度，是债券本息支付时间的加权平均，其权重等于债券本息支付现值占债券总现值的比例，即

$$D = \sum_{t=1}^{N} t \frac{\mathrm{PV}_t}{P} = \sum_{t=1}^{N} t \frac{C_t (1+r)^{-t}}{P} \tag{2-50}$$

修正久期可表示为

$$D_{\mathrm{M}} = \frac{D}{1+r} \tag{2-51}$$

修正久期与债券价格、利率变化的关系式为

$$\frac{\mathrm{d}P}{P} = -D_{\mathrm{M}} \mathrm{d}r \tag{2-52}$$

凸性是指债券价格变动率与收益率变动关系曲线的曲度，可定义为债券价格对收益率二阶导数除以价格，即

$$C = \frac{1}{P} \frac{\partial^2 P}{\partial y^2} \tag{2-53}$$

在考虑了凸性问题后，收益率变动幅度与价格变动率之间的关系可以重新写为

$$\frac{\mathrm{d}P}{P} \approx -D^* \mathrm{d}y + \frac{1}{2} C (\mathrm{d}y)^2 \tag{2-54}$$

复习思考题

1. 假设某人当前在银行存入 10000 元，存款年利率为 5%，存期是三年。请分别计算以下情况下，该存款到期时他所获得的收入。

(1) 单利计息，到期一次还本付息。

(2) 复利计息，每年计息一次。

(3) 复利计息，每年计息两次。

(4) 复利计息，连续复利。

2. 假设当前 1 年期、2 年期及 3 年期即期利率分别为 3.25%、3.75%、4.25%，试计算:

(1) 1 年后的 1 年期远期利率的理论预期值。

(2) 1 年后的 2 年期远期利率的理论预期值。

3. 某零息国债的期限为 5 年，到期偿还面值 100 元，若目前市场上平均的无风险收益率水平为 6%，那么该国债发行时的价格应该为多少？如果发行的该债券是有一定信用风险的企业债，那么应如何确定发行时的价格？

4. 贴现因子、即期利率及瞬时远期利率之间存在何种关系？

5. 我国目前常用的市场利率指标有哪些？各自的特点是什么？

6. 2019年发行的某七年期附息债券，票面利率为3.65%，每年付息一次，利息支付日为每年10月12日。如果在2020年10月13日时，各期限的即期利率如表2-3所示，那么该债券在该日的理论价格应该为多少？如果该债券在当日实际的市场价格为101.5元，那么该价格对应的到期收益率是多少？

表2-3　各期的即期利率

期限	1年	2年	3年	4年	5年	6年
即期利率	2.75	2.97	3.08	3.15	3.22	3.48

7. 假设一面额为1000元的3年期债券，每年支付一次息票，年息票率为10%，此时的市场利率为12%，则计算该种债券的久期。如果其他条件不变，市场利率下跌至5%，此时该种债券的久期变为多少？如果其他条件不变，市场利率上升至20%，该种债券的久期是多少？这一现象说明了什么问题？

8. 一个面值为100元、期限为7年的债券，票面利率为7%，每半年付息一次，当前该债券的市场价格为97.31元，求当前该债券的到期收益率、久期、凸性。如果市场到期收益率水平上升了0.5%，那么该债券的价格将如何变化？

第三章　利率期限结构的理论与拟合

【学习要点及目标】

- 掌握利率期限结构的概念、利率期限结构曲线的常见形状及在不同时点的动态变化；理解利率期限结构曲线的研究意义；能够运用利率期限结构曲线为息票债券定价。
- 理解利率期限结构的传统理论，包括预期理论、流动性偏好理论、市场分割理论和优先偏好理论；了解国内外对利率期限结构的实证检验方法和实证研究结果。
- 熟练掌握息票剥离法和样条估计法的原理和基本步骤；熟悉 Nelson-Siegel 模型和 Svensson 模型；会运用 Matlab 软件实现利率期限结构的拟合。
- 了解国内外利率期限结构曲线拟合的具体方法。

【核心概念】

利率期限结构　预期理论　流动性偏好理论　市场分割理论　优先偏好理论　息票剥离法　样条估计法　Nelson-Siegel 模型　Svensson 模型

【引导案例】

银行存款利率表背后的奥秘

表 3-1 是 2020 年年底中国银行的存款利率表。这一张表几乎在每个银行的公告牌上都能看到。表中列出了与不同存款时间相对应的年利率，其实可将其看作利率期限结构的最简单的一种表达。

表 3-1　2020 年底中国银行存款利率　　单位：%

项目	年利率
活期存款	0.30
三个月	1.35
六个月	1.55
一年	1.75
二年	2.25
三年	2.75
五年	2.75

表 3-2 是不同时点的存款利率。

表 3-2　不同时点的存款利率　　单位：%

日期	活期	3 个月	6 个月	1 年	2 年	3 年	5 年
2015 年 10 月 24 日	0.3	1.35	1.55	1.75	2.25	2.75	2.75
2012 年 6 月 8 日	0.4	2.85	3.05	3.25	4.1	4.65	5.1
2011 年 7 月 7 日	0.5	3.1	3.3	3.5	4.4	5	5.5

根据表3-2，可画出图3-1所示的曲线。

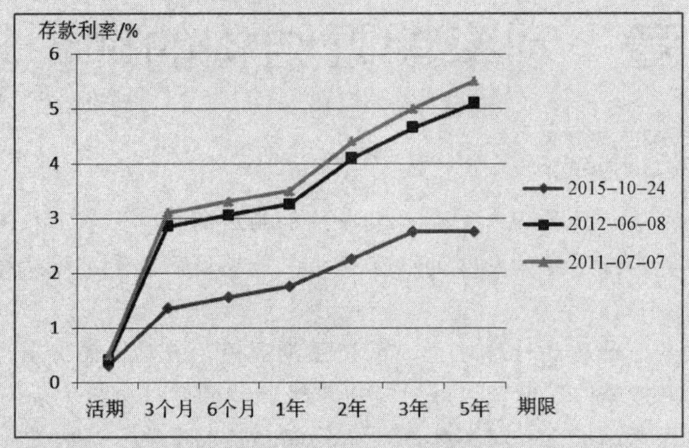

图3-1 不同时点、不同期限的存款利率

从图3-1中可以看出，随着期限的增加，三条折线均呈现上升的趋势。另外，根据所选择的三个时间点可以看到，随着日期的推移，各期限的利率水平呈现下降趋势，这导致了整条利率期限结构曲线的移动。

第一节 利率期限结构及收益率曲线

一、利率期限结构及相关概念

利率期限结构(Term Structure of Interest Rates，TSIR)是指在某个时点，不同时期的零息票债券即期利率的集合。利率期限结构曲线(The Term Structure Curve of Interest Rates，TSCIR)则是指一条描述在某一时点，零息票债券即期利率与到期期限的关系的曲线。其横轴为时间轴，表示在 t 时点下的不同到期期限，纵轴为不同期限对应的零息票债券即期利率，如图3-2所示。

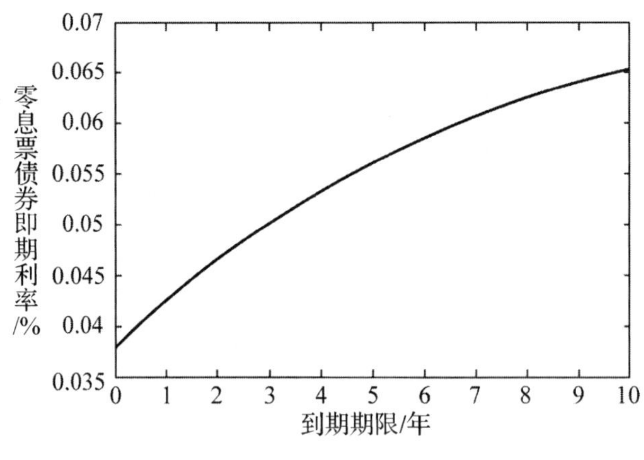

图3-2 利率期限结构曲线

利率期限结构曲线有时也称为零息债券收益率曲线(Zero-coupon Yield Curve)，或者称为收益率曲线(Yield Curve)。在市场中，通常可以观察到如图 3-3 所示的利率期限结构曲线的几种形状。

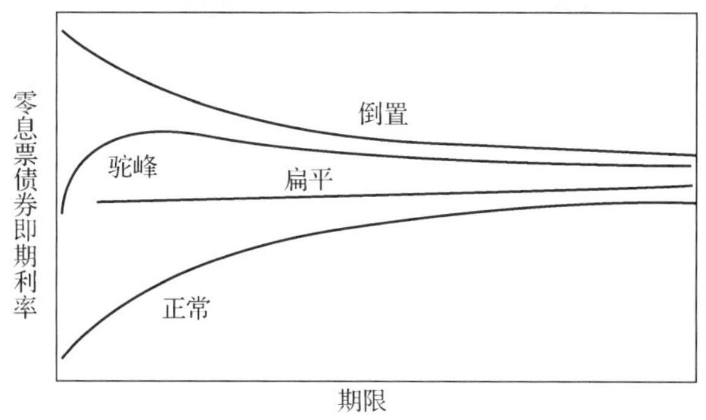

图 3-3　利率期限结构曲线的几种形状

图 3-4 所示为某些时点美国国债利率期限结构曲线的不同形状。

不同形状的收益率曲线通常反映和预示了不同的经济运行状态。例如，正常形态的利率期限结构，也称为上升形态(Increasing)，通常反映经济处于正常的扩张期。此时长期利率要高于短期利率，表明长期投资承担的风险要高于短期投资。而利率期限结构倒置(Inverted)，也称为下降形态(Decreasing)，则一般出现在经济周期的波峰，此时经过央行的多次升息，短期利率已经高于长期利率，银行就再也不能通过短期借款、长期放款来获利，由此使银行不愿意放贷，因而可能导致市场资金收紧、经济收缩。最后，扁平(Flat)和驼峰状(Humped Shape)的利率期限结构则在市场从正常形态和倒置形态之间转化的过程中出现。但是，值得说明的是，利率期限结构曲线形状的影响因素相当复杂，我们在第二节还会进一步论述。

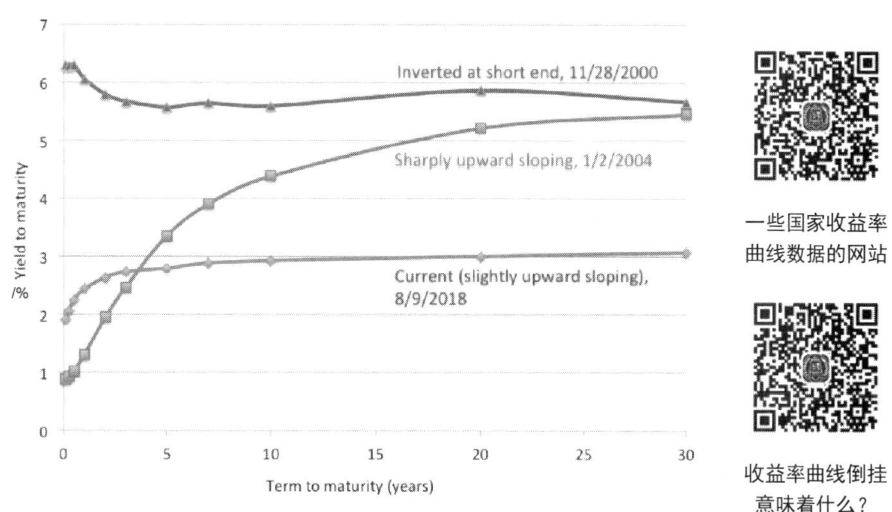

图 3-4　某些时点美国国债利率期限结构曲线

收益率曲线除了在某一时点可能表现出不同的形状之外，其在不同时点间的动态变化情况也有重要的意义。从直观的角度来说，收益率曲线的动态变化主要有以下三种典型的方式。

(1)　平行移动。即收益率曲线形状大体不变，但其高度有所变化。这意味着短期、中

期、长期利率同时发生幅度相近的上升或者下降，如图3-5所示。

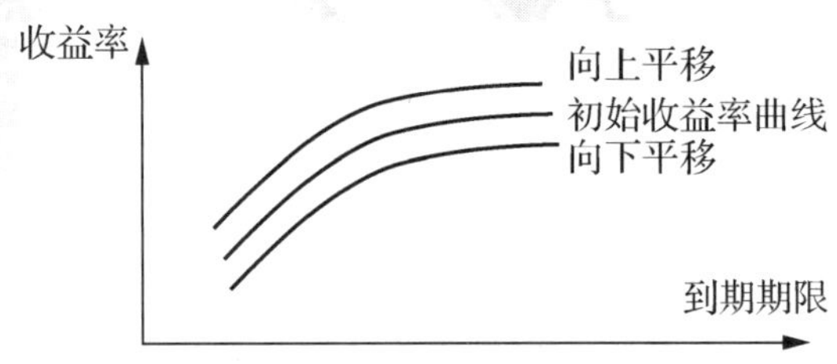

图3-5　收益率曲线的平行移动

(2) 倾斜扭动。即收益率曲线形状大体不变，但倾斜程度发生变化。例如，短期利率上升、长期利率下降，或者短期利率下降、长期利率上升，如图3-6所示。收益率曲线的斜度变化是指曲线趋向平缓或陡峭。平缓(陡峭)的收益率曲线预示着长期国债与短期国债之间的利差趋于减小(扩大)。

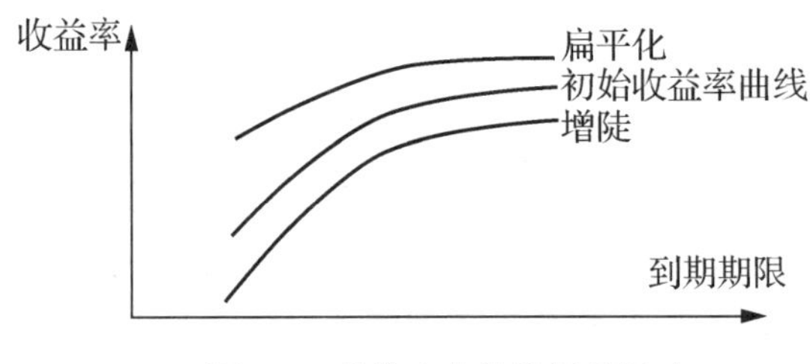

图3-6　收益率曲线的倾斜扭动

美国央行的扭曲操作货币政策

(3) 蝴蝶形变动。即收益率曲线的弯曲程度发生变化，如上凸程度减小，变成接近直线，甚至变成下凹，或者反过来变化，如图3-7所示。

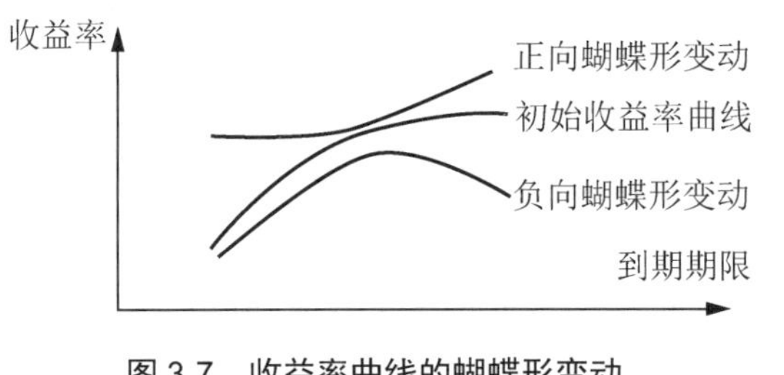

图3-7　收益率曲线的蝴蝶形变动

财政部首次公布两年期国债收益率建立起较为完整的国债收益率曲线

二、利率期限结构的研究意义

(一)微观意义

在对息票债券进行定价时，有以下两种方法。

一种方法是利用“到期收益率曲线”所反映的信息进行定价。不同到期年限的债券可以在到期收益率曲线上找到对应的到期收益率，每期现金流都以这个到期收益率折现加总。例如，对于到期期限为n年、票面值为1、每期期末票息为C的息票债券，在期初(0时刻)的理论价格为

$$P_0=\sum_{t=1}^{n}\frac{C}{(1+y)^t}+\frac{1}{(1+y)^n} \tag{3-1}$$

其中，y是期限为n的到期收益率。在这种方法中，对于n期内的不同时点所发生的现金

流都采用了相同的折现率进行贴现并加总。

另一种方法则利用“利率期限结构曲线”所反映的信息对息票债券进行定价。将息票债券看作是一个不同期限零息票债券的组合，这样对于 n 期内的不同时点所发生的现金流就可以按照零息票债券利率期限结构曲线上对应的利率进行折现加总，由此计算得到息票债券在期初(t 时刻)的理论价格。比如，一个十年期的债券，剩余年限为七年，每一年付息一次，则第一次现金流以一年对应的即期利率折现，第二次现金流以两年对应的即期利率折现，到第七次现金流以七年对应的即期利率折现，再把各期折现值加总在一起。对应的公式为

$$P_0 = \sum_{t=1}^{n} \frac{C}{(1+R_t)^t} + \frac{1}{(1+R_n)^n} \tag{3-2}$$

其中，R_t 是期限为 t 的零息票债券即期利率。

对比这两种方法，显然，采用“到期收益率曲线”计算债券价格，较为简单，可操作性强；但“到期收益率曲线”并不能代表市场上不同期限的利率结构，它只能反映相应年期内的平均收益率水平，因此不能用于债券的精确定价。而“利率期限结构曲线”则准确地反映了不同年期的收益率水平，以此为基础来计算债券价格较为精确。值得注意的是，在零息票债券条件下，债券的到期收益率和即期利率相等，所以利率期限结构也可以成为零息票债券到期收益率的集合，或者是到期收益率曲线。但对息票债券而言，其到期收益率不等于即期利率，利率的期限结构也就不等于息票债券的到期收益率结构。因此，尽管有的书上也将“不同到期期限息票债券的到期收益率和到期期限之间所呈现的关系”称为期限结构曲线或收益率曲线(Yield Curve)，但本书仍遵从大部分理论界与实务界的做法，将“收益率曲线”或者“利率期限结构曲线”单指零息债券收益率曲线。

(二)宏观意义

首先，利率期限结构在货币政策的传导机制中发挥重要作用。在市场化利率体制下，中央银行可以较为直接和有效地控制短期利率；但影响经济实体的资本成本，从而影响投资需求和宏观经济的主要是长期利率。利率期限结构反映了长短期利率之间的关系，是货币政策和实体经济之间的纽带。只有长期利率与短期利率之间的关系稳定，才能保证货币政策当局能够通过调节短期利率来影响长期利率，进而促进宏观经济运行。曼昆(Mankiw)指出，“由于长期利率可能是影响总需求的最重要因素，所以不能准确解释长短期利率之间的关系是最令人懊丧的”。

其次，经济理论和大量的实证结果表明，利率期限结构包含了有关经济增长、通货膨胀和未来利率走势等主要宏观经济变量的信息。例如，埃斯特雷拉(Estrella)和米什金(Mishkin)、Estrella 利用美国等五国季度数据进行的研究发现，利率期限结构对未来 1～2 年的国民生产总值的增长率有较强的预测能力，而且与其他的预测经济衰退的模型相比，利率期限结构更具有稳定性和准确性，能较好地预测 2001 年的美国经济衰退。而利率期限结构曲线的斜率(长短期利差)更是经常作为未来通胀的预测变量。当收益率曲线斜率陡峭时，表明市场参与者预期未来存在较大的通胀压力；相反，当收益率曲线斜率变得更为平缓时，表明市场参与者预期通胀压力减小，未来通胀率将下降。1990 年以来，大多数发达国家中央银行都以稳定通胀为货币政策的最主要目标，而利率期限结构包含了未来通胀走势的重要信息，因此很多国家的货币政策制定者都非常关注收益率曲线的变动情况。例如，

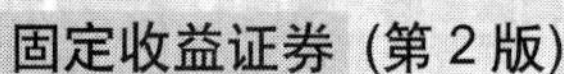

英格兰银行的《通货膨胀报告》从1994年开始定期公布根据利率期限结构推导出来的预期通货膨胀率；从1997年开始，美联储把长短期利差(10年国债利率减去联邦基金利率)作为一个重要的先行经济景气指标，在其编制的先行指数中占33%的权重。我国的一些研究者，例如，姚余栋和谭海鸣2011年从中国国债收益率曲线中分解出金融市场的中长期通货膨胀预期，将其与中国人民银行编制的居民未来通胀预期指数和北京大学中国经济研究中心基于对15家机构的经济学家进行问卷调查而编制的朗润预测指数(经济学家通胀预期)相比较发现，从事前来看，由利率期限结构分离出来的通胀预期指标，优于经济学家通胀预期，稍逊于居民通胀预期；而从事后来看，则优于居民通胀预期，稍逊于经济学家通胀预期。综合来看，由利率期限结构分离出的通胀预期，作为金融市场形成的、反映中长期通胀的预期指数，对货币政策制定具有现实的参考意义。

第二节　传统利率期限结构的理论与实证

一、传统利率期限结构理论的主要内容

受数学分析工具的限制，早期的利率期限结构理论尚未涉及利率变化与债券市场均衡的动态性质与特征，而是以对投资者的债券种类选择行为提出某种假说来定性解释实际市场中观察到的收益率经验曲线。归纳起来，根据假说的不同，主要有四种理论，分别是预期理论(Expectations Theory)、流动性偏好理论(Liquidity Preference Theory)、市场分割理论(Market Segmentation Theory)和优先偏好理论(Preferred Habitat Theory)。其中，流动性偏好理论和优先偏好理论是在预期理论的基础上，针对其对经验事实解释能力的不足而提出的。

(一)预期理论

预期理论最早由费雪(Fisher)于1896年提出，其后，希克斯(Hicks)和卢茨(Lutz)分别在1939年和1940年发展并完善了这一理论。关于债券收益率水平及其与到期期限之间的关系，预期理论认为，投资者的资金可以在长期和短期债券市场中自由转移，收益率高的债券吸引资金流入，反之，收益率低的债券资金流出；根据市场的无套利(No Arbitrage)原则，在均衡状态下，不论投资于何种期限的债券，投资者在同一时期跨度内所获得的收益水平将趋于一致。由此，长期债券在 n 个时期中的收益率等于每一期债券在 n 期中的复合收益率，即

$$(1+R_t^{(n)})^n=(1+r_t)(1+E_t r_{t+1}^{(1)})(1+E_t r_{t+2}^{(1)})\cdots(1+E_t r_{t+n-1}^{(1)}) \tag{3-3}$$

对等式两边取自然对数，近似地可以得到

$$R_t^{(n)}=\frac{1}{n}\sum_{i=0}^{n-1}E_t r_{t+i}^{(1)}=(1/n)[r_t+E_t r_{t+1}^{(1)}+E_t r_{t+2}^{(1)}+\cdots+E_t r_{t+n-1}^{(1)}] \tag{3-4}$$

可见，长期利率是该期限内预期的短期利率的加权平均值。在 t 时点，如果预期未来的短期利率上升，即 $E_t r_{t+j}^{(1)}>E_t r_{t+j-1}^{(1)}$，则由式(3-3)可知，$R_t^{(n)}>R_t^{(n-1)}>\cdots>r_t$，即到期期限越长，利率水平越高，意味着收益率曲线将呈现向上倾斜的形状。由此，一条上升的收益率曲线(长期利率大于短期利率)可以解释为投资者预期未来利率将上升。同样地，一条下降的收益率曲线可以解释为投资者预期未来利率将下降。

(二)流动性偏好理论

在预期理论中，投资者并不偏好某种期限的债券，各种期限债券互为完全替代品，在均衡状态下，根据长期债券与短期债券的投资收益水平相同这一关键假设求出短期利率与长期利率的关系，进而得出利率期限结构曲线的形状。但在实践中，人们发现长、短期利率与债券价格的关系并不完全符合预期假设，在相同的收益水平下，人们似乎更偏好短期债券，未来总是充满太多的不确定性变化，长期债券唯有价格更低、收益率更高方能吸引投资者。希克斯在 1939 年提出利率期限结构的流动性偏好理论。在希克斯看来，为稳定未来的资本金供给，资金的借方总是希望借贷期越长越好；资金的贷方为避免未来收益的不确定性则希望借贷期越短越好，期限越长资金的流动性越差；投机者的存在弥补了资金借贷、供求在期限长短上的错位，他们借短而贷长，同时索求相应的期限溢价以补偿损失的资金流动性和所承担的风险。由此，长期债券收益水平要高于未来短期债券的预期即期利率，两者之间的差额就是所谓的期限风险溢价。

(三)市场分割理论

卡尔伯特森(Culbertson)在 1957 年提出市场分割(Market Segmentation)假设。他认为，不同投资者对长期和短期债券都有自己的强烈偏好，债券的短期市场和长期市场是完全有效分割的。例如，保险公司和养老基金由于负债结构的匹配要求，主要投资于长期债券；而证券投资基金则主要投资于短期债券。它们分别在相互分离的市场中交易，某种期限债券期望收益率的变动不影响市场对另一种期限债券的需求，债券投资的短期收益和长期收益由各自市场上的、分割的供给与需求决定。在目前的市场上，投资者的数量众多，市场之间的联系日益紧密，所以完全的市场分割假设显然不符合市场现实。

(四)优先偏好理论

莫迪利亚尼(Modigliani)和萨奇(Sutch)最早提出的偏好理论推广了卡尔伯特森的市场分割假设，其基本的内容是，尽管不同资产负债状况的投资者通常有着特定偏好的投资期限，但这些偏好并非是完全不变的。当不同期限债券的供求发生变化时，一些期限的债券供求不再平衡，从而使得相应期限的风险溢酬变化到足以抵消利率风险或再投资风险时，一些投资者的期限偏好就会发生转移。从而，在偏好理论下，利率期限结构反映了市场对未来利率的预期以及时变的期限风险溢价。

坎贝尔(Campbell)①和卡斯伯特森(Cuthbertson)②用以下公式来反映长期利率与预期未来短期利率之间的关系：

$$R_t^{(n)}=\frac{1}{n}\sum_{k=0}^{n-1}E_t r_{t+k}+\Phi_t^{(n)} \tag{3-5}$$

其中，$R_t^{(n)}$ 是到期期限为 n 的长期债券利率，r_{t+k} 代表不同时刻的短期利率，$\Phi_t^{(n)}$ 反映了长期债券相对于短期债券的风险溢价，而 E_t 表示在 t 时刻的市场信息基础上的条件期望。大量的研究发现，决定风险溢酬的因素多且复杂，造成风险溢酬可正可负，甚至会随着时间

① CAMPBELL J Y. A defense of traditional hypotheses about the term structure of interest rates[J]. The Journal of Finance, 1986(41): 617～630.

② CUTHBERTSON K. quantitative financial economics: stocks, bonds and foreign exchanges[M]. 2nd ed. Hoboken John Wiley Press, 2005.

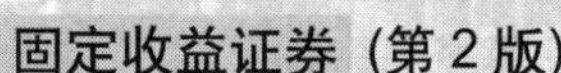

不断变化，因此造成了短期利率与长期利率之间存在多种可能的关系，即不同形状的利率期限结构曲线。

自 2008 年全球金融危机爆发以来，在短期名义利率已经处于极低的水平，通过继续下调短期利率引导长期利率已较为困难的情况下，欧美国家的中央银行采取所谓的“非常规货币政策”，实施大规模资产购买计划(Large-Scale Asset Purchases，LSAPs)，直接增加对中长期国债的需求，引导中长期国债利率下降。2009 年 3 月 18 日，美联储决定将在未来 6 个月内购买 3000 亿美元的长期国债。2010 年 11 月 3 日，美联储宣布推出第二轮定量宽松货币政策，到 2011 年 6 月底以前购买 6000 亿美元的美国中长期国债，最终购买的期限为 2 年半至 10 年的债券占总量的 76%左右，10 年期以上的债券占 9%。除了影响国债需求总量之外，2011 年 9 月，美联储宣布实施所谓的“扭曲操作”，即卖出短期国债、买入长期国债。2012 年 4 月，美联储又决定将扭曲操作延长至 2012 年年底。2012 年 12 月 12 日，美联储又宣布了第四轮量化宽松货币政策，在“扭曲操作”年底到期后，每月将额外购买约 450 亿美元长期国债。显然国债需求总量及结构变化对利率期限结构的影响已经不能忽视。在这种情况下，Vayanos 和 Vila(2009)在 Modigliani 和 Sutch(1966)提出的偏好假说(Preferred Habitat Hypothesis)的基础上加以改进和扩展，得到修正后的优先偏好(Preferred Habitat)模型成为近年来研究国债供求因素与利率期限结构关系的主流框架。其主要内容是：假设市场上有两大类投资者，一类是只持有某种特定期限债券的投资者，即所谓的优先偏好投资者(Preferred-habitat Investors)，例如，养老金管理者偏好于 15 年期以上的债券，而银行国债投资部门则偏好于 10 年期以下的债券，这些投资者对特定期限债券的需求量是该类期限利率的递增函数；另一类投资者是对不同期限债券没有特定偏好的套利者(Arbitrageurs)，他们在风险调整后的期望财富最大化目标函数下构建包含不同期限债券的投资组合，其交易行为使得均衡状态下的不同期限利率之间满足无套利条件，以此为出发点，可推导出包含供求因素的利率期限结构模型。套利者在无风险短期资产与债券之间以及不同期限债券之间的资产配置和套利行为使得无风险短期利率与债券利率之间、不同期限债券利率之间形成一定的均衡关系。进而意味着某些期限国债需求的增加(如美联储购买长期国债)对利率的影响效应将不仅限于长期利率，而是会扩散到整条利率期限结构曲线。对此，Vayanos 和 Vila(2009)、Greenwood 和 Vayanos(2010)给出的经济解释可简单表述为：长期国债净供给量的相对增加，会延长套利者债券组合的久期，进而套利者需要更高的风险补偿，由此会提升整个债券市场的利率水平。而美联储购买长期国债导致长期国债净供给量的下降，会缩短套利者债券组合的久期，降低其风险溢价，进而会使整条利率期限结构曲线下移。

格林斯潘利率之谜及其解释

一图看懂 LPR、MLF、逆回购各利率走势变化

二、传统利率期限结构理论的实证检验

在实际中，流动性偏好和期限偏好这两方面的影响因素同时存在，也就是说，长期利率是在短期利率基础上加一个可变的、可正可负的期限风险溢价，所以，有的研究者将早期的预期理论称为纯预期理论(Pure Expectation Theory)，而将流动性理论和偏好理论统称为有偏预期理论。实证检验也主要以此为对象来进行。

(一)检验方法

按照前面的介绍，期限结构的合理预期理论认为，投资 n 期的预期收益等于未来投资于一系列即期利率得到的预期收益加上一个期限风险溢价，且溢价不随时间变化。令 $R_t^{(n)}$ 为 n 期的即期利率，则预期理论用公式可表示为

$$R_t^{(n)} = \frac{1}{n}\sum_{k=0}^{n-1} E_t(r_{t+k}) \tag{3-6}$$

利率期限结构预期理论的一般形式描述了 n 期利率和 m 期利率之间的关系，即

$$R_t^{(n)} = (1/s)\sum_{i=0}^{s-1} E_t R_{t+im}^{(m)} \tag{3-7}$$

其中，$s=n/m$ 为一整数，这意味着可将 n 期按照 m 的长度平均分为 s 等份。如当 n=6、m=2 时，上式变为

$$R_t^{(6)} = (1/3)[E_t\,(\,R_t^{(2)} + R_{t+2}^{(2)} + R_{t+4}^{(2)}\,)] \tag{3-8}$$

可解释成 6 个月期的即期利率是未来 2 个月期预期利率走势的加权平均值。在式(3-7)形式下，可分别建立两个回归方程，即

$$(1/s)\sum_{i=1}^{s-1}(R_{t+im}^{(m)} - R_t^{(m)}) = \alpha + \beta(R_t^{(n)} - R_t^{(m)}) \tag{3-9}$$

它表示长期利率(n 期)与短期利率(m 期)之间的利差可以预测短期利率(m 期)在未来长期中的一系列变化。

或者

$$(R_{t+m}^{(n-m)} - R_t^{(n)}) = \alpha + \beta[m/(n-m)](R_t^{(n)} - R_t^{(m)}) \tag{3-10}$$

它表示长期利率与短期利率之间的利差可以预测长期利率在未来短期内的变化。

除了上述对长短期利差的预测能力进行检验之外，还有一些研究直接对短期利率与长期利率的关系建立模型，主要有两大类方法：一类是将长期利率作为被解释变量，将短期利率及其他一些因素，如经济增长、未预期的通货膨胀率等，作为解释变量，建立多因素的单方程回归模型。另一类是不再先验地、单方向地考察短期利率、宏观经济变量等对长期利率的影响，而是将短期利率、长期利率、实体经济指标、通货膨胀率指标以及其他货币政策指标(如货币供应量)等作为一个向量，共同纳入一个向量自回归(VAR)系统，进而利用方差分解、脉冲响应函数等计量技术，考察各宏观经济变量、短期利率、长期利率之间可能存在的双向的相互影响关系。这两类方法的研究结论大都表明短期利率与长期利率之间存在正向关系，但这种关系也受到经济增长、预期通货膨胀率等宏观因素的影响。

(二)实证研究结果

在预期理论提出之后，国外许多学者对这个理论进行了实证检验，但大部分的实证研究都否定了这个理论。而否定的原因主要是学者们发现了随着时间变化的期限风险溢价。这些否定的研究绝大部分都是采用美国的利率期限数据，而利用其他国家的数据进行研究的比较有限。20 世纪 90 年代，一些研究者也开始采用其他发达国家和地区(如加拿大、英国和中国香港)的利率期限数据进行实证检验。例如，麦克唐纳(Macdonald)(1991)对英国的政府债券及数据进行了检验，发现不接受预期理论；Stefan Gerlach(2003)以 1 个月、3 个月、6 个月、9 个月和 12 个月的香港银行间拆借利率为分析对象，以 1992 年 1 月至 2000 年 3 月为分析时段，研究发现加权平均利差不含未来短期利率的信息，证明利率期限结构的预期理论

不成立。

国内的实证研究很多是关于利率期限结构的估计，而对于利率期限结构预期理论的检验则相对较少，且集中于银行间拆借利率、短期回购利率。例如，在银行间市场方面，唐齐鸣和高翔(2002)选取 1996 年 1 月 3 日到 1998 年 12 月 31 日的日数据，对 7 天、30 天、60 天和 120 天的同业拆借市场利率数据进行检验，证明我国的同业拆借市场利率总的来说是符合利率期限结构中的预期理论的。史敏等(2005)选取同业拆借市场的周加权平均利率数据，时间跨度为 1996 年 1 月 1 日至 2003 年 7 月 21 日共 395 个交易周，发现亚洲金融危机对中国银行间同业拆借市场具有较强的影响，金融危机发生前，利率基本符合预期理论，但金融危机发生后，同业拆借利率不再符合预期理论，还需要纳入时变的期限风险溢价才可以。范龙振(2007)以银行间市场的回购利率为研究对象，发现回购利率具有明显的期限风险溢价，风险溢价随时间变化，并通过构造单因子、两因子本性仿射模型来解释回购利率的变化及风险溢价，发现在回购利率期限结构扣除单因子模型给出的利率风险溢价后，服从纯预期假设。李彪和杨宝臣(2006)利用 1996 年 7 月 22 日到 2005 年 12 月 13 日的上交所国债回购日数据，对 R003、R007、R014、R091 和 R182 五种不同到期期限的利率，利用单位根检验和多变量协整方法检验预期理论，发现利率期限结构预期假说在短期水平上是有效的。

短期利率对中长期利率的影响：基于 Beta 值的分析

第三节　利率期限结构与收益率曲线的拟合技术

在第二节中讲述的传统利率期限理论侧重于从不同角度解释利率期限结构曲线的形状，或者说长短期利率之间的关系。但如何得到利率期限结构曲线，则有两大类不同的研究方法。一类研究方法是以当天市场的债券价格为出发点，构造利率曲线函数，利用所构造的利率曲线得到理论价格来逼近债券的市场价格，从而得出符合当天价格信息的利率期限结构，这一思路有时也称为利率的静态模型。而另一类研究方法又称为利率的动态模型，则是从假设利率服从某种形式的随机微分方程出发，通过随机微分方程导出一个理论上的利率期限结构。在这一节，我们主要对利率的静态模型进行介绍。在第四章将专门介绍利率的动态模型。

对于零息票债券而言，假设其到期时按面值兑付获得的现金流量都为 1，则期限为 n 的零息票债券在时点 t 的价格可以表示为

$$P_t^{(n)} = \frac{1}{(1+R_t^{(n)})^n} \tag{3-11}$$

在这种情况下，若在某个时点 t，市场上期限为 1 年、2 年……，n 年的零息票债券价格为 $P_t^{(1)}, P_t^{(2)}, \cdots, P_t^{(n)}$，则我们可以通过上式分别计算出 $R_t^{(1)}, R_t^{(2)}, \cdots, R_t^{(n)}$，这就是时点 t 的利率期限结构。但在债券市场中交易的大部分是息票债券，零息票债券数量十分有限，此时要想得到利率期限结构，也就是零息票债券收益率，就需要借助一些数学方法。代表性的方法有息票剥离法、样条估计法、Nelson-Siegel 模型和 Svensson 模型。

一、息票剥离法

息票剥离法(Bootstrap Method)，是指将息票从债券中进行剥离并在此基础上估计无息票

债券利率水平的一种方法。例如，一个三年期、半年附息一次的息票债券可以认为是六个纯贴现债券。这就意味着一个债券的价值可以看作是以到期收益率折现的未来现金流的现值，也可以认为是各个纯贴现债券的折现价值之和。传统的息票剥离法通常是求解非线性联立方程，以得到不同期限的收益率数据。如果拥有足够多的无违约风险的国债交易数据，就可以利用息票剥离法来推导出收益率曲线，但标准的息票剥离法只能解决债券之间期限间隔是完美匹配的，如 6 个月期限、12 个月期限、18 个月期限债券等。例如，假定有如下 10 种债券，每年付息一次，其有关数据如表 3-3 所示。

表 3-3　样本债券数据

样本债券	市场价格/元	到期期限/年	年票息率/%
1	96.6	1	2
2	93.71	2	2.5
3	91.56	3	3
4	90.24	4	3.5
5	89.74	5	4
6	90.04	6	4.5
7	91.09	7	5
8	92.82	8	5.5
9	95.19	9	6
10	98.14	10	6.5

以 $R^{(n)}$ 表示到期期限为 n 的债券的收益率，根据连续复利的现金流贴现模型，得到下列计算公式。

$96.6=(100+2)e^{-R^{(1)}\times 1}$，得到：$R^{(1)}=0.05439=5.439\%$。

$93.71=2.5e^{-0.05439\times 1}+(100+2.5)e^{-R^{(2)}\times 2}$，得到：$R^{(2)}=0.05762=5.762\%$。

$91.56=3e^{-0.05439\times 1}+3e^{-0.05762\times 2}+103e^{-R^{(3)}\times 3}$，得到：$R^{(3)}=0.06011=6.011\%$。

类似地，得到一系列 $R^{(4)}$，$R^{(5)}$，…，$R^{(10)}$，如图 3-8 所示。

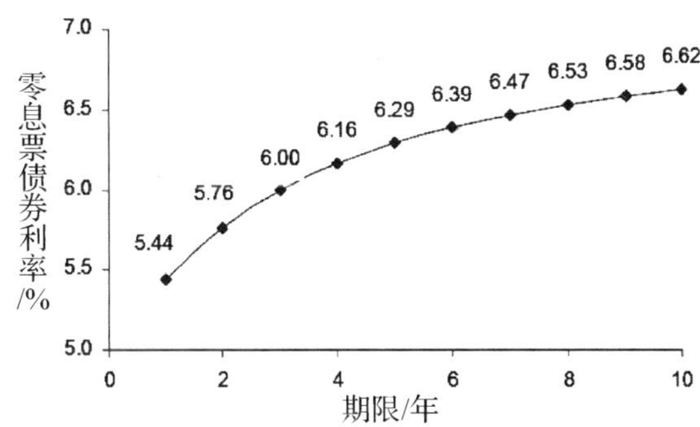

图 3-8　息票剥离法推导的收益率曲线

如果按照离散复利的计算方法，可以按以下公式，依次得到 $R^{(1)}$，$R^{(2)}$，…，$R^{(10)}$。

$$96.6=\frac{100}{(1+R^{(1)})^{1}}$$

$$93.71=\frac{2.5}{(1+R^{(1)})^{1}}+\frac{102.5}{(1+R^{(2)})^{2}}$$

$$91.56=\frac{3}{(1+R^{(1)})^1}+\frac{3}{(1+R^{(2)})^2}+\frac{103}{(1+R^{(3)})^3}$$

如果现有的债券期限并不是如图3-15所示的1年、2年、3年、4年、5年等呈准确的规则分布，而是不规则分布，例如，市场上存在期限为2.3年、票息率为6%的债券价格为98元，期限为2.7年、票息率为6.5%的债券价格为99元，则可先对这两个数据点进行线性插值，近似地估计出期限为2.5年、票息率为6.25%的债券价格为98.5元，以此类推。

可见，息票剥离法是单个利率水平从短期到长期的不断单变量求解，最后将这些利率水平连接起来，就构成利率期限结构。息票剥离法由于是不断地进行单变量求解，所以它的计算误差相对比较小，但计算相对比较麻烦。而且对不规则的债券市场资料而言，息票剥离法往往是在假定两个最近期间之间的利率服从线性变化关系的条件下进行估计的，也就是某个时期的利率水平只跟最近两个时期的利率水平线性相关，因此对利率随期限变动的描述上就显得简单。基于此，目前实务界往往较多地应用其他方法，如样条估计法及Nelson-Siegel模型等。

二、样条估计法

前文我们介绍了零息债券即期利率、贴现因子函数和瞬时远期利率之间存在相互转化关系，得到这三个指标中的其中一个指标的表达式，就可以得到另外两个指标的表达式。本节所讲的样条估计法(Spline Approximation)和Nelson-Siegel模型就是首先假定贴现因子函数或者瞬时远期利率函数具有包含未知参数的特殊形式，在此基础上得到债券的理论价格，其次和目前的实际债券价格进行拟合，从而估计出贴现因子函数或瞬时远期利率函数中的未知参数，最后再反推出不同期限的零息债券即期利率，即利率期限结构。总的来看，这一过程是一种非线性拟合，因而可以描述更为复杂的利率期限结构。

具体地，样条估计法又可分为多项式样条法、指数样条法、B样条法和平滑样条法。这些方法的原理大致相同，主要步骤如下。

(1) 假设贴现函数的形式。

将当前(估计日)记为0时点，由于期限为t的单位零息债券(到期支付1元面值)的贴现值即贴现因子是到期时间t的函数，所以可将其记为$B(t)$。显然$B(t)$的函数式中包含一些待确定的未知参数，将其简单地记为向量β。

(2) 第k只样本债券的理论定价可表示为

$$P_k'=\sum_{i=1}^{q}CF_k(t_i)B(t_i) \tag{3-12}$$

其中，P_k'为债券的理论全价；t_i是第k只债券第i次现金流发生时所对应的时间；$CF_k(t_i)$表示第k只债券在其持续期内(自估计日至到期日期间)发生的第i次现金流，如支付的票面利息及到期兑付时的本金；$B(t_i)$是债券k第i次现金流发生时所对应的贴现因子。

(3) 收集样本债券k在估计日的实际收盘全价P_k。

(4) 求出所有样本债券的误差平方和，即

$$J=\sum_{k=1}^{S}\omega_k(P_k-P_k')^2 \tag{3-13}$$

其中，S是样本债券的个数，ω_k是第k个债券的权重因子。有的研究者将短期债券赋予较高的权重，而另外一些研究者则使长期债券占有较高的权重，也有的做法是取$\omega_k=1/s$，这

样所有的债券将具有相等的权重。

(5) 对目标函数 $J=\sum_{k=1}^{S}\omega_k(P_k-P_k')^2$ 求最小化，利用非线性最小二乘法估计各参数，从而确定贴现因子函数 $B(t)$ 中的未知参数向量 β，得到贴现因子函数的具体表达式 $B(t)$。

(6) 运用贴现函数和零息债券即期利率之间的关系式 $R(t)=\frac{-\ln B(t)}{t}$，得到零息债券利率 $R(t)$ 的表达式，并可按照点$[t, R(t)]$在二维空间上画出相应的利率期限结构曲线。

多项式样条法和指数样条法的区别主要在于贴现因子函数 $B(t)$的表达式不同。在具体实施时，两类方法均是首先在整个期限结构曲线上选择若干节点，由此将待估计的利率期限结构曲线分成若干段，较为常见的是将整个期限分为三段，以分别对应短期、中期和长期。然后，对每一段期限采用相同参数的函数形式加以描述。函数中各参数的设定要尽量使最终拟合得到的利率期限结构曲线光滑、连续。

多项式样条法主要是以 McCulloch(1971)①提出的三次样条估计法为代表，例如，对于最长 20 年期的利率期限结构，可以将贴现因子函数设定为以下形式。

$$B(t)=\begin{cases}B_0(t)=d_0+c_0t+b_0t^2+a_0t^3, & t\in[0,n]\\ B_n(t)=d_1+c_1t+b_1t^2+a_1t^3, & t\in[n,m]\\ B_m(t)=d_2+c_2t+b_2t^2+a_2t^3, & t\in[m,20]\end{cases} \tag{3-14}$$

其中，n 和 m 是样条函数的节点。为了保证贴现函数的光滑和连续可导，需要对上述函数设定一些约束条件，从而将样条函数中的参数减少到 5 个，并取为 a_0，b_0，c_0，a_1，a_2。可以证明，满足光滑、可导的约束条件下的贴现函数具有如下形式。

$$B(t)=\begin{cases}B_0(t)=1+c_0t+b_0t^2+a_0t^3, & t\in[0,n]\\ B_n(t)=1+c_0t+b_0t^2+a_0[t^3-(t-n)^3]+a_1(t-n)^3, & t\in[n,m]\\ B_m(t)=1+c_0t+b_0t^2+a_0[t^3-(t-n)^3]+a_1[(t-n)^3-(t-m)^3] & \\ \qquad +a_2(t-m)^3, & t\in[m,20]\end{cases} \tag{3-15}$$

尽管多项式样条能够较好地起到拟合期限结构的作用，但是仍然存在一些缺陷：推导出的远期利率曲线相当不稳定，利率曲线的尾部容易出现剧烈的振荡等。这导致了后来的学者提出新的模型对这些问题进行修正。而比较著名的模型有 Vasicek 和 Fong(1982)所提出的指数样条法、Steeley(1991)提出的 B 样条法以及 Fisher、Nychka 和 Zervon(1994)提出的平滑样条模型。

Vasicek 和 Fong 提出的指数样条法(Exponential Spline Fitting)则是将贴现函数用分段的指数函数来表示。同样为了保证曲线的连续性和平滑性，通常采用三阶的指数样条函数(Exponential Cubic Splines)。例如：

$$B(t)=\begin{cases}B_0(t)=d_0+c_0\mathrm{e}^{-ut}+b_0\mathrm{e}^{-2ut}+a_0\mathrm{e}^{-3ut}, & t\in[0,n]\\ B_n(t)=d_1+c_1\mathrm{e}^{-ut}+b_1\mathrm{e}^{-2ut}+a_1\mathrm{e}^{-3ut}, & t\in[n,m]\\ B_m(t)=d_2+c_2\mathrm{e}^{-ut}+b_2\mathrm{e}^{-2ut}+a_2\mathrm{e}^{-3ut}, & t\in[m,20]\end{cases} \tag{3-16}$$

同样，也要求指数样条函数必须满足函数平滑度以及可导性的约束条件，利用约束条件消去其中的 7 个参数而得到：

---

① MCCULLOCH J H. Measuring the term structure of interest rates[j]. Journal of Business, 1971(44): 19～31.

$$B(t)=\begin{cases}B_0(t)=1+c_0(\mathrm{e}^{-ut}-1)+b_0(\mathrm{e}^{-2ut}-1)+a_0(\mathrm{e}^{-3ut}-1),\ t\in[0,n]\\ B_n(t)=1+c_0(\mathrm{e}^{-ut}-1)+b_0(\mathrm{e}^{-2ut}-1)+a_0[\mathrm{e}^{-3ut}-(\mathrm{e}^{-ut}-\mathrm{e}^{-un})^3-1]\\ \qquad +a_1(\mathrm{e}^{-ut}-\mathrm{e}^{-un})^3,\ t\in[n,m]\\ B_m(t)=1+c_0(\mathrm{e}^{-ut}-1)+b_0(\mathrm{e}^{-2ut}-1)+a_0[\mathrm{e}^{-3ut}-(\mathrm{e}^{-ut}-\mathrm{e}^{-un})^3-1]\\ \qquad +a_1[(\mathrm{e}^{-ut}-\mathrm{e}^{-un})^3-(\mathrm{e}^{-ut}-\mathrm{e}^{-um})^3]+a_2(\mathrm{e}^{-ut}-\mathrm{e}^{-um})^3,\ t\in[m,20]\end{cases} \tag{3-17}$$

这样，可以将样条函数中的参数减少到 6 个：a_0, b_0, c_0, a_1, a_2 和 u 。

值得说明的是，关于样条函数的分界点如何选择，在已有的文献中还没有确切的定论。一般是先根据所选数据期限长短的不同分类，尽可能地使每段样条函数包含大致一样的样本数，这样估计出来的每个样条函数中的参数才可能更准确一些。

B 样条法以及平滑样条模型具有求解稳定、设置灵活以及拟合曲线相对平滑的优点，但由于计算较为复杂，本书不作介绍，感兴趣的读者可参阅相关文献。

【案例 1】我国上海证券交易所的国债利率期限结构的三次样条估计

某学者选取 2004 年 3 月 26 日上海证券交易所的国债交易价格数据，采用三次样条函数法对我国的利率期限结构进行实证分析。其采用的样本债券数据如表 3-4 所示。

表 3-4　上海证券交易所国债交易情况

债券名称	待偿期限/年	债券全价格(每百元面值)/元	到期时间	年息票率/%	年付息次数
96 国债(6)	2.216	129.617	2006 年 6 月 14 日	11.83	1
99 国债(5)	3.400	102.459	2007 年 8 月 20 日	3.28	1
97 国债(4)	3.444	127.912	2007 年 9 月 5 日	9.78	1
02 国债 14	3.578	98.491	2007 年 10 月 24 日	2.65	1
21 国债 3	4.079	101.610	2008 年 4 月 24 日	3.27	1
21 国债 15	4.732	97.726	2008 年 12 月 18 日	3.00	1
02 国债 10	5.392	93.954	2009 年 8 月 16 日	2.39	1
99 国债(8)	5.496	98.594	2009 年 9 月 23 日	3.30	1
02 国债 15	5.699	96.213	2009 年 12 月 6 日	2.93	1
03 国债 01	5.904	93.895	2010 年 2 月 19 日	2.66	1
21 国债 10	7.501	94.251	2011 年 9 月 25 日	2.95	1
21 国债 12	7.597	94.698	2011 年 10 月 30 日	3.05	1
02 国债 03	8.066	91.510	2012 年 4 月 18 日	2.54	1
02 国债 13	13.493	92.163	2017 年 9 月 20 日	2.60	2
21 国债 7	17.356	102.870	2021 年 7 月 31 日	4.26	2
03 国债(3)	19.068	90.990	2023 年 4 月 17 日	3.40	2

选用下面的多项式样条函数形式。

$$B(t)=\begin{cases}B_0(t)=d_0+c_0t+b_0t^2+a_0t^3 & 其中\ t\in[0,5]\\ B_5(t)=d_1+c_1t+b_1t^2+a_1t^3 & 其中\ t\in[5,8]\\ B_8(t)=d_2+c_2t+b_2t^2+a_2t^3 & 其中\ t\in[8,20]\end{cases} \tag{3-18}$$

为满足函数平滑度以及可导性的约束条件，下面等式也必须成立：

$$B_0^{(i)}(5) = B_5^{(i)}(5)$$

$$B_5^{(i)}(8) = B_8^{(i)}(8)$$

$$B_0(0) = 1$$

其中，$B^{(i)}(\cdot)$是函数 $B(\cdot)$的第 i 阶导数，$i = 0, 1, 2$。

利用约束条件，将相互间独立的参数从 12 个缩减到 5 个，如下式。

$$B(t)=\begin{cases} B_0(t) = 1 + c_0 t + b_0 t^2 + a_0 t^3 & \text{其中 } t\in[0, 5] \\ B_5(t) = 1 + c_0 t + b_0 t^2 + a_0[t^3 - (t-5)^3] + a_1(t-5)^3 & \text{其中 } t\in[5, 8] \\ B_8(t) = 1 + c_0 t + b_0 t^2 + a_0[t^3 - (t-5)^3] + a_1[(t-5)^3 - (t-8)^3] + a_2(t-8)^3 & \text{其中 } t\in[8, 20] \end{cases} \tag{3-19}$$

依据表 3-4 中的这 16 只附息国债的收盘价作为拟合的价格数据，运用三次样条函数法，估计其参数。参数的估计结果如下。

a_0=0.000711，a_1=0.000279，a_2=−0.000493，b_0=−0.008869，c_0=−0.007695

将得出的参数代入公式(3-19)，得到折现因子的时间函数 $B(t)$，再运用公式 $R(t) = \dfrac{-\ln B(t)}{t}$ 得到利率期限结构曲线。图 3-9 就是根据计算的结果画出的 2004 年 3 月 26 日上海证券交易所国债利率期限结构曲线。

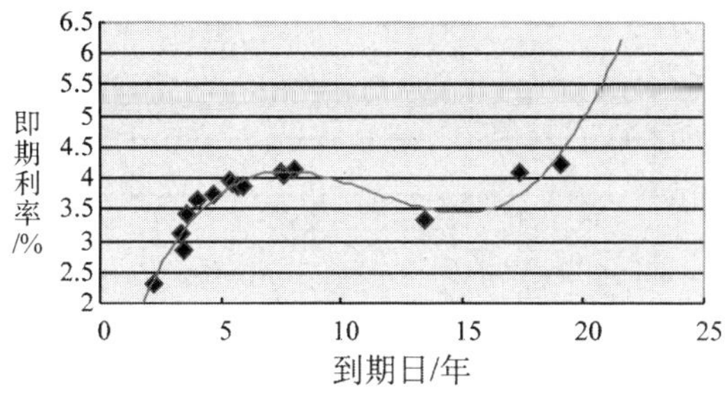

图 3-9　2004 年 3 月 26 日上海证券交易所国债利率期限结构曲线

三、Nelson-Siegel 模型和 Svensson 模型

上述三次样条法及指数样条法都是首先假设贴现函数 $B(t)$的形式，通过债券理论价格与实际价格的偏差最小化拟合出贴现函数 $B(t)$，然后再根据 $R(t)=-\ln B(t)/t$，求得即期利率 $R(t)$，从而得到收益率曲线。样条法的缺点是模型的估计参数对于债券市场价格数据过于敏感，市场价格的很小变化都可能会造成估计参数的较大变化，而且这些参数的设定完全是以数据拟合为目的，并没有什么经济意义。

Nelson 和 Siegel①在 1987 年提出了一个用参数表示的瞬时远期利率函数，其形式为

$$f(t) = \alpha_1 + \alpha_2 \exp\left(-\frac{t}{\beta}\right) + \alpha_3 \frac{t}{\beta} \exp\left(-\frac{t}{\beta}\right) \tag{3-20}$$

由此得到即期利率的函数形式为

---

① NELSON C R, SIEGEL A F. Parsimonious modeling of yield curves[J]. Journal of Business, 1987, 60(4): 473～489.

$$R(t)=\frac{\int_0^t f(s)\mathrm{d}s}{t}=\alpha_1+(\alpha_2+\alpha_3)\frac{\beta}{t}\left[1-\exp\left(-\frac{t}{\beta}\right)\right]-\alpha_3\exp\left(-\frac{t}{\beta}\right) \tag{3-21}$$

其中，α_1、α_2、α_3和β是需要拟合的参数，虽然参数的个数不多，但这样的函数形式已经有足够的灵活度来拟合很多不同形状，如递增、递减、水平和倒置等收益率曲线。而且，与样条估计法不同的是，Nelson-Siegel 模型中的这四个参数都有明确的经济含义。

可以证明，$\alpha_1=\lim\limits_{t\to\infty}R(t)$，因此$\alpha_1$是当时间$t$趋于无穷时即期利率函数的极限值，即代表长期利率水平，通常也解释为收益率曲线的水平因子，它的增加可同等地增加所有期限的收益率，其变动对应着利率期限结构曲线的平行移动，反映了投资者对未来通货膨胀的预期。而$\alpha_1+\alpha_2=\lim\limits_{t\to 0}R(t)=R(0)$，因此$\alpha_1+\alpha_2$反映了瞬时短期利率水平；由$\alpha_2=-[\alpha_1-(\alpha_1+\alpha_2)]$可知，$-\alpha_2$可看作长期利率$\alpha_1$与瞬时短期利率($\alpha_1+\alpha_2$)之差，即反映利率期限结构曲线的斜率，故而又常常被称为“斜率因子”。α_3对中期利率水平的影响要大于长期利率和短期利率，因而可以反映整个利率期限结构曲线的曲度(Curvature)。图 3-10 简单地描述了不同参数值情况下得到的利率期限结构曲线。

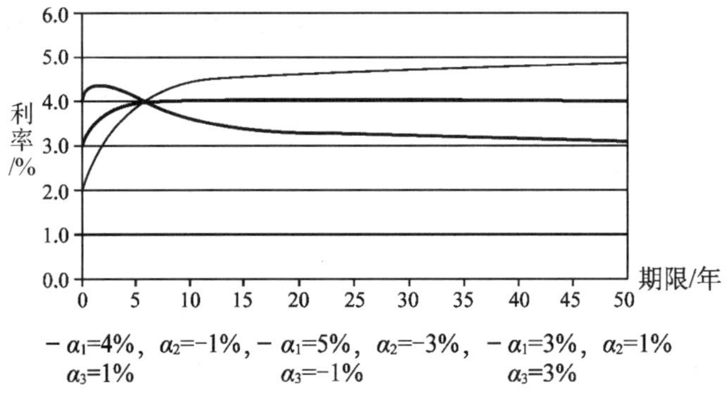

图 3-10　不同参数值情况下得到的利率期限结构曲线

$\beta>0$，其值决定了收益率曲线达到极值点(转折点)的时间。β越大，意味着收益率曲线到达极值点所需的期限越长，如图 3-11 所示。

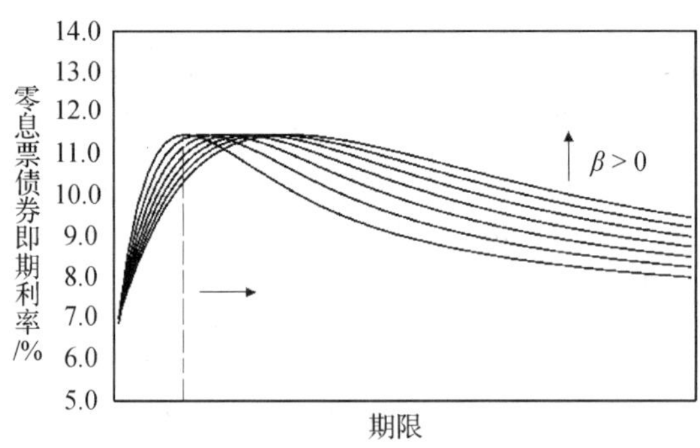

图 3-11　不同β取值情况下的利率期限结构曲线

与样条估计法的做法类似，根据上式的即期利率函数，我们可以求出债券k的理论价格为

$$P_k' = \sum_{i=1}^{q} CF_k(t_i)\exp(-R(t_j)) \tag{3-22}$$

与债券 k 的实际价格 P_k 相比较，由此求出所有样本债券的误差平方和为

$$J = \sum_{k=1}^{S}(P_k - P_k')^2 \tag{3-23}$$

然后求其约束条件下的最小化问题，即求解如下的非线性最优化问题

$$\underset{\alpha_1,\alpha_2,\alpha_3,\beta}{\text{Min}} \sum_{k=1}^{S}(P_k - P_k')^2 \tag{3-24}$$

约束条件为：$\alpha_1>0$，限定了当时间 t 趋于无穷时的即期利率为正；$\alpha_1+\alpha_2>0$，限定了瞬时短期利率为正；$\beta>0$ 保证了收益率曲线在长期将收敛于长期利率(收敛速度大于 0)，从而估计出即期利率函数 $R(t)$ 的参数 α_1、α_2、α_3和β。

值得注意的是，根据数学知识，非线性最优化问题的求解结果对于待估计参数的初值选择非常敏感，因此必须非常谨慎地选择 α_1、α_2、α_3和β 的初始值。

【案例 2】Nelson-Siegel 模型的实现

表 3-5 给出了一些样本债券的市场信息。

表 3-5 样本债券信息

样本债券	市场价格/元	到期期限/年	年票息率/%
1	96.6	1	2
2	93.71	2	2.5
3	91.56	3	3
4	90.24	4	3.5
5	89.74	5	4
6	90.04	6	4.5
7	91.09	7	5
8	92.82	8	5.5
9	95.19	9	6
10	98.14	10	6.5
11	101.60	11	7
12	105.54	12	7.5
13	109.90	13	8
14	114.64	14	8.5
15	119.73	15	9

在利用 Nelson-Siegel 模型(可简写为 NS 模型)时，由于 α_1 反映了长期债券的利率，所以可以在所有样本债券中选择期限最长的第 15 号债券，根据其债券要素，容易计算出期限为 15 年的到期收益率为 6.629%，作为 α_1 的初始值。α_2 反映了长短期利差债券，因而，最短期限债券 1 的到期收益率为 5.439%，从而得到 α_2 的初始值为 5.439%−6.629%=−1.19%。α_3和β 分别反映了收益率曲线的曲度以及收益率曲线收敛于长期利率的速度，较难以估测。因此，可以将初值从一定的取值范围中选择比较。例如，通常在现实中选择$-10\leqslant\alpha_3\leqslant10$，而 β 则选择样本债券中最短期限与最长期限作为取值范围，在本例中，可选择 $1\leqslant\beta\leqslant15$。借助于 Excel 或 Matlab 等软件，对于上表中的样本债券数据，可以求解出非线性最优化问

题的参数估计结果：$\alpha_1=0.0700$，$\alpha_2=-0.01999$，$\alpha_3=0.00129$，β=2.0288。相应地，收益率曲线可表示为图3-12所示的形式。

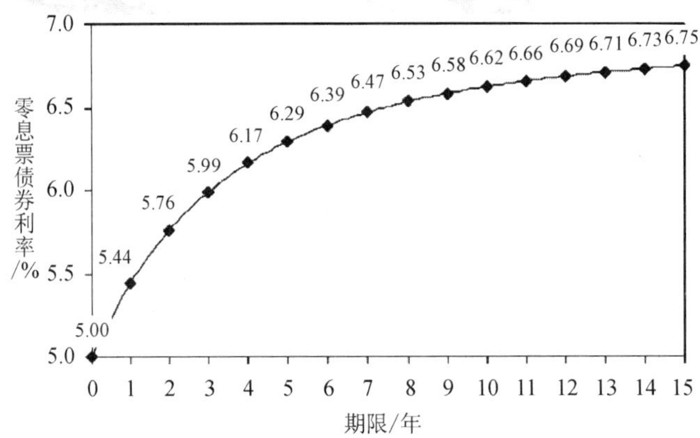

图3-12　利用NS模型得到的收益率曲线

在NS模型所限定的即期利率函数形式下，无法推导出V形或驼峰形等更为复杂的收益率曲线。斯文森(Svensson)(1994)[①]将NS模型做了推广，引进了另外两个参数α_4、γ，从而将即期利率的函数变为如下形式：

$$R(t)=\alpha_1+(\alpha_2+\alpha_3)\frac{\beta}{t}\left[1-\exp\left(-\frac{t}{\beta}\right)\right]-\alpha_3\exp\left[-\frac{t}{\beta}\right]+\alpha_4\left[\frac{\gamma}{t}\left(1-\exp\left(-\frac{t}{\gamma}\right)\right)-\exp\left(-\frac{t}{\gamma}\right)\right] \tag{3-25}$$

Svensson模型(可简写为SV模型)允许收益率曲线存在两个极值点，这使得计算短期债券价格时的灵活性极大增强。这个模型也被称为扩展的NS模型，或者Nelson-Siegel-Svensson (NSS)模型，已为国际上许多大的银行所采用，如法国中央银行和加拿大银行都采用这个模型构造收益率曲线。

四、利率期限结构拟合技术的计算机实现

我们可以借助Matlab软件来实现上述利率期限结构的拟合方法。

(一)息票剥离法的Matlab实现

在Matlab中，可以利用zbtprice( )函数，根据债券价格求出利率期限结构曲线。其语句格式是：

```
[ZeroRates,CurveDates]=zbtprice(Bonds,Prices,Settle,OutputCompounding)
```

输入变量说明如下。

- Bonds为N×6或者N×2的描述债券信息的矩阵，其中N为债券样本个数，对于每只样本债券，必选的两个信息(对应矩阵的两列)为债券到期日和债券票息率；其他可选的信息包括债券面值、债券付息频次、计息天数规则、月末法则等。

① SVENSSON L. Estimating and Interpreting Forward Interest Rates: Sweden 1992-1994[J]//NBER working paper No.4871. Cambridge, US 1994.

- Prices 为样本债券价格向量。
- Settle 为债券结算日期，一般为当前日。
- OutputCompounding 为可选项，表示零息票利率集的计算频次。

输出变量说明如下。

- ZeroRates 为零息票利率集。
- CurveDates 为对应日期。

(二)Nelson-Siegel 模型和 Svensson 模型的 Matlab 实现

在 Matlab R2008b 版中，包含了 Fixed Income Toolbox(固定收益证券工具箱)，其中有“Interest-Rate Curve Objects(利率曲线对象)”。通过 IRFunctionCurve.fitNelsonSiegel( )函数和 IRFunctionCurve.fitSvensson( )函数直接得到 Nelson-Siegel 模型和 Svensson 模型的估计结果。其主要的语句是：

```
IRFunctionCurve.fitNelonSiegel(Type, Settle, Instruments)和
IRFunctionCurve.fitSvensson(Type, Settle, Instruments)
```

其中，必需的输入变量如下。

- Type：限定想得到的利率曲线是零息债券即期利率曲线('Zero')还是远期利率曲线('forward')。
- Settle：拟合利率期限结构的日期。
- Instruments：N 行 4 列的矩阵，N 为样本债券个数。该矩阵的第 1 列是拟合利率期限结构的日期；第 2 列是各样本债券的剩余期限；第 3 列是各样本债券的全价；第 4 列是各样本债券的票息率。

例如：

```
Settle = repmat(datenum('30-Apr-2008'),[6 1]);
Maturity = [datenum('07-Mar-2009');datenum('07-Mar-2011');...
datenum('07-Mar-2013');datenum('07-Sep-2016');...
datenum('07-Mar-2025');datenum('07-Mar-2036')];
DirtyPrice = [100.1;100.1;100.8;96.6;103.3;96.3];
CouponRate = [0.0400;0.0425;0.0450;0.0400;0.0500;0.0425];
Instruments = [Settle Maturity DirtyPrice CouponRate];
SvenssonModel = IRFunctionCurve.fitSvensson('Zero',datenum('30-Apr-2008'),
Instruments);
```

另外，还可以利用 IRFunctionCurve.fitNelsonSiegel(Type, Settle, Instruments, ‘Parameter1’, Value1, ‘Parameter2’, Value2, ...)以及 IRFunctionCurve.fitSvensson (Type, Settle, Instruments, ‘Parameter1’, Value1, ‘Parameter2’, Value2, ...)对输入变量进行更为具体的限定，从而处理更为复杂的情况。详细的介绍可参见 Fixed income toolbox users’ guide(固定收益证券工具箱使用指南)。

第四节 国内外利率期限结构曲线拟合的实践

一、利率期限结构估计方法应满足的原则

根据利率期限结构原理和典型事实，所选取的估计方法应满足如下原则：①所选取的

函数形式应能描述整个时间范围具有多种形状的收益率曲线，包括向上倾斜、向下倾斜、驼峰形状等，从收益率曲线导出的即期、远期和零息票收益应与实际观测值基本一致。②给出的收益曲线应符合利率曲线的经济学性质，例如，利率期限结构曲线的短端比长端更具有波动性，而长期利率比短期利率更具有持续性，即利率期限结构曲线具有一个平坦的长期端部，保持平稳，而不是发散。③从收益率曲线导出的即期、远期和零息票收益应该是平稳变化的，不应出现突然的跳跃和非预期的波动，而且收益率曲线具有一定程度的容错性，不会随少量噪声数据的波动而轻易改变。④求解稳定，使用方便，便于检验。

二、国外的情况

NS 模型和 SV 模型采用指数多项式函数，利率曲线处处多阶可导，满足光滑性，同时模型参数有较强的经济含义，模型拟合结果比较符合利率期限结构预期理论，因此许多国家的中央银行采用 NS 模型或 SV 模型。根据国际清算银行(BIS)2005 年 10 月的技术文档，中央银行在估算利率期限结构中，多数采用 NS 模型或 SV 模型。另外，还有少部分国家使用平滑样条模型(SS)，如表 3-6 所示。

表 3-6　世界主要发达国家中央银行采用的利率期限结构模型①

中央银行所在国家	模　型	模型使用起始日期	计算频率	年限/年
比利时(Belgium)	SV-NS	1997 年 9 月 1 日	日	0～10
加拿大(Canada)	SV	1998 年 6 月 23 日至 2003 年 10 月 15 日	日	1～10
	SS	1986 年 1 月 1 日	日	3/12～30
芬兰(Finland)	NS	1997 年 11 月 3 日	周；日(1999 年 1 月 4 日起)	1～10
法国(France)	SV-NS	1992 年 1 月 3 日至 2004 年 7 月 1 日	周	0～10
德国(Germany)	SV	1997 年 8 月 7 日	日	0～10
意大利(Italy)	NS	1996 年 1 月 1 日	日	0～10
挪威(Norway)	SV	1998 年 1 月 21 日	月	0～10
西班牙(Spain)	NS	1991 年 1 月 2 日至 1994 年 12 月 30 日	日	—
	SV	1995 年 1 月 2 日	日	0～10
瑞典(Sweden)	SV	1992 年 12 月 9 日至 1999 年 3 月 1 日	周	0～10
	SV	1999 年 3 月 2 日	日	0～10
瑞士(Switzerland)	SV	1988 年 1 月 4 日	日	—
	SV	1998 年 1 月 4 日	日	0～10
	SV	1988 年 1 月	月	0～10,15,20,30
英国(UK)	SV	1982 年 1 月 4 日至 1998 年 4 月 30 日	日	2～10
	SV	1982 年 1 月至 1998 年 4 月	月	2～10
美国(US)	SS	1961 年 6 月 14 日	日	0～10
	SV	1987 年 12 月 1 日	日	0～10

① Zero-coupon Yield Curves; Technical Documentation. BIS Papers，NO.25.2005.10.

三、我国的情况

我国不少学者对国债现货市场利率期限结构模型进行了研究，例如，郑振龙(2003)利用息票剥离法与样条估计法对中国 2001—2002 年的利率期限结构进行了静态估计。周荣喜(2004)、王晓芳(2005)利用多项式样条函数等方法对我国利率期限结构进行了实证分析。朱世武(2003)利用 NS 模型与 SV 模型对我国国债即期收益率曲线进行了拟合估计。另外，中央国债登记结算有限责任公司(2007)的做法是，首先确定出当日若干剩余年限与对应收益率的样本点，然后采用调用三次 Hermite 多项式插值模型将这些样本点相连，构造出国债收益率曲线。邵斌、徐蓉和陈芳菲(2004)通过实例对常用的四种收益率曲线构造方法(多项式样条法、指数样条法、Nelson-Siegel 模型和 Svensson 模型)进行了比较，发现这些方法虽然都能很好地拟合市场收益率，得到相近的即期利率，但得到的远期利率却有很大差异，从而导致利率衍生品定价的偏差。他们还对模型参数的稳定性进行了比较分析，发现样条法的参数很不稳定，而 Nelson-Siegel 模型和 Svensson 模型的参数较稳定，尤其是 Nelson-Siegel 模型的参数变化更为合理。因此，根据市场收益率的拟合度、远期利率曲线的变化及参数的稳定性，考虑到目前债券品种较少的现状，他们建议使用 Nelson-Siegel 模型构造我国的国债收益率曲线。郭涛和李俊霖(2007)①选取 2006 年 5 月 31 日上交所 38 只附息国债的收盘价(债券全价) 为样本数据，分别采用三段三次样条、三段指数样条和 Nelson- Siegel 模型对当日利率期限结构曲线进行估计，所得到的不同模型的利率期限结构曲线如图 3-13 所示。

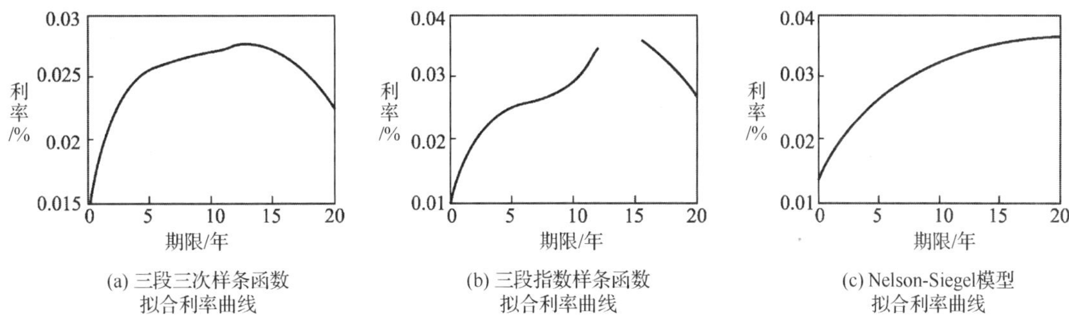

(a) 三段三次样条函数拟合利率曲线　(b) 三段指数样条函数拟合利率曲线　(c) Nelson-Siegel模型拟合利率曲线

图 3-13　不同模型的利率期限结构曲线

郭涛和李俊霖进一步重点对三次样条函数和 Nelson-Siegel 参数模型进行了样本内和样本外分析。从对上交所国债数据的拟合来看，Nelson-Siegel 模型以其符合理论原则、拟合精度高、估计参数少、参数具有明确的经济学含义等优点，就我国交易所国债期限结构而言，无论对于市场交易者还是货币政策制定者央行而言，均是最佳的估计方法；而三次样条函数和指数样条函数更适用于国债数量众多的成熟市场。因此，应根据债券市场的具体情况和应用需要选取合适的利率期限结构曲线估计方法。

目前，由中央国债登记结算有限责任公司编制并发布的利率期限结构曲线(以下简称中债收益率曲线)是我国国债市场公认的、权威性的利率期限结构曲线。中债收益率曲线的编制理念是：为中国债券市场提供完全客观、中立的收益率参考标准。编制目的是：最大限

① 郭涛，李俊霖. 利率期限结构曲线的估计方法——基于上交所国债的实证分析[J]. 南方经济，2007(12).

度地反映出中国债券市场上各类债券不同期限的真实、合理的收益率水平。

【拓展阅读】中债国债收益率曲线的应用情况

经过多年的发展，中债国债收益率曲线在以下几个方面发挥了重要作用：

第一，中债国债收益率曲线成为市场无风险基准利率。2014 年起，中国人民银行、财政部、银保监会、国债协会、资产评估协会等官方网站陆续发布了中债国债等收益率曲线。2016 年，中债 3 个月期国债收益率作为人民币代表性利率被国际货币基金组织纳入 SDR 利率篮子，是 SDR 利率篮子中唯一由第三方机构发布的无风险利率。同年，亚洲开发银行官网也发布了中债国债等收益率曲线。

第二，中债国债收益率曲线成为监管部门监测宏观经济运行和判断经济周期的重要依据。参考美联储、世界大型企业联合会(Conference Board)将长短期利差(10 年期国债利率减去联邦基金利率)作为评估宏观金融环境参考和商业周期先行指标的经验，市场机构普遍使用中债国债收益率曲线作为金融市场变化和宏观经济运行的表征；我国人民银行相关研究表明中债国债收益率曲线 10 年期与 2 年期的期限利差对宏观经济景气指数具有先行作用。

第三，中债国债收益率曲线成为货币政策传导的重要工具。2004 年以来，央行货币政策长期跟踪中债国债收益率变化，央行相关课题研究证实，中债国债收益率曲线的形态变化可以有效提供市场对未来宏观经济的预期，可作为利率市场化进一步深化背景下货币政策传导的重要工具。

第四，中债国债收益率曲线成为公允价值计量基准和风险防范的重要参考。目前，中国人民银行明确使用以国债收益率曲线为基础的中债估值作为银行间债券市场交易监测的基准，防范利益输送和异常交易；银监会推荐银行业金融机构以中债收益率曲线作为公允价值计量基准和市场风险管理基准，推动商业银行实现会计准则公允价值计量和巴塞尔协议风险控制的要求；证监会推荐基金公司采用以国债收益率曲线为基础的中债估值作为基金持有债券资产净值计算的基准，有效防范了基金行业因为资产净值计算偏差而带来的集中赎回风险，为基金行业的稳定发展起到了关键作用；保监会推荐保险机构采用中债国债收益率曲线作为保险准备金计量基准，支持了保险机构利率市场化条件下的稳健发展。与此同时，审计和司法判决领域也越来越多使用中债估值作为债券资产相关的公允价值度量依据。

第五，中债国债收益率曲线及其为基础的中债价格指标在市场机构自发探索下被广泛用作市场定价基准。国债收益率曲线已成为我国浮动利率债券最主要的定价基准。截至 2020 年年末，中债国债收益率曲线每日支持超过 100 万亿元的金融资产定价，累计支持近 40 万亿元的国债、地方债发行；以债券收益率曲线作为基准利率的债券规模约 3.7 万亿元，在以市场化利率为基准利率的债券中占比 95%。与此同时，以国债收益率为基础形成的估值、指数也逐渐成为市场基准指标。截至 2020 年年末，以中债估值作为提前兑付定价基准的债券规模累计超过 2500 亿元，在同类债券中占比 85%；以中债指数为业绩基准的基金规模超 3 万亿元，在同类基金中占比 83%；以中债指数作为投资标的的基金规模超 3400 亿元，在同类基金中占比 85%。此外，中债价格指标成了银行间市场利率互换和标准债券远期的标的，场外衍生品市场也开始出现挂钩中债国债指数的收益凭证和场外期权。

(资料来源：中央结算公司)

中债收益率曲线的数据来源包括银行间债券市场的双边报价、银行间债券市场结算数据、柜台市场的双边报价、交易所债券的成交数据、交易所固定收益平台报价和成交数据、货币经纪公司的报价数据以及市场成员的收益率估值数据。在总结多年中国债券收益率曲线编制经验的基础上，通过反复的研究和比较，中债收益率曲线的构建模型选取了更适合于中国债券市场实际情况的赫尔米特(Hermite)模型。

中债收益率曲线依据发行主体类型、债券类型和信用等级进行划分。中债收益率曲线族系全面覆盖各类境内债券，并逐步向境外债券市场拓展(见图 3-14)。境内债券市场包括主权类债券(即国债)、政府机构类债券(开发性、政策性金融债、铁道债)、地方政府债券、金融及非金融企业信用类债券、资产支持证券等曲线族系。境外债券市场包括中资美元债、中资欧元债、离岸人民币债等曲线族系。至 2020 年年底，每日发布收益率曲线 3100 余条，包括：到期收益率曲线 215 条，即期收益率曲线 189 条，远期收益率曲线 2622 条，等等。

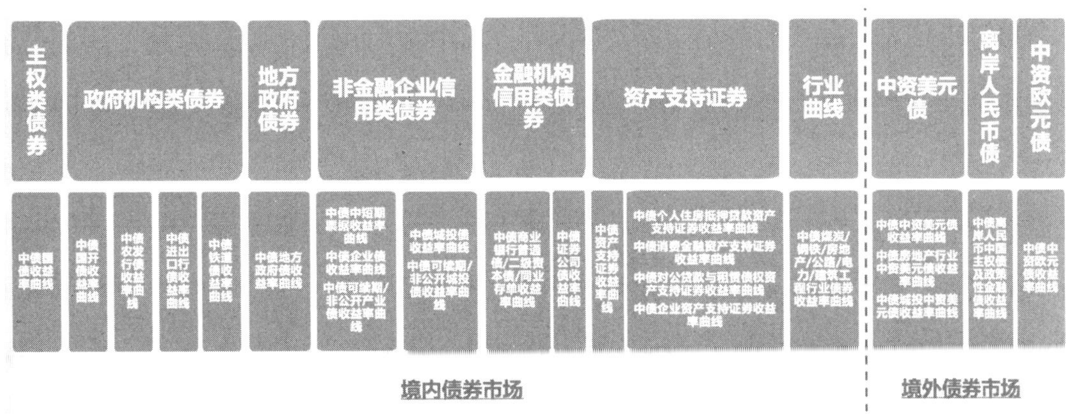

图 3-14　中债收益率曲线族系

中央国债登记结算有限责任公司的官方网站——中国债券信息网，提供了各类利率期限结构曲线及数据的查询服务。

例如，查询某单条中债收益率曲线，如图 3-15 所示。

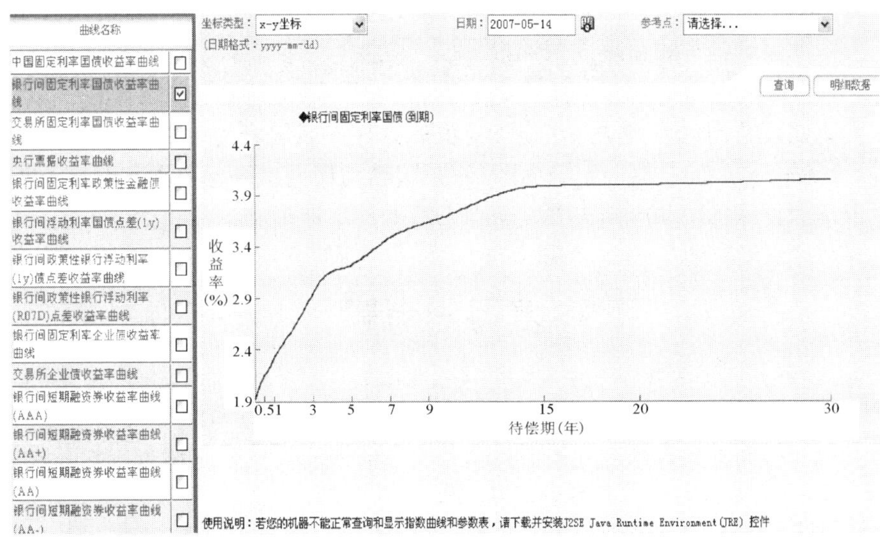

图 3-15　查询某单条中债收益率曲线

查询某三维中债收益率曲线，如图 3-16 所示。

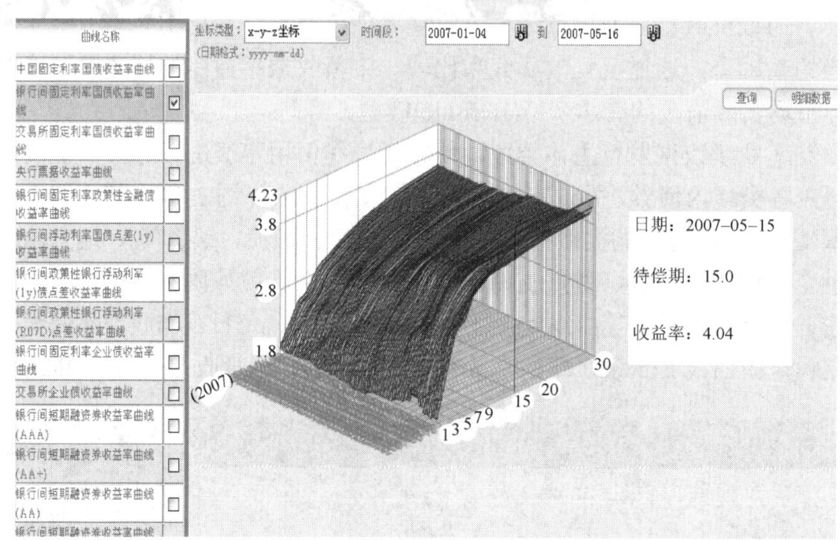

收益率曲线编制的 Hermite 模型

图 3-16　查询某三维中债收益率曲线

本 章 小 结

(1) 利率期限结构是指在某个时点，不同时期的零息票债券即期利率的集合。利率期限结构曲线则是指一条描述在某一时点，零息票债券即期利率与到期期限的关系的曲线。利率期限结构曲线通常有正常、倒置、驼峰和扁平四种状态，不同形状的收益率曲线通常反映和预示了不同的经济运行状态。

(2) 传统的利率期限结构理论包括预期理论、流动性偏好理论、市场分割理论和优先偏好理论。其中，流动性偏好理论和优先偏好理论是在预期理论的基础上，针对其对经验事实解释能力的不足而提出的。国内外学者针对这些传统理论进行了实证检验，结果各异。

(3) 利率期限结构与收益率曲线的拟合技术主要有息票剥离法、样条估计法、NS 模型和 SV 模型。

(4) 利率期限结构估计方法应满足一定的原则。许多国家的中央银行采用 NS 模型或 SV 模型。我国不少学者对国债现货市场利率期限结构模型也进行了深入研究，并认为，应根据债券市场的具体情况和应用需要，选取合适的利率期限结构曲线估计方法。

复习思考题

1. 利率期限结构曲线有哪几种常见的形状？利率期限结构曲线的变化有哪几种常见的形式？研究利率期限结构曲线本身的形状及其变化的形式有什么理论意义和实践价值？

2. 解释利率期限结构的预期理论、流动性偏好理论、优先偏好理论和市场分割理论的区别与联系。

3. 图 3-17 给出了 2012 年我国银行间市场国债收益率曲线的变化情况，请对此进行简单分析。

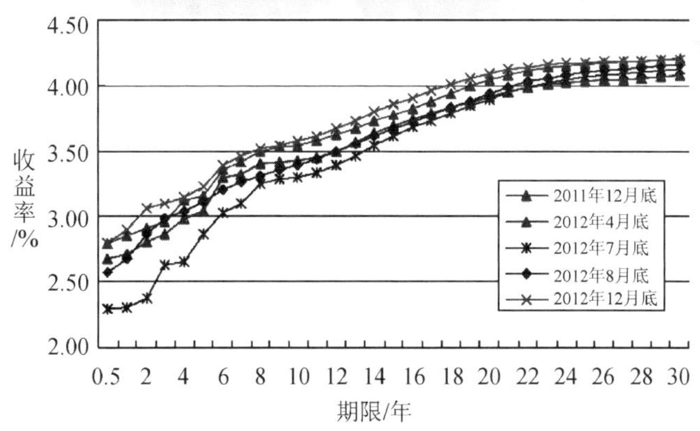

图 3-17 银行间市场国债收益率曲线变化情况

4. 阅读以下案例。

中国式“格林斯潘之谜”

“格林斯潘之谜”是指美国短期利率上升，但长期无风险利率反而下降的现象。美联储自 2004 年 6 月开始经数次加息后到 2005 年 6 月，美国联邦基金利率从 1%提高至 3.25%，但同期美国 10 年期国债的收益率却从 4.7%左右降至 4.2%左右，下降了 0.5 个百分点，导致美国 10 年期国债与联邦基金利率之间的利差进一步走低。与此同时，长期利率走低也是欧债危机前各主要国家的明显趋势。世界范围内长期利率下降的趋势刺激投资者追求更高的回报，这将降低对承担信用风险和其他金融风险的补偿，即积累了大量的金融风险。“格林斯潘之谜”还使得各国中央银行通过提高短期利率、引导长期利率上升进而调节宏观经济的努力大打折扣。

与主要发达国家相比，中国长期国债收益率水平明显偏低。而且，中国与投资密切相关的长期利率对短期利率的变化不是很敏感。根据利率期限结构的预期理论，长期利率等于未来短期利率的加权平均。如果短期利率上升，通常情况下长期利率也随之提高。但令人惊讶的是，预期理论作用的发挥受到了很大的限制，长期利率与短期利率变化的关系并没有理论所揭示的那样明显。例如，在连续上调存款准备金率和加息政策的作用下，中国货币市场利率在 2011 年第二季度开始全面上扬，3 个月期国债收益率由 2008 年第四季度以来的 2.5%左右跃升至 6 月的 3.2%以上，直到 10 月仍高达 3.25%。但是 10 年期国债收益率变化却并不明显，基本与 2010 年 11 月以来的水平持平，为 4%左右。2006 年至 2011 年 5 月，除 2008 年第三季度全球金融危机爆发期间外，10 年期国债与 3 个月期国债收益率之差都至少在 100 个基点以上，最高达 257 个基点(2009 年 11 月)，但 2011 年 6 月以来，10 年期国债与 3 个月期国债收益率之差下降到 70 多个基点，9 月甚至仅为 53.7 个基点。

(资料来源：姚余栋，李宏瑾. 中国式“格林斯潘之谜”. 财经，2011.)

讨论:

(1) 中国式“格林斯潘之谜”出现的原因。

(2) 中国式“格林斯潘之谜”对我国经济发展有哪些影响?

5. 假设有如下四种债券，每半年付息一次，其有关数据如表 3-7 所示。

表 3-7　四种债券有关数据

债券种类	到期期限/年	年利息支付/元	债券价格/元
1	0.5	0	92
2	1	4	94
3	1.5	8	96.8
4	2	12	101

试计算 0.5 年、1 年、1.5 年和 2 年期的即期利率。

6. 试阐述利用样条估计法和 Nelson-Siegel 模型估计利率期限结构曲线的基本原理和主要步骤。

第四章　利率期限结构的动态模型

【学习要点及目标】

- 熟悉动态利率模型的分类及其演进；掌握动态利率模型的数学基础，了解常见的随机过程的基本形式，理解风险中性定价原理。
- 掌握常见的单因素均衡利率模型和单因素无套利模型的形式和优劣之处；熟悉利率的二叉树模型及其实现，会用 Matlab 软件进行相关操作。
- 了解多因素利率模型的产生背景；熟悉两因素 CIR 模型、三因素仿射利率模型的基本原理；理解利率期限结构的宏观—金融模型。

【核心概念】

随机过程　标准布朗运动　普通布朗运动　伊藤过程　风险中性　测度变换原理　Merton 模型　Vasicek 模型　CIR 模型　Ho-Lee 模型　Hull-White 模型　BDT 模型　HJM 模型　LIBOR 市场模型　仿射利率期限结构模型

【引导案例】

SHIBOR 隔夜利率的变化情况

图 4-1 显示了 SHIBOR 隔夜利率在 2020 年的走势。通过将 SHIBOR 隔夜利率看作瞬时即期利率 $r(t)$，从而研究其变化规律，这一思路具有重要的理论和实践意义。在第二章中讲到，可以将到期日 T 支付面值为 1 元的零息债券在期初 t 时的价格 B_t^T 称为贴现因子，并进一步通过将贴现因子与债券有效期内发生的现金流相乘得到债券的理论定价，而贴现因子 B_t^T 与瞬时即期利率 $r(t)$之间具有如下关系。

$$B_t^T = \exp\left(-\int_t^T r(s)\mathrm{d}s\right) \tag{4-1}$$

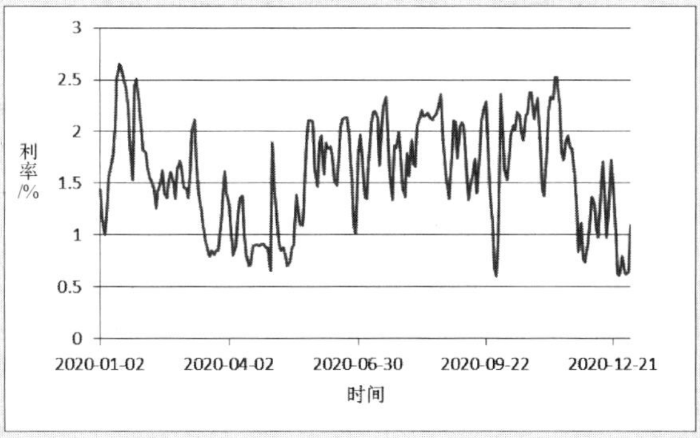

图 4-1　SHIBOR 隔夜利率在 2020 年的走势

并且利用 $R_t^T = -\dfrac{1}{T-t}\ln B_t^T$，还可以得到期限为 T-t 的零息债券利率，即利率期限结构。可见，瞬时即期利率的变化规律，即 $r(t)$ 的函数形式，在整个固定收益证券的定价中处于核心位置。另外，对于近年来出现的大量的固定收益衍生产品，如利率互换、利率期权等，

其现金流收付、进而价格变化都在较大程度上依赖于市场利率的变化，这也要求我们对瞬时即期利率 $r(t)$ 的变化规律有一个清楚的认识。由于内容庞杂，利率模型现在已成为独立的一门学科，而本章则主要就一些重点内容加以简单介绍。

第一节　动态利率模型概述

一、动态利率模型的分类与演进

自 20 世纪 70 年代末期以来，各国利率波动频繁。特别是在美国，美联储的货币政策逐渐由 20 世纪 80 年代初对货币总量控制转向对联邦基金利率的调控，对利率比较敏感的债券价格经常剧烈波动，加重了将利率期限结构分析置于随机环境中的必要性。自 1977 年 Vasicek 建立单因子利率期限结构的均衡模型以来，标志着利率期限结构模型和固定收益证券的定价研究进入了随机过程方法的时代。这期间利率期限结构模型研究主要沿着两个方向进行：一个是均衡模型(Equilibrium Model)，它从假设一些经济变量开始，通过求解经济的一般均衡，推导出短期利率所必须遵循的一个过程，进而得到债券和其他利率衍生产品价格的解析解或数值解。这类模型有 Vasicek 模型和 CIR 模型等。均衡模型一般包括以下三个步骤。

(1) 利用已建立好的因子模型来推导出理论零息票债券收益率曲线；

(2) 利用参考债券的市场价格来校准模型并推出模型的参数值；

(3) 利用已确定的参数和利率模型来为其他金融衍生品定价。

可见，在均衡模型中，相关的宏观经济变量是输入变量，当期的利率期限结构是输出变量。均衡模型明确规定风险的市场价格，给定了一个均衡经济体系，使利率建模方法建立在坚实的微观经济理论的基础上。它有助于债券投资者根据有关经济基础变量的模型假设，找出债券可能的定价错误及可能潜在的交易机会。但由于均衡模型最大的特点是待估计的模型参数均为非时变函数，即与时间 t 无关，这使得其难以完全拟合不同时点的市场利率期限结构曲线，进而在需要能够精确拟合利率期限结构的利率衍生品定价与风险管理等领域，存在较大的实用局限性。另一个是无套利模型(No Arbitrage Model)，它选择了时变的参数值，通过相关债券等资产价格之间必须满足的无套利条件进行分析，此时市场上观察到的利率期限结构是输入变量，而模型生成的利率期限结构、进而得到相关金融工具的价格是输出变量。这类模型的典型代表有 Ho-Lee 模型、Hull-White 模型、BDT 模型和 HJM 模型等。无套利模型和均衡模型有着类似的结构，一般认为均衡模型明确规定了风险的市场价格，并假设其模型参数与时间无关，可用历史数据统计得出，所以经济学家常用这些模型来理解期限结构的形状并对未来经济状况进行预测。然而，交易商们却更偏向无套利模型，因为在它基础上得到的衍生证券的价格与市场价格更加一致。

随着理论的演进，研究者们越来越关注动态利率模型对实际利率期限结构及其动态变化的刻画效果。早期的均衡模型和无套利模型都是单因素模型。在这些模型中，影响利率变动的只有一个风险因子，这意味着整条利率期限结构曲线的变化都是由一个风险源驱动的，短期利率变动与长期利率变动之间完全相关，由此生成的利率期限结构曲线形态单一；而在实际中，利率期限结构的短端和长端常常受到不同因素的影响而发生不同变化。为提高理论模型解释现实的能力，研究人员在单因素模型的基础上引入了多个风险因素变量共同影响和决定利率期限结构及债券价格的多因素模型，其后由 Duffie 和 Kan(1996)[①]、Dai 和 Singleton(2000)[②]等进一步推广提出所谓的仿射(Affine)利率期限结构模型(Affine Term Structure Model，ATSM)。仿射是指对一个函数 f，如果存在常数 a、b，使得对所有 x，都有 $f(x)=a+bx$，那么 f 就是关于 x 的仿射函数，这里的 x 也可以是多维向量。在仿射利率模型的情况下，能够比较方便地把影响利率期限结构的风险源从一个扩展到多个，从而可更好地拟合利率期限结构变动的各种复杂情况。

一方面，标准形式的多因素仿射利率模型只是单纯地从金融市场的角度(Finance Perspective)，采用无法直接观察到的隐含因子(Unobservable Latent Factors)来解释利率期限结构的形成和变化规律。这些隐含因子通常只反映其对利率期限结构曲线的影响方向，而没有宏观经济意义。如多因素仿射利率模型中的水平(Level)因子、斜率(Slope)因子、曲度(Curvature)因子等就只是分别描述了使利率期限结构发生平移、斜率变化和曲度变化的三种因素。另一方面，从宏观经济学(Macroeconomics)的角度看，利率特别是短期利率，作为中央银行货币政策重要的中介目标，又与产出、通货膨胀率、货币调控等宏观因素有关，并且这种影响关系也传导到长期利率，进而引起整个利率期限结构的变化。为此，2000 年以来，Ang 和 Piazzesi(2003)[③]、Diebold 等(2006)[④]以及 Rudebusch 和 Wu(2008)[⑤]等学者将利率研究的微观金融学视角与宏观——经济学视角综合起来，从而将利率变化中的隐含因子与宏观经济指标联系起来进行建模，这种“利率期限结构”的宏观—金融(Macro-Finance) 研究方法以及所建立的“利率期限结构宏观金融模型(Macro-Finance Model of the Interest Term Structure)”是现代利率期限结构理论领域的一个重大进展。

在动态利率模型的演进过程中，一个值得单独加以介绍的是由 Heath 等在 1992 年提出的所谓 HJM(Heath-Jarrow-Morton)[⑥]模型。与其他直接基于瞬时即期利率的动态利率模型不同，HJM 模型是从瞬时远期利率的随机过程出发，在无套利约束条件下，推导出远期利率的随机过程，进而再刻画瞬时即期利率。HJM 模型的一类重要应用是在其基础上发展出来的 LIBOR 市场模型(LIBOR Market Model)，从而可以对那些直接以 LIBOR 利率作为标的的固定收益衍生产品，如利率上限、利率下限、互换及互换期权等进行定价。

哪种利率模型是一个好的模型呢？尽管对于这个问题很难给出一个明确的答案，但一般来讲，一个利率模型的好坏应当根据它的易处理性和现实性进行判断。就易处理性而言，是指模型应当具有如下特点：①从数学解析上易于处理；②可以很容易地对真实数据进行拟合；③可以很容易地被应用到利率衍生产品(如利率期权或者期货)的定价中。就现实性而

① DUFFIE D, KAN R. A yield-factor model of interest rates [J]. Mathematical Finance, 1996(6): 379～406.

② DAI Q, SINGLETON J. Specification analysis of affine term structure models[J]. Journal of Finance, 2000(5): 1943～1978.

③ ANG A, PIAZZESI M. A no-arbitrage vector autoregression of term structure dynamics with macroeconomic and latent variables[J]. Journal of Monetary Economics, 2003(50):745～787.

④ DIEBOLD F X, RUDEBUSCH G D, ARUOBA S. B. The macroeconomy and yield cure: a dynamic latent factor approach[J]. Journal of Econometrics, 2006(127):309～338.

⑤ RUDEBUSCH D, WU T. A macro-finance model of the term structure, monetary policy and the economy[J]. The Economic Journal, 2008(118):906～926.

⑥ HEATH D, JARROW R, MORTON A. Bond pricing and the term structure of interest rates: a new methodology for contingent claims valuation[J]. Econometrica, 1992, 60(1): 77～105.

言，是指模型应当具有如下特点：①能够显示出市场真实行为的紧密性；②在理论层面上具有解释能力。

本章将重点介绍单因素模型、多因素仿射利率模型和宏观—金融模型。在此之前，我们将对利率模型的相关数学基础进行简单的回顾。

二、动态利率模型的数学基础

(一)随机过程及其模拟

1. 随机过程的定义

在金融现象中一些主要价格指标，如利率、汇率、股票指数、价格等都表现出一定的随机性(Randomness)。而随机过程(Stochastic Process)就是对一连串随机事件动态变化的定量描述。标准的数学定义如下。

假设$\Omega=\{\omega\}$ 是随机试验的样本空间，T 是一个参数集(往往是时间)，如果对于每一个 $t\in T$，都有随机变量 $X(\omega, t)$与之对应，则称依赖于 t 的一族随机变量 $X(\omega, t)$为随机过程。有时候，我们会把一个随机过程简记为 $X(t)$，$t\in[0, T]$。

直观上理解，不妨假定我们每隔一分钟抛一枚硬币，那么$\Omega=\{$正、反$\}$就是随机试验的样本空间，记时间为 $t_1, t_2, \cdots$，则随机变量族 X(正, t_1)、X(反, t_2)就是一个随机过程。又如，一个醉汉在路上行走，以概率 p 前进一步，以概率 $1-p$ 后退一步，则以 $X(t)$记他 t 时刻在路上的位置，则 $X(t)$也是一个随机过程。显然，在任一特定时刻 t^*，随机过程 $X(t)$退化为一个普通的随机变量 $X(t^*)$，从这个角度看，我们可以把随机过程理解为一系列随机变量的总和，也就可以将随机变量的某些数值特征，如数学期望和方差等，扩展到随机过程。只是随机过程的数值特征不再是确定的数，而是确定的时间的函数。

2. 一些重要的随机过程及模拟实现

1)　标准布朗运动

布朗运动(Brownian Motion)是历史上最早被认真研究过的随机过程。1827 年，英国生物学家布朗(Robert Brown)首先观察和研究了悬浮在液体中的细小花粉微粒受到水分子连续撞击形成的运动情况，布朗运动也因此得名。1900 年，法国人路易 •巴舍利耶(Louis Bachelier)用它来描述股票价格运动过程。1918 年维纳(Wiener)在数学上严格地定义了标准布朗运动(Standard Brownian Motion)(因此它有时也称为维纳过程)，其后标准布朗运动成为定量描述各种金融变量的基石。

设 Δt 代表一个小的时间间隔长度，Δz 代表变量 z 在一个微小时间间隔 Δt 内的变化，如果 Δz 和 Δt 的关系满足以下条件：① $\Delta z=\varepsilon\sqrt{\Delta t}$，其中，$\varepsilon$ 代表从标准正态分布(即均值为 0、标准差为 1.0 的正态分布)中取的一个随机值。②对于任何两个不同时间间隔 Δt，Δz 的值相互独立。则称随机变量 z 的运动遵循标准维纳过程或者布朗运动。显然，遵循标准布朗运动的变量 z 在任意长度的时间间隔 T 中的变化量$\{z(T)-z(0)\}$也具有正态分布特征，其均值为 0，方差为 T，标准差为$\sqrt{T}$。

我们可以设定某个初值 z_0 以及时间间隔Δt，按照 $z_{t_i}=z_{t_{i-1}}+\varepsilon_i\sqrt{t_i-t_{i-1}}$，$i=1,2,\cdots,n$，模拟出标准布朗运动的变量 z 在 $t_0,t_1,\cdots,t_n$ 时点的运动轨迹，其中 $\varepsilon_1,\varepsilon_2,\cdots,\varepsilon_n$ 为由标准正态分布函数中抽取的随机数。图 4-2 表示了初始值 $z_0=0$，$\Delta t=(t_i-t_{i-1})=1/200$ 情况下的运行轨迹。

2)　普通布朗运动

如果随机变量 X 的运动轨迹服从随机过程 $\mathrm{d}X=\mu\mathrm{d}t+\sigma\mathrm{d}z$，其中，$\mu$ 和 σ 均为常数，dz 遵循标准布朗运动，则称 X 服从普通布朗运动或普通维纳过程(Generalized Brownian Motion, or a Generalized Wiener Process)。μ 称为漂移率(Drift Rate)，表示单位时间内变量 z 均值的变化值；σ 为方差率，表示单位时间内变量 z 的方差。普通布朗运动可拆分为两个部分：一是 $\mu\mathrm{d}t$ 部分，可看作是不包括随机因素后的线性趋势部分。由 $\mathrm{d}X=\mu\mathrm{d}t$ 可解得 $X=X_0+at$，其中 X_0 为零时刻 X 的初值。二是加到既定线性轨道上的波动 $\sigma\mathrm{d}z$ 部分，它实质上可看作是被放大了 σ 倍的标准维纳过程。我们可以按照

$$X_{t_i}=X_{t_{i-1}}+\mu(t_i-t_{i-1})+\varepsilon_i\sigma\sqrt{t_i-t_{i-1}}\text{，}\quad i=1,2,\cdots,n \tag{4-2}$$

模拟出普通布朗运动的变量 X 在 $t_0,t_1,\cdots,t_n$ 时点的运动轨迹，其中 $\varepsilon_1,\varepsilon_2,\cdots,\varepsilon_n$ 为由标准正态分布函数中抽取的随机数，μ 决定了变量变化的趋势，σ 决定了变量围绕趋势波动的幅度，如图 4-2 所示。

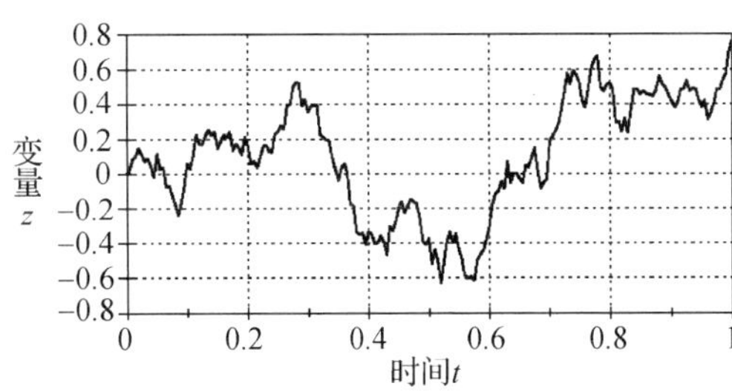

图 4-2　标准布朗运动的一条路径模拟

3)　伊藤过程或者扩散过程

普通布朗运动假定漂移率和方差率均为常数。更进一步，如果变量漂移率 μ 和方差率 σ 是变量 X 和时间 t 的函数，则有

$$\mathrm{d}X=\mu(X,t)\mathrm{d}t+\sigma(X,t)\mathrm{d}z \tag{4-3}$$

其中，dz 是一个标准布朗运动，则称变量 X 为伊藤过程(Ito Process)或者扩散过程(Difussion Process)。显然，伊藤过程的漂移率和方差率都随着时间变化而变化，其形式及模拟实现也就更加复杂。一些重要的扩散过程包括：

(1)　均值回归过程。

随机过程 $\{X_t,\ t\geqslant 0\}$ 服从以下形式：

$$\mathrm{d}X_t=[\varphi-\kappa\cdot X_t]\mathrm{d}t+\beta\mathrm{d}z_t \tag{4-4}$$

其中，φ,β,κ 为常数，且 $\kappa>0$。

也可写成 $\mathrm{d}X_t=\kappa[\theta-X_t]\mathrm{d}t+\beta\mathrm{d}z_t$，其中 $\theta=\varphi/\kappa$。

由上式可见，当 $X_t<\theta$ 时，漂移项为正值；而当 $X_t>\theta$ 时，漂移项为负值，由此使得 X_t 的运行轨迹从长期看，趋近于 θ。κ 反映了 X_t 向长期水平 θ 调整的速度。均值回归过程的运行路径可通过下式来模拟：

$$X_{t_i}=X_{t_{i-1}}+\kappa[\theta-X_{t_{i-1}}](t_i-t_{i-1})+\beta\varepsilon_i\sqrt{t_i-t_{i-1}}\text{，}\quad i=1,2,\cdots,n \tag{4-5}$$

(2)　平方根过程。

随机过程 $\{X_t,\ t\geqslant 0\}$ 服从以下形式：

$$\mathrm{d}X_t=[\varphi-\kappa X_t]\mathrm{d}t+\beta\sqrt{X_t}\mathrm{d}z_t\text{，或 }\mathrm{d}X_t=\kappa[\theta-X_t]\mathrm{d}t+\beta\sqrt{X_t}\mathrm{d}z_t \tag{4-6}$$

其中，$\theta=\varphi/\kappa$，θ，φ，β，κ为大于0的常数。随机过程$\{X_t,\ t\geqslant 0\}$的初值X_0为正值。平方根过程与均值回归过程的区别在于波动率不同，平方根过程的波动率为$\beta^2 X_t$，与变量的水平值X_t成正比例。

运行路径可通过下式来模拟：

$$X_{t_i}=X_{t_{i-1}}+\kappa[\theta-X_{t_{i-1}}](t_i-t_{i-1})+\beta\sqrt{X_{t_{i-1}}}\varepsilon_i\sqrt{t_i-t_{i-1}}\,,\quad i=1,2,\cdots,n \tag{4-7}$$

图4-3表示了初始值$X_0=0.06$，$(t_i-t_{i-1})=1/200$，θ=0.08，$\kappa=\ln 2$=0.69，β=0.03的情况下，平方根过程和均值回归过程的运行轨迹。

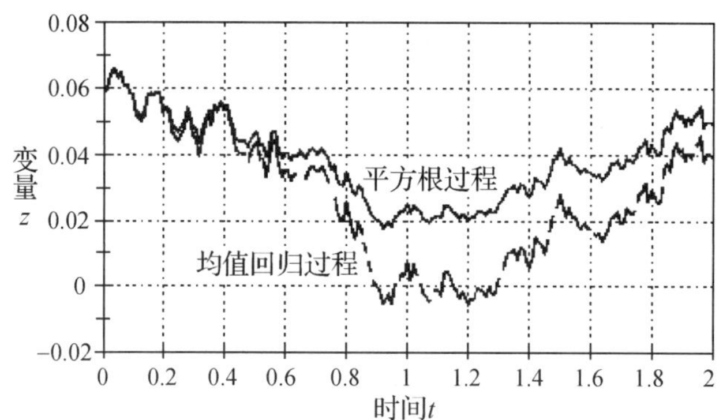

图4-3 平方根过程和均值回归过程的模拟

由图4-3可见，对于相同的模型参数和初始值，服从均值回归过程的随机变量有可能变为负值，而平方根过程则始终为正值。

(二)风险中性概率与风险中性定价法

如果一个问题的分析过程与投资者的收益/风险偏好无关，那么可以把这个问题放在一个假想的风险中性的世界里进行分析，而所得结果在真实世界里也应当成立，即风险中性假设。

现代金融学认为在真实世界里，理性的投资者都是厌恶风险的，他们承担风险的同时要得到相应的回报。如果一个投资者对风险采取无所谓的态度，那么他就被认为是风险中性的。在这个假想的风险中性的世界里，所有市场参与者都是风险中性的。他们对于资产的风险性大小或是否有风险都不要求相应的补偿，所有资产的预期收益率都是一样的。因此，风险中性世界里的投资者对于任何资产所要求的收益率就是无风险利率。而采用风险中性假设可以极大简化问题的分析，因为在风险中性的世界里，对所有的资产(不管风险如何)都要求相同的收益率(无风险利率)，从而，所有资产现在的市场均衡价格都可以按照由风险中性概率算出的未来收益的预期值，再按无风险利率折现后得到，即有

$$X_t=\mathrm{e}^{-r(T-t)}E^Q(X_T)=\mathrm{e}^{-r(T-t)}\int_\Omega X_T\mathrm{d}P^Q \tag{4-8}$$

其中，P^Q被称为风险中性概率，X_t表示投资者在期初t投资于某单位资产的价值，X_T表示在期末该单位资产的价值，r为无风险利率，$E^Q(\cdot)$表示随机变量在风险中性概率下的数学期望，Ω为样本空间。从这里可以看出风险中性假设必然伴随着风险中性概率，风险中性概率则是在风险中性假设下才具有的。

在真实世界中，因投资者要求风险补偿，所以其预期收益率$\mu>r$，因而采用

$$X_t = \mathrm{e}^{-\mu(T-t)}E^P(X_T) = \mathrm{e}^{-\mu(T-t)}\int_{\Omega} X_T \mathrm{d}P^P < \mathrm{e}^{-r(T-t)}E^Q(X_T) \tag{4-9}$$

其中，P 是真实世界的概率。这一公式对资产的期初价值进行确定是不可能的，因为不同的投资者会有不同的μ。但在微观金融学中有一系列重要的定理说明在无套利市场条件下，可以将期末 T 时的风险资产价格 X_T 概率分布 P^P 变换为在风险中性世界里的概率分布 P^Q，并求出风险中性概率 P^Q 下资产的期望收益，然后用无风险利率贴现回到期初时刻。而这一结果再放回到真实世界中，仍然有效，这一过程也被称为概率测度变换。

在连续时间金融理论的研究中，为处理更复杂情形下的概率测度变换任务，需要利用凯麦隆-马丁-哥萨诺夫定理。该定理可以通过转换概率测度来改变原有随机过程的漂移项。具体地，假设某个经济变量 X 的变化可用漂移项为 μ_t、波动项为 σ_t 的随机过程表示。

$$\mathrm{d}X = \mu(X,t)\mathrm{d}t + \sigma(X,t)\mathrm{d}z \tag{4-10}$$

此时，在真实世界(真实概率分布)下的标准布朗运动 dz 经过测度变换，可以得到风险中性概率测度 Q 下的另一个随机过程 $\mathrm{d}z^Q$，具体地，定义 $\mathrm{d}z^Q = \mathrm{d}z + \lambda_t \mathrm{d}t$，从而有

$$\mathrm{d}X = \mu(X,t)\mathrm{d}t + \sigma(X,t)(\mathrm{d}z^Q - \lambda_t \mathrm{d}t) = [\mu(X,t) - \sigma(X,t)\lambda_t]\mathrm{d}t + \sigma(X,t)\mathrm{d}z^Q \tag{4-11}$$

可见，在新概率测度 Q 下，原随机过程 X 只是改变了漂移项，而波动特征并未发生变化。这样，我们就可以通过引入单位风险补偿或者单位风险价格 λ_t，改变一个随机过程的均值(漂移项)，将在现实世界中的随机过程转化为风险中性世界里的随机过程，而在风险中性测度(世界)里的定价结果适用于现实世界。这一思想在动态利率模型的研究中将反复地运用。因此在后面几节中，我们更关注风险中性测度下的随机过程。

第二节　单因素利率模型

在现实中，瞬时即期利率的变化具有如下主要特征：①瞬时即期利率的波动范围是有限的。一般情况下，瞬时即期利率不会是负值，也不可能是特别大的值。②当利率水平特别高时，利率更倾向于下降而非上升；相反，当利率水平特别低时，利率更倾向于上升而非下降。这种行为称作具有均值回复性。③瞬时即期利率的波动率(方差)不是常数。④由瞬时即期利率推导出的利率期限结构曲线应该具有多种形状，且不同期限利率之间不完全相关，彼此间的相关性随期限间隔增加而不断降低。⑤不同期限的利率具有不同的波动率，收益率曲线短端的利率通常具有更高的波动率。

单因素利率模型把瞬时即期利率 r_t 作为唯一能决定利率期限结构及债券价格的状态变量，并且假定瞬时即期利率服从扩散过程 $\mathrm{d}r_t = \alpha(r_t,t)\mathrm{d}t + \beta(r_t,t)\mathrm{d}z$，其中，$z$ 为真实概率 P 下的标准布朗运动。由本章第一节可知，上述短期利率的动态过程可通过测度变换表示为风险中性概率 Q 下的随机过程 $\mathrm{d}r_t = \widehat{\alpha}(r_t,t)\mathrm{d}t + \beta(r_t,t)\mathrm{d}z^Q$，其中，$z^Q$ 为风险中性概率 Q 下的标准布朗运动。从外在形式上看，各种单因素均衡利率模型和无套利模型之间的区别主要表现在漂移项 $\alpha(r_t,t)$ 和方差项 $\beta(r_t,t)$ 的表达式不同。通过对 $\alpha(r_t,t)$ 和 $\beta(r_t,t)$ 设定特殊的形式，可以推导出即期利率期限结构、远期利率、债券现货价格的函数式。

一、常见的单因素均衡利率模型

莫顿(Merton)最早用随机微分方程描述利率的运动变化，随后瓦西塞克(Vasicek)引入了

利率均值回复的特征。但是在这两种模型下，利率为负的概率仍然大于零，且波动率恒为常数。科克斯(Cox)、英格索尔(Ingersoll)和罗斯(Ross)提出了利率不为负且有均值回复特征的模型，称为 CIR 模型。

(一)Merton 模型

Merton 于 1973 年首先提出了一个最简单的单因子均衡期限结构模型，即在现实世界中，瞬时即期利率服从以下随机过程：

$$\mathrm{d}r_t = \mu \mathrm{d}t + \beta \mathrm{d}z_t \tag{4-12}$$

相应地，根据测度变换的原理，风险中性概率下的瞬时即期利率服从以下随机过程：

$$\mathrm{d}r_t = \hat{\varphi} \mathrm{d}t + \beta \mathrm{d}z_t^Q \tag{4-13}$$

其中，$\hat{\varphi} = (\mu - \beta\lambda)$，$\mu$、$\beta$ 及市场风险价格 λ 均为常数。可以证明，在这一形式下，到期日为 T 的零息债券在 t 时的价格为

$$B_t^T = \exp\left[(T-t)r_t - \frac{1}{2}(T-t)^2\hat{\varphi} + \frac{1}{6}(T-t)^3\beta^3\right] \tag{4-14}$$

从而，在 t 时刻、到期日为 T 的零息债券收益率 R_t^T 可表示为

$$R_t^T = r_t + \frac{1}{2}\hat{\varphi}(T-t) - \frac{1}{6}\beta^2(T-t)^2 \tag{4-15}$$

Merton 模型的缺陷主要有以下几点：首先，由瞬时即期利率随机过程的形式可知，对于任意固定 $t>0$，$r(t)$均服从均值为 $r(0)+\mu t$，方差为$t\sigma^2$ 的正态分布，这使得瞬时即期利率 $r(t)$可以正的概率取负值，因此 Merton 模型违反了市场对瞬时即期利率的非负性假定；其次，当 $\mu \neq 0$ 时，$r(t)$的均值为 t 的单调增函数($\mu>0$)或单调减函数($\mu<0$)，这与利率具有的均值回复特性的波动方式不符；最后，由数学知识可知，式(4-15)表示的收益率曲线的形状是一条向下倾斜的抛物线。当期限 $T-t$ 超过某一点$\left[T-t>\frac{3}{\beta^2}\left(\frac{\hat{\varphi}}{2}+\sqrt{\frac{\hat{\varphi}^2}{4}+\frac{2\beta^2 r}{3}}\right)\right]$时，其对应的利率变为负值，而且利率期限结构曲线的变动只是随瞬时即期利率(短端 r)的变化而平行移动，这些都表明 Merton 模型不符合利率的实际变化情况。

(二)Vasicek 模型

在现实世界中，利率总是表现出均值回归(Mean Reversion)的特点，如果当前利率很高，则将来利率回落的可能性很大；相反，如果当前利率很低，则将来利率上升的可能性较大，利率有向均值回归的倾向。Merton 模型不能够反映利率变化过程的这种特点，而 Vasicek 模型就具有这种均值回归的性质。

在 Vasicek 模型下，瞬时即期利率服从本章第一节讲过的 Ornstein-Uhlenbeck 过程。

$$\mathrm{d}r_t = \kappa(\theta - r_t)\mathrm{d}t + \beta \mathrm{d}z_t \tag{4-16}$$

其中，κ、θ 与 β 都是大于 0 的常数，dz 为现实世界概率测度下的标准布朗运动。当瞬时即期利率 $r_t > \theta$ 时，利率动态过程的漂移项为负值，因而随着时间的推移，瞬时即期利率将逐步回落至 θ；如果 $r_t < \theta$，则利率动态过程的漂移项为正值，短期利率将上升至 θ。由此，瞬时即期利率将一直趋向于向 θ 运动，我们称 θ 为瞬时即期利率的长期水平(Long-Term Level of the Short Rate)。参数 κ 决定了调整的速度。

根据测度变换的原理，式(4-16)所示的随机过程可表示为风险中性概率测度下的形式。

$$dr_t = \kappa[\hat{\theta} - r_t]dt + \beta\, dz_t^Q \tag{4-17}$$

其中，$\hat{\theta} = \theta - \frac{\lambda\beta}{\kappa}$，$\lambda$ 为风险价格，κ、θ、λ 与 β 都是大于 0 的常数。

可以证明，在瞬时即期利率服从 Vasicek 模型的情况下，到期日为 T(期限为 $T-t$)的零息债券在 t 时的价格为

$$B_t^T = \exp[-A(T-t) - B(T-t)r_t]$$

其中，

$$B(T-t) = \frac{1}{\kappa}[1 - e^{-\kappa(T-t)}] \tag{4-18}$$

$$A(T-t) = \frac{[(T-t) - B(T-t)][\kappa^2\theta - \beta^2/2]}{\kappa^2} + \frac{\beta^2}{4\kappa}[B(T-t)]^2$$

相应地，在 t 时刻、到期日为 T(期限为 $T-t$)的零息债券收益率 R_t^T 可表示为

$$R_t^T = -\frac{1}{T-t}\left[-A(T-t) - B(T-t)r_t\right] \tag{4-19}$$

值得说明的是，Vasicek 模型下得到的利率期限结构曲线可能出现三种形状，主要依赖于瞬时即期利率的初值 r_0 与到期期限趋于无穷时的利率 $R_\infty = \lim_{T\to\infty} R_t^T = \theta - \frac{\beta^2}{2\kappa^2}$ 之间的大小比较。可以证明，当 $r_0 < R_\infty - \frac{\beta^2}{4\kappa}$ 时，得到的利率期限结构曲线为单调上升的形状；当 $r_0 > R_\infty + \frac{\beta^2}{4\kappa}$ 时，利率期限结构曲线为单调下降的形状；当 $R_\infty - \frac{\beta^2}{4\kappa} < r_0 < R_\infty + \frac{\beta^2}{4\kappa}$ 时，利率期限结构曲线则表现为先上升后下降，直至走平的驼峰形状，如图 4-4 所示。

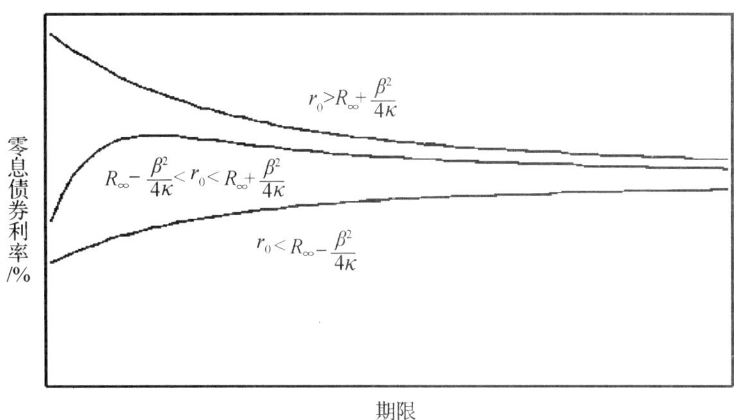

图 4-4　利率期限结构曲线

【案例 1】Vasicek 模型的数学模拟

由本章第一节的知识，可以将式(4-16)所示的连续时间下的 Vasicek 模型转化为离散时间下的变化过程。

$$r_{t_i} = r_{t_{i-1}} + \kappa(\theta - r_{t_{i-1}})(t_i - t_{i-1}) + \beta\varepsilon_i\sqrt{t_i - t_{i-1}} \tag{4-20}$$

在上式中，瞬时即期利率 r_t 的初始值 r_0 可以选择某个常用的短期利率指标，如隔夜拆借利率、7 天回购利率或 1 个月期国债利率等。瞬时即期利率的长期水平 θ 可以用利率期限结

构中的长期利率水平，如20年期利率来反映。关于瞬时即期利率的波动率β可以采用市场上交易的利率衍生产品(如利率上限、利率互换)价格所反映的利率隐含波动率；而利率均值回复的速度κ可以通过尝试某些取值，并且将得到的瞬时即期利率变化过程、进而利率期限结构与用样条法或Nelson-Siegel模型等得到的利率期限结构相比较，通过对二者的偏差求最小化，来确定最终κ的取值。ε_i为服从标准正态分布的随机数，可以用Excel软件中的随机数发生器，如Rand( )函数，或者=NORMINV(RAND( ), 0, 1)等函数获得。而$\Delta t=(t_i-t_{i-1})$为模拟所设定的时间间隔，可根据情况选择并且换算为以年为单位，例如，对于瞬时即期利率的变化图线，$\Delta t=7/365$(反映每周瞬时即期利率的变化)要比$\Delta t=1/12$(反映每月瞬时即期利率的变化)表现得光滑一些。

例如，在瞬时即期利率初始值r_0=4.5%、瞬时即期利率的长期水平θ=8%、均值回复速度κ=1、瞬时即期利率波动率β=1.5%、时间间隔Δt=1/12情况下，按照公式(4-20)计算出瞬时即期利率r_t的一种可能的变化路径如图4-5所示(图中时间的单位为月)。

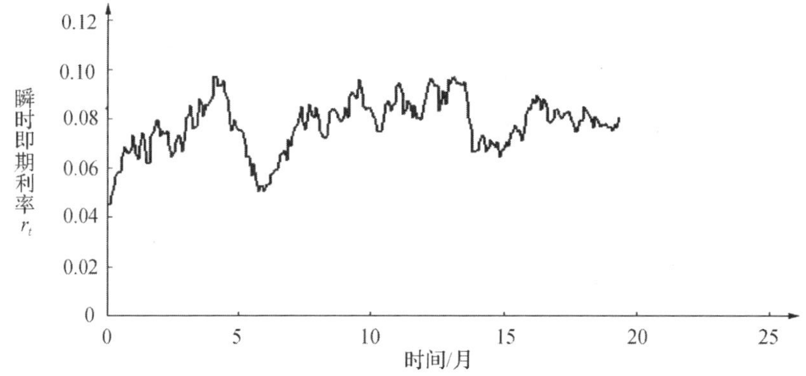

图4-5　瞬时即期利率r_t的一种可能的变化路径

值得注意的是，与Merton模型相比，Vasicek模型刻画了短期利率的均值回复特性，但仍然没有消除短期利率在未来的运动中出现负值的可能性。

(三)CIR模型

CIR模型(The Cox-Ingersoll-Ross Model)在学术界和实际应用中较为常用，其也具有均值回归的特征，但与Vasicek模型不同的是，CIR模型中瞬时即期利率的波动率不是常数，而是瞬时即期利率的增函数。所以利率r_t处于较低水平时的波动率要低于其处于较高水平时的波动率。这一特征更加符合实际观察到的利率变化特征。而且，可以证明具有CIR形式的利率随机过程，其瞬时即期利率不可能变为负值，这也是优于Vasicek模型的一个特点。具体地，CIR模型假设在现实世界概率测度下的瞬时即期利率动态过程为

$$\mathrm{d}r_t=\kappa(\theta-r_t)\mathrm{d}t+\beta\sqrt{r_t}\,\mathrm{d}z_t \tag{4-21}$$

其中，κ、θ与β都是大于0的常数。

同样，根据测度变换的原理，式(4-21)所示的随机过程可表示为风险中性概率测度下的形式。

$$\mathrm{d}r_t=\hat{\kappa}[\hat{\theta}-r_t]\mathrm{d}t+\beta\sqrt{r_t}\,\mathrm{d}z_t^Q \tag{4-22}$$

其中，$\hat{\theta}=\dfrac{\kappa\theta}{\kappa+\lambda}$，$\hat{\kappa}=\kappa+\lambda$，$\lambda$为风险价格，$\kappa$、$\theta$、$\lambda$与$\beta$都是大于0的常数。

可以证明，在上述形式下，到期日为T(期限为$\tau = T - t$)的零息债券在t时的价格为

$$B_t^T = B^{t+\tau}(r,t) = \mathrm{e}^{-A(\tau)-B(\tau)r} \tag{4-23}$$

其中，

$$B(\tau) = \frac{2(\mathrm{e}^{\gamma\tau} - 1)}{(\gamma + \hat{\kappa})(\mathrm{e}^{\gamma\tau} - 1) + 2\gamma} \tag{4-24}$$

$$A(\tau) = -\frac{2\kappa\hat{\theta}}{\beta^2}\left(\ln(2\gamma) + \frac{1}{2}(\hat{\kappa} + \gamma)\tau - \ln[(\gamma + \hat{\kappa})(\mathrm{e}^{\gamma\tau} - 1) + 2\gamma]\right) \tag{4-25}$$

$$\gamma = \sqrt{\hat{\kappa}^2 + 2\beta^2} \tag{4-26}$$

相应地，在t时刻、到期日为T(期限为$\tau = T - t$)的零息债券收益率可表示为

$$R_t^T = R_t^{t+\tau}(r,t) = \frac{1}{\tau}A(\tau) + \frac{1}{\tau}B(\tau)r \tag{4-27}$$

其中，$A(\tau)$和$B(\tau)$由公式(4-24)至公式(4-26)定义。由式(4-27)可知，

$$R_t^t = \lim_{T\to t} R_t^T = \lim_{\tau\to 0} R_t^{t+\tau}(r,t) = r \tag{4-28}$$

$$R_\infty = \lim_{T\to\infty} R_t^T = \frac{2\kappa\theta}{\hat{\kappa} + \gamma} \tag{4-29}$$

即：t时点利率期限结构曲线的截距项就是当时的瞬时即期利率；期限趋于无穷时的利率(长期利率)趋向于常数R_∞，不受瞬时即期利率r变化的影响。

与Vasicek模型下的情况类似，我们可以按照以下公式将连续时间下的CIR模型转化为离散时间下的变化过程，对CIR模型进行模拟，并且得到相应的利率期限结构曲线。

$$r_{t_i} = r_{t_{i-1}} + \kappa(\theta - r_{t_{i-1}})(t_i - t_{i-1}) + \beta\sqrt{r_{t_{i-1}}}\,\varepsilon_i\sqrt{t_i - t_{i-1}} \tag{4-30}$$

一般形式的单因素均衡利率模型与参数估计

另外，与Vasicek模型类似，瞬时即期利率r的初值、$\hat{\kappa}$、θ等参数的取值决定了CIR模型下得到的利率期限结构曲线也可能出现单调上升、单调下降以及驼峰形状。

二、常见的单因素无套利模型

前文所述的单因素均衡利率模型是假设利率的变化服从于由固定参数(与时间无关的)决定漂移项和波动项的随机过程，进而债券价格及利率期限结构都是这些固定参数的函数。这样得到的利率期限结构不能够完全拟合实际观察到的、随时间变化而变化的利率期限结构，因此也无法准确地对利率衍生产品进行定价。为了使利率模型能够完全拟合实际观察到的利率期限结构，一种方法是把利率模型中的某些参数用一个精心挑选的、与时间有关的函数来表示，使得经过这样处理后的利率模型所得到的利率期限结构与市场观测到的利率期限结构一致。这样得到的利率模型被称为“用市场利率期限结构标定(Calibrated)的利率模型”。标定的利率模型与实际观察到的利率期限结构是一致的，由标定利率模型计算得到的债券价格与在市场中交易的债券价格一致，市场上没有套利机会，因此这一类模型也被称为无套利模型。一般认为，相较于均衡利率模型，无套利利率模型在利率衍生产品定价方面具有明显的优势。本小节对常见的几种无套利利率模型进行介绍。

(一)Ho-Lee 模型

如前文所述，Merton 模型假设风险中性概率下的短期利率服从以下随机过程：

$$dr_t = \hat{\varphi}dt + \beta dz_t^Q$$

其中，$\hat{\varphi}$ 与 β 都是常数。

而 Ho -Lee 模型在其基础上加以扩展，设定风险中性概率下的短期利率服从以下随机过程：

$$dr_t = \hat{\varphi}(t)dt + \beta dz_t^Q \tag{4-31}$$

其中，β 为常数，$\hat{\varphi}(t)$ 趋势项为时间的函数，以确保模型与期初利率期限结构一致。

可以证明，在 Ho-Lee 模型下，到期日为 T 的零息债券在 t 时的价格为

$$B_t^T = B^{t+\tau}(r,t) = e^{-A(t,T)-B(t,T)r} \tag{4-32}$$

其中，$B(t,T) = T - t$，与 Merton 模型相同。但

$$A(t,T) = \int_t^T \hat{\varphi}(u)(T-u)du - \frac{1}{2}\beta^2\int_t^T (T-u)^2 du \tag{4-33}$$

(二)Hull-White 模型

标准形式的 Vasicek 模型假设风险中性概率下的短期利率服从以下随机过程：

$$dr_t = \kappa[\hat{\theta} - r_t]dt + \beta dz_t^Q \tag{4-34}$$

Hull-White 模型在其基础上加以扩展，假设风险中性概率下的短期利率服从以下随机过程：

$$dr_t = \kappa[\hat{\theta}(t) - r_t]dt + \beta dz_t^Q \tag{4-35}$$

可以证明，在 Hull-White 模型下，到期日为 T 的零息债券在 t 时的价格可表示为

$$B^T(r,t) = e^{-A(t,T)-B(T-t)r} \tag{4-36}$$

其中，

$$B(T-t) = \frac{1}{\kappa}[1 - e^{-\kappa(T-t)}] \tag{4-37}$$

$$A(t,T) = \kappa\int_t^T \hat{\theta}(u)(T-u)du + \frac{\sigma^2}{4\kappa}[B(T-t)]^2 + \frac{\sigma^2}{2\kappa^2}[B(T-t) - (T-t)] \tag{4-38}$$

(三) BDT 模型

BDT 模型假设风险中性概率下的短期利率服从以下随机过程：

$$d\ln r_t = \left[\hat{\theta}(t) - \frac{\partial\sigma(t)/\partial t}{\sigma(t)}\ln r(t)\right]dt + \sigma(t)dz_t^Q \tag{4-39}$$

且利率的动态变化也具有均值回归的特征，均值回归调整速度为$\dfrac{\partial\sigma(t)/\partial t}{\sigma(t)}$。

可见，BDT 模型设定利率的动态变化具有均值回归的特征，$\theta(t)$的选择应当使得模型可以拟合即期利率期限结构；而利率的波动率为时间的函数，且$\sigma(t)$的选择应当使得模型可以拟合即期利率的波动特征。一旦 BDT 模型包含的两个时间函数$\theta(t)$和$\sigma(t)$的形式被选择确定，那么未来整个的短期利率波动就被确定了下来。

BDT 模型的一个简单形式是假设利率的波动率为常数，只有漂移项为时间的函数，从

而有

$$\mathrm{d}\ln r_t = \hat{\theta}(t)\mathrm{d}t + \sigma \mathrm{d}z_t^Q \tag{4-40}$$

(四)HJM 模型

在以上各模型中，均是以建立瞬时即期利率 $r(t)$模型为出发点，进而得到债券价格、利率期限结构、远期利率等的表达式。其中，仅由瞬时利率模型的波动项不能够刻画利率模型，瞬时利率模型的漂移项对瞬时利率、进而利率期限结构曲线未来的演化过程也有重要影响。而由于瞬时即期利率 $r(t)$与瞬时远期利率 f_t^T 之间的关系是：$r_t = f_t^T$，所以在得到远期利率表达式后，仅仅需要进行简单的函数计算便可得到瞬时即期利率的表达式。希思、杰罗和摩顿(1992)直接用一个连续时间的随机过程描述瞬时远期利率的动态变化，并进一步地得到瞬时即期利率、利率期限结构、债券价格的表达式；而且在 HJM 模型中，瞬时远期利率随机过程的漂移项完全是由瞬时远期利率的波动项所决定，是波动项的确定性函数，由此瞬时远期利率的动态过程、进而利率期限结构等都完全由远期利率的波动项形式所决定。这是前面讲过的瞬时即期利率模型与 HJM 模型的主要区别。

对于单因素 HJM 模型，在风险中性概率测度下，瞬时远期利率 $f(t,T)$的随机过程具有以下形式：

$$\mathrm{d}f(t,T)=m(t,T)\mathrm{d}t + \nu(t,T)\mathrm{d}W^Q \tag{4-41}$$

HJM(1992)证明了在满足无套利的条件下，风险中性概率下的瞬时远期利率的漂移项与其波动项存在如下关系：

$$m(t,T) = \nu(t,T)\int_t^T \nu(t,s)\mathrm{d}s \tag{4-42}$$

因而：$\mathrm{d}f(t,T)=\nu(t,T)\left(\int_t^T \nu(t,s)\mathrm{d}s\right)\mathrm{d}t + \nu(t,T)\mathrm{d}W^Q$

进一步有

$$f(t,T)=f(0,T)+\int_0^t \nu(u,T)\int_u^T \nu(u,s)\mathrm{d}s\mathrm{d}u + \int_0^t \nu(s,T)\mathrm{d}W^Q \tag{4-43}$$

由此，可按公式 $r(t) = f(t,t)$ 得到瞬时即期利率，以及按公式 $B(t,T) = \mathrm{e}^{-\int_t^T f(t,u)\mathrm{d}u}$ 得到到期日为 T 的零息债券，其在 t 时的价格。这一结果表明：在 HJM 模型框架下，只要给定波动率，同时运用当前 0 时刻的利率期限结构信息[即 $f(0, t)$]就可以为利率产品定价。

另外，可以证明，几乎所有的无套利模型都可以看成是 HJM 模型的特例。例如，当将风险中性概率测度下的瞬时远期利率的波动率设为常数时，即

$$\mathrm{d}f(t,T) = m(t,T)\,\mathrm{d}t + \nu(t,T)\,\mathrm{d}W^Q \tag{4-44}$$

其中，$\nu(t,T)=\beta>0$。

此时的 HJM 模型实际上就是 Ho-Lee 模型。而将风险中性概率测度下的瞬时远期利率的波动率设为到期时间$(T-t)$的指数衰减函数时，HJM 模型就可转化为 Hull-White 模型。因此，在很多文献中将 HJM 模型看成是一个非常一般化的无套利模型，或者是一种分析方法(Approach)或者是一个分析框架(Framework)。

(五)LIBOR 市场模型

前面讲述的几类模型，无论是以瞬时即期利率为建模对象，还是以瞬时远期利率为建模对象，市场上均无法直接观察到。而货币市场上交易的许多证券，它们的价格依赖于可观察到的、具有固定周期的利率。例如，利率上限、利率下限、互换及互换期权等利率衍

生产品将来的现金流是按照固定周期支付，现金流的大小依赖于即期 LIBOR 利率或者远期 LIBOR 利率。Brace 等(1997)在 HJM 模型框架下提出了针对 LIBOR 的建模方法，因此这类描述利率运动规律的模型称为 LIBOR 市场利率模型，简记为 LMM，从而可以直接给那些以 LIBOR 利率作为标的的固定收益衍生产品，如利率上限、利率下限、互换及互换期权等定价。

LIBOR 市场模型的核心是直接描述远期 LIBOR 利率的动态变化，并由此反映出即期 LIBOR 的运行轨迹。具体地，在当前时刻 $t=t_0$ 时，第 k 个远期利率可以用 $F(t_0;\ T_k,\ T_{k+1})$来表示，反映了在 t_0 时刻，T_k 至 T_{k+1} 之间的远期利率。例如，$F(t_0;\ t_1,\ t_2)$表示了在 t_0 时刻，t_1 至 t_2 期间的远期利率。从而，在 t_0 时刻的远期利率结构如图 4-6 所示。

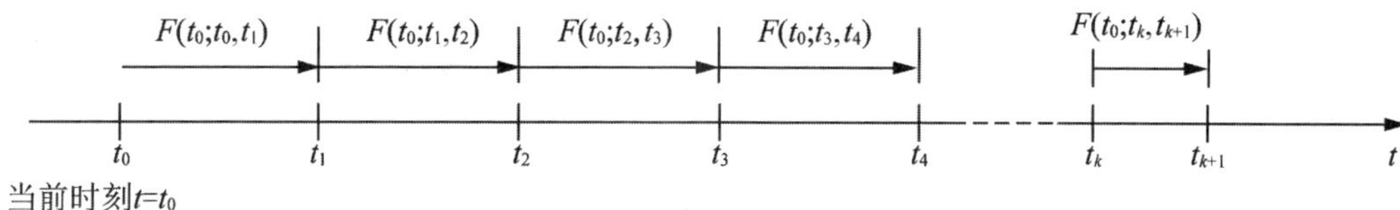

图 4-6　$t=t_0$ 时刻的远期利率结构

显然，对于三个月即期 LIBOR 利率，可表示为 $F(t_0;\ t_0,\ t_1)$，此时 t_0 与 t_1 之间的时间间隔为三个月。LIBOR 市场模型解决的问题是，随时间的推移，远期利率结构如何变化。例如，当前时刻由 $t=t_0$ 变为 $t=t_1$ 时，远期利率结构相应地变为 $F(t_1;\ t_1,\ t_2)$，$F(t_1;\ t_2,\ t_3)$，…，$F(t_1;\ t_k,\ t_{k+1})$，如图 4-7 所示。

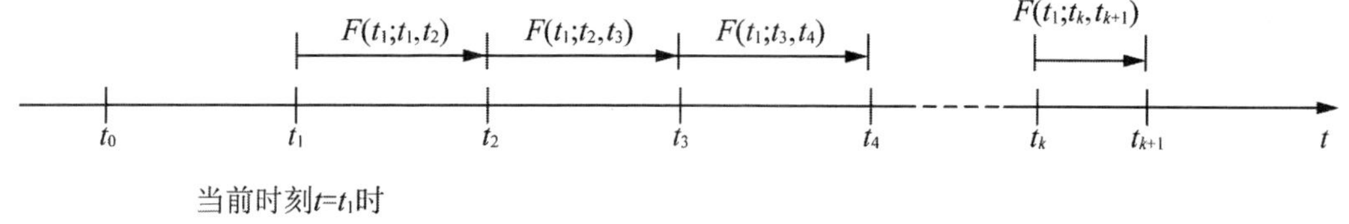

图 4-7　$t=t_1$ 时刻的远期利率结构

以此类推，当前时刻变为 $t=t_2$ 时的远期利率结构为 $F(t_2;\ t_2,\ t_3)$, $F(t_2;\ t_3,\ t_4)$, …, $F(t_2;\ t_k,\ t_{k+1})$。因此得到一系列随时间变化的远期利率结构，如图 4-8 所示。

当前时刻$t=t_0$	$\underline{F(t_0;t_0,t_1)}$	$F(t_0;t_1,t_2)$	$F(t_0;t_2,t_3)$	…	$F(t_0;t_k,t_{k+1})$
$t=t_1$时		$\underline{F(t_1;t_1,t_2)}$	$F(t_1;t_2,t_3)$	…	$F(t_1;t_k,t_{k+1})$
$t=t_2$时			$\underline{F(t_2;t_2,t_3)}$	…	$F(t_2;t_k,t_{k+1})$
⋮			⋱	⋮	⋮
$t=t_k$时					$\underline{F(t_k;t_k,t_{k+1})}$

图 4-8　随时间变化的远期利率结构

显然，在图 4-8 中，$F(t_0;\ t_0,\ t_1)$, $F(t_1;\ t_1,\ t_2)$, $F(t_2;\ t_2,\ t_3)$, …, $F(t_k;\ t_k,\ t_{k+1})$反映了 t_0, t_1, …, t_k 各时点对应的即期 LIBOR 利率的变化轨迹。

Hull(2008)给出了离散形式的 LIBOR 模型，描述了各时点远期利率结构变化的递推关系：

$$F(t_{j+1};t_k,t_{k+1})=F(t_j;t_k,t_{k+1})\exp\left[\left(\sigma_k(t_j)\left(\sum_{i=j+1}^{k}\frac{\delta_i F(t_j;t_i,t_{i+1})\sigma_{i-j}(t_j)}{1+\delta_i F(t_j;t_i,t_{i+1})}\right)-\frac{\sigma_k^2(t_j)}{2}\right)\theta_j+\sigma_k(t_j)\varepsilon\sqrt{\theta_j}\right] \tag{4-45}$$

其中，θ_j 为 t_j 至 t_{j+1} 之间的时间间隔，例如，当估测远期 LIBOR 利率每天的变化时，$\theta_j=1/360$。而 δ_i 为 t_k 至 t_{k+1} 之间(即远期利率)的时间间隔，例如，当考察 3 个月或 6 个月远期 LIBOR 时，δ_i 相应地为 1/4、1/2 等。$\sigma_k(t_j)$ 为 t_j 时，远期利率结构为 $F(t_j;\ t_k,\ t_{k+1})$。由此，当 j=0，k 依次取 1, 2, 3, …, N，上式可反映出 t=t_0 时刻的远期利率结构 $F(t_0;\ t_1,\ t_2)$, $F(t_0;\ t_2,\ t_3)$, $F(t_0;\ t_3,\ t_4)$, …, $F(t_0;\ t_N,\ t_{N+1})$与 t=t_1 时的远期利率结构 $F(t_1;\ t_1,\ t_2)$, $F(t_1;\ t_2,\ t_3)$, $F(t_1;\ t_3,\ t_4)$, …, $F(t_1;\ t_N,\ t_{N+1})$之间的递推关系。而当 j=1，k 依次取 2, 3, …, N，上式可反映出 $t=t_1$ 时刻的远期利率结构 $F(t_1;\ t_1,\ t_2)$, $F(t_1;\ t_2,\ t_3)$, $F(t_1;\ t_3,\ t_4)$, …, $F(t_1;\ t_N,\ t_{N+1})$与 $t=t_2$ 时的远期利率结构 $F(t_2;\ t_2,\ t_3)$, $F(t_2;\ t_3,\ t_4)$, …, $F(t_2;\ t_N,\ t_{N+1})$之间的递推关系；以此类推。而递推过程的初始值，即期初时刻 t=t_0 时的远期利率结构 $F(t_0;\ t_1,\ t_2)$, $F(t_0;\ t_2,\ t_3)$, $F(t_0;\ t_3,\ t_4)$, …, $F(t_0;\ t_N,\ t_{N+1})$可根据即期利率与远期利率的关系公式，由期初时刻市场观察到的即期利率期限结构求得。

三、无套利利率模型的二叉树实现与债券定价

无套利利率模型在利率衍生产品定价方面具有广泛的应用，而在实际应用中，许多利率衍生产品的定价都是采用二叉树数值方法，其基本思路是用大量离散的、小幅度的二值运动来模拟未来利率的变化，所以本小节将简单介绍如何用二叉树形式来表达无套利利率模型，而进一步如何利用无套利利率模型的二叉树形式对利率衍生产品进行定价则放到后面章节加以更详细的论述。

1979 年，Cox 等①用一种比较浅显的方法导出了期权定价模型，这一模型被称为“二叉树模型(The Binomial Model)”。其主要思想是：将期权的有效期分为很多很小的时间间隔 Δt，并假设在每一个时间间隔 Δt 内期权标的资产的价格只有两种可能：从开始的 S 上升到 S_u 或下降到 S_d，如图 4-9 所示。价格上升的概率假设为 q，下降的概率假设为 $1-q$。

在较大的时间间隔内，这种二值运动的假设当然不符合实际，但是当时间间隔非常小的时候，资产价格只有这两个运动方向的假设是可以接受的。因此二叉树模型的基本思路是：用大量离散的、小幅度二值运动来模拟资产价格连续运动可能遵循的路径。可以证明，二叉树模型与风险中性定价原理相一致，资产价格上升和下降的实际概率 q 及(1-q)并没有进入二叉树模型，因而可以通过设定资产价格变化过程中的其他参数(比如上升和下降的路径)，而将上升或下降的概率设为 0.5(可看作风险中性概率)，从而方便数值计算。因此，利率模型的二叉树形式中最基本的元素可如图 4-10 所示。

对于如 $\mathrm{d}r_t=\lambda(t)\mathrm{d}t+\sigma\mathrm{d}z_t^Q$ 所示的 Ho-Lee 模型，利率随机过程的漂移项 $\lambda(t)$ 随时间变化而变化，可以证明，t=0、t=1 以及 t=2 时，利率的变化情况可表示，如图 4-11 所示的二叉树形式。

① COX J, ROSS S, RUBINSTEIN M. Option pricing: a simplified approach[J]. Journal of Financial Economics, 1979, 7(3): 229～263.

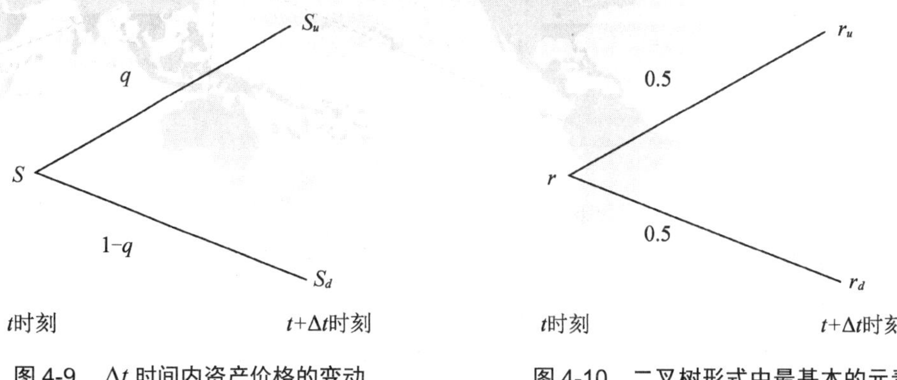

图 4-9　Δt 时间内资产价格的变动　　图 4-10　二叉树形式中最基本的元素

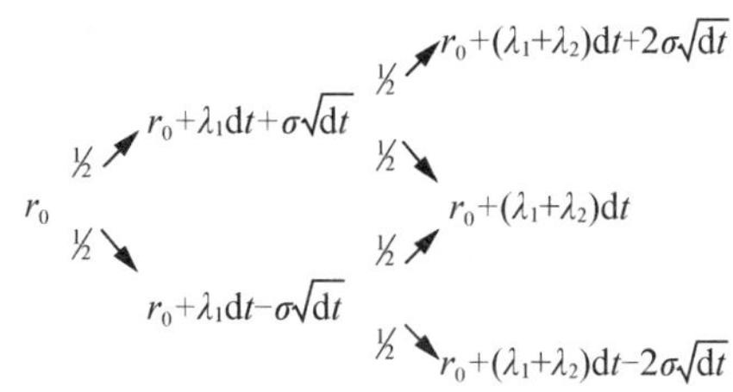

图 4-11　Ho-Lee 模型的二期利率二叉树

在每一个节点，利率上升或下降的概率分别取 1/2 和 1/2。由图 4-9 可知，在 t=0、t=1 和 t=2 时，利率分别对应有 1、2 和 3 种取值(节点)，由此可推广在时点 n，二叉树上将会有 n+1 个节点，分别对应着利率的 n+1 个取值。为了得到利率二叉树的一般表达形式，即二叉树的任一节点利率的取值，我们可作以下归纳：假设在时点 n，利率的 i 种可能的取值为 $r(n, i)$，利率二叉树的一般形式，如图 4-12 所示。

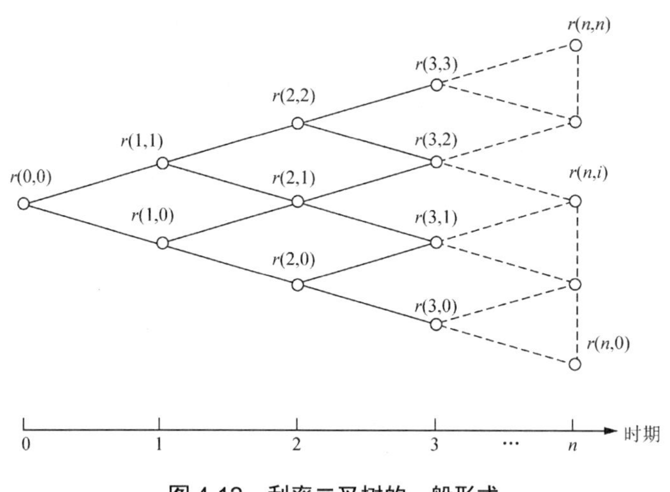

图 4-12　利率二叉树的一般形式

如果利率的随机过程由 Ho-Lee 模型来描述，则可以证明：二叉树任一节点对应的利率表达式为

$$r(n,i)=r(0,0)+(\sum_{j=1}^{i}\lambda_j \mathrm{d}t)+(2i-n)\sigma\sqrt{\mathrm{d}t} \tag{4-46}$$

由此可以得到在风险中性概率下利率变化的路径，并且可进一步根据风险中性定价法，

对债券及其衍生产品进行定价。这一思路将在第八章加以详述。

对于常数波动率形式的 BDT 模型：$\mathrm{d}\ln r_t = \hat{\theta}(t)\mathrm{d}t + \sigma \mathrm{d}z_t^Q$，其二叉树的两种形式如图 4-13、图 4-14 所示。

可推广至整个利率二叉树上，在时点 n，利率的第 i 种可能的取值 $r(n, i)$的表达式为

$$r(n,i) = r(0,0) \times \exp[(\sum_{j=1}^{i} a_j \mathrm{d}t) + (2i-n) \cdot \sigma \cdot \sqrt{\mathrm{d}t}] \tag{4-47}$$

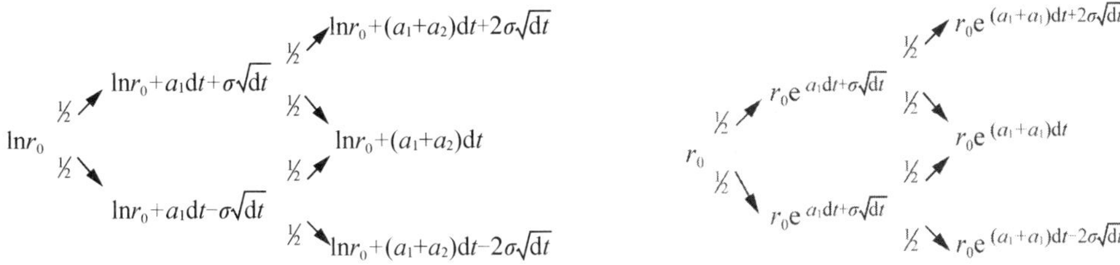

图 4-13 BDT 模型的二期利率二叉树的一种形式 图 4-14 BDT 模型的二期利率二叉树的另一种形式

进一步扩展，如果要考虑短期利率的波动率随时间变化的情况，理论与实务界通常也采取如下形式的简化公式来构造 BDT 模型的二叉树。

$$r(n,i) = u_n \times \exp[\sigma_n (2i-n)\sqrt{\mathrm{d}t}],\ i=n, n-1, n-2, \cdots, 0 \tag{4-48}$$

进而，前 4 期利率变化如图 4-15 所示。

由图 4-15 可知，在 n 时点，利率上行节点与下行节点之间相差 $\exp[2\sigma_n \sqrt{\mathrm{d}t}]$，这一关系被作为一个重要的约束条件，用于二叉树上各节点利率值的求解。此时，σ_n 表示在期初时刻(t=0 时)，n 期限零息债券利率的波动率。σ_1，σ_2，…，σ_n 反映了利率的波动率期限结构(Zero-coupon Yield Volatility Term Structure)。这一指标可以根据一些价格与利率波动率有关的利率衍生品(如利率上限、利率下限)的实际市场价格，利用定价公式(如 B-S 期权定价模型)反推出来。许多金融数据商，如 Bloomberg 和路透(Reuter)等都会提供利率波动率数据。

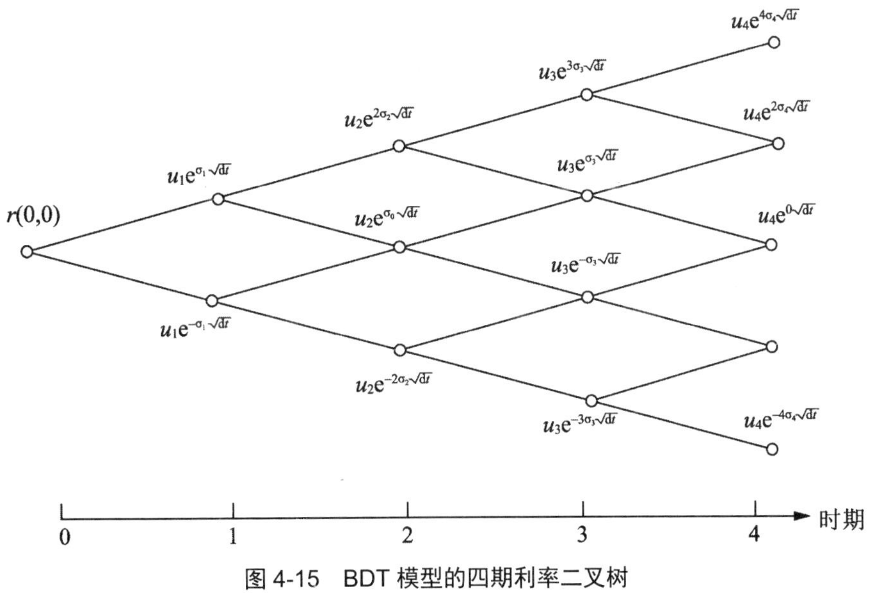

图 4-15 BDT 模型的四期利率二叉树

【案例2】BDT模型的二叉树实现

由于BDT模型实际上是以瞬时利率的对数进行建模，避免了模型生成负利率的可能。而且与Ho-Lee模型、Hull-White模型相比，BDT模型可以完全拟合当前市场上的利率期限结构和利率波动率的期限结构，操作也简单易用，这些都使得BDT模型成为业界最流行的动态利率模型之一。为此，我们将重点举例介绍BDT模型的二叉树实现。

在运用BDT模型求出短期利率变化的二叉树形式时，需要知道期初时刻的各期限即期利率、利率期限结构以及各期限即期利率的波动率。其中，利率期限结构数据可以利用第三章介绍的样条估计法、NS模型等方法求得，或者根据市场上正在交易的利率衍生产品如第六章介绍的利率互换(Swap)报价得到。如表4-1所示为1年至5年期的利率期限结构及各期限即期利率的波动率。

表4-1　1年至5年期的利率期限结构及各期限即期利率的波动率

BDT模型的输入变量		
剩余期限/年	即期利率/%	即期利率波动率/%
1	9.0	24.0
2	9.5	22.0
3	10.0	20.0
4	10.5	18.0
5	11.0	16.0

由表4-1可知，我们首先可以求出各期限的贴现因子，即单位零息债券(面值为100元)在期初时的价格为

$$\frac{100}{1+0.09}=91.74\text{元}，\quad \frac{100}{(1+0.095)^2}=83.40\text{元}，\quad \frac{100}{(1+0.10)^3}=75.13\text{元}，$$

$$\frac{100}{(1+0.105)^4}=67.07\text{元}，\quad \frac{100}{(1+0.11)^5}=59.35\text{元}$$

由此可知1年至5年期零息债券在期初时的价格分别为91.74元、83.40元、75.13元、67.07元和59.35元。

短期利率和债券价格变化的一年期二叉树如图4-16所示。

而二年期债券价格二叉树如图4-17所示。

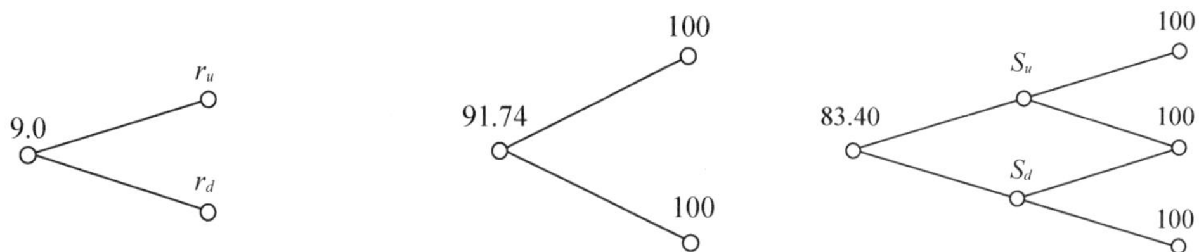

图4-16　短期利率和债券价格变化的一年期二叉树　　图4-17　债券价格变化的二年期二叉树

根据风险中性定价原理，有以下关系式成立：

$$\frac{0.5\times\dfrac{100}{1+r_d}+0.5\times\dfrac{100}{1+r_u}}{1+0.09}=83.40$$

根据 BDT 模型，$r_u = u_1 e^{\sigma_1 \sqrt{dt}}$，$r_d = u_1 e^{-\sigma_1 \sqrt{dt}}$，其中 d$t$ 为时间间隔 1 年。因而有

$$r_u / r_d = e^{2\times 0.22} = e^{0.44}$$

从而有

$$\frac{0.5\times\dfrac{100}{1+r_d}+0.5\times\dfrac{100}{1+r_d\cdot e^{0.44}}}{1+0.09}=83.40$$

解出：$r_u = 12.22\%$，$r_d = 7.87\%$

进而有短期利率二年期二叉树，可表示为图 4-18。

其中，$r_{uu} = u_2 e^{2\sigma_2 \sqrt{dt}}$，$r_{ud} = u_2 e^{0\cdot\sqrt{dt}}$，$r_{dd} = u_2 e^{-2\sigma_2 \sqrt{dt}}$

而此时已知债券价格变化的三年期二叉树如图 4-19 所示。

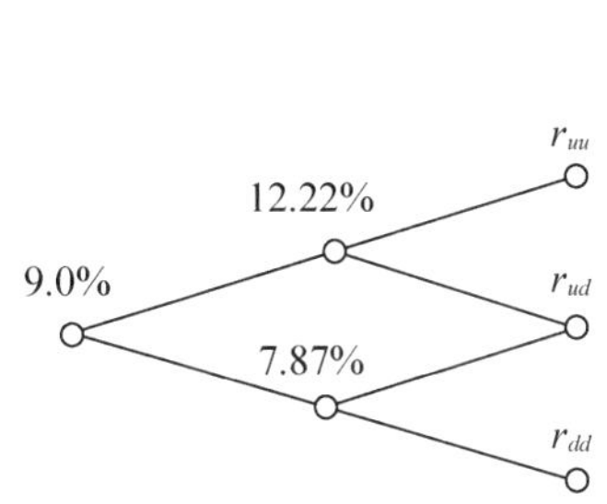

图 4-18　短期利率二年期二叉树

100
S_{uu}
S_u
100
75.13
S_{ud}
S_d
100
S_{dd}
100

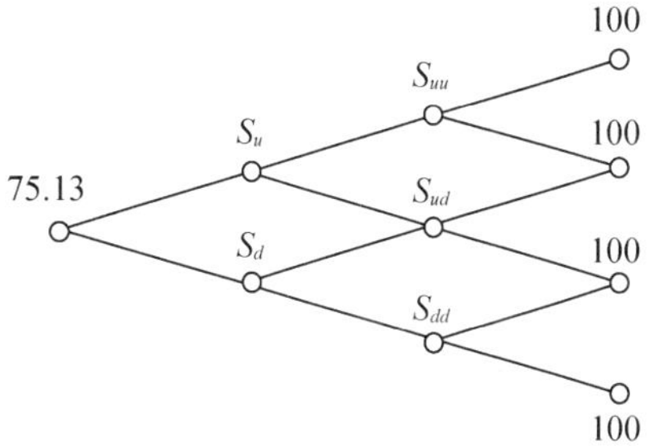

图 4-19　债券价格变化的三年期二叉树

根据风险中性定价原理，有以下关系式成立。

$$75.13=\frac{0.5\times\dfrac{0.5\times\dfrac{100}{1+r_{uu}}+0.5\times\dfrac{100}{1+r_{ud}}}{1+0.1222}+0.5\times\dfrac{0.5\times\dfrac{100}{1+r_{ud}}+0.5\times\dfrac{100}{1+r_{dd}}}{1+0.0787}}{1+0.09}$$

其中，$r_{uu} = u_2 e^{2\sigma_2 \sqrt{dt}}$，$r_{ud} = u_2 e^{0\cdot\sqrt{dt}}$，$r_{dd} = u_2 e^{-2\sigma_2 \sqrt{dt}}$，d$t$=1，$\sigma_2$=0.20

求解得：$r_{dd} = 7.47\%$，$r_{ud} = 10.76\%$，$r_{uu} = 15.50\%$

类似地，以此方法，最终可得到 BDT 模型下的利率二叉树，如图 4-20 所示。

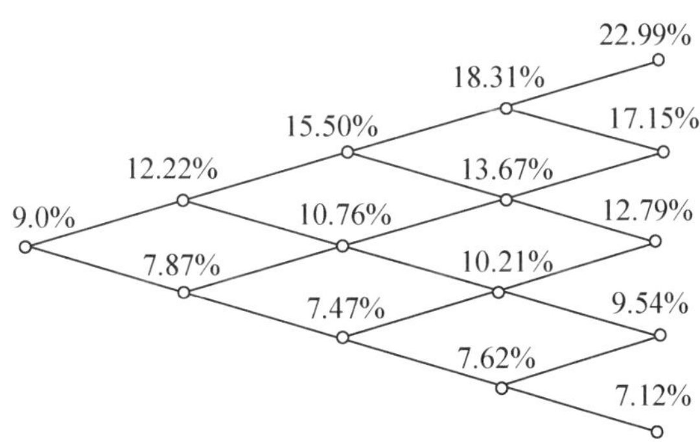

图 4-20　BDT 模型下的利率二叉树

这一结果可进一步用于对利率衍生产品的定价。相应过程将在第八章中介绍。

由于无套利利率在实践中的广泛应用，Matlab 软件的固定收益证券工具箱就提供了常用无套利模型的实现函数，可以方便地得到相应利率模型的二叉树。例如，对于 BDT 模型，

Matlab 中有 BDT 利率树语句，其输入变量主要包括前面讲到过的：波动率结构、利率期限结构以及时间结构。

具体地，Matlab 使用 bdttree 函数来创建一个 BDT 利率树，调用该函数的语句为

```
BDTTree = bdttree(VolSpec, RateSpec, TimeSpec)
```

这个函数有三个输入参数，其中 VolSpec 是描述利率波动率的期限结构参数，它用 bdtvolspec 函数来设定。RateSpec 是描述利率期限结构的参数，它用 intenvset 函数来设定。TimeSpec 是描述树图时间展开结构的参数，它用 bdttimespec 函数来设定。

bdtvolspec 函数用来设定利率波动率的期限结构，调用 bdtvolspec 函数的语句为

```
VolSpec = bdtvolspec(ValuationDate, VolDates, VolCurve, InterpMethod)
```

可见，bdtvolspec 函数的输入参数有 4 个，ValuationDate 是利率树中的第一个观测日，也是估值的日期；VolDates 是收益率波动率的结束日期组成的向量；VolCurve 是收益率波动率组成的向量；还有一个可选参数 InterpMethod 设定的是插补(interpolation)的方法，默认的方法是线性插值。

Intenvset 函数用来设定利率期限结构。它的调用格式为

```
RateSpec=intenvset('Compounding',Compounding,'Rates',Rates,'StartDates',
StartDates, 'EndDates', EndDates, 'ValuationDate', ValuationDate)
```

bdttimespec 函数用来设定 BDT 利率树图时间展开结构，这个结构定义了从观测时间到对应日期的映射。调用 bdttimespec 函数的格式为

```
TimeSpec = bdttimespec(ValuationDate, Maturity, Compounding)
```

其中，ValuationDate 是树图中的第一个观测日，Maturity 是在树图节点上发生现金流的日期，Compounding 是每年计复利的次数。

例如，表 4-2 给出了某一时点的利率期限结构和波动率结构数据。

表 4-2　某一时点的利率期限结构和波动率结构数据

初始时点	到期时点	利率期限结构数据	波动率结构数据
15 Feb 2000	15 Feb 2001	0.09	0.24
15 Feb 2000	15 Feb 2002	0.095	0.22
15 Feb 2000	15 Feb 2003	0.10	0.20
15 Feb 2000	15 Feb 2004	0.105	0.18
15 Feb 2000	15 Feb 2005	0.11	0.16

基于上述信息，我们可输入

```
StartDates = ['15-Feb-2000'];
EndDates =
['15-Feb-2001';'15-Feb-2002';'15-Feb-2003';'15-Feb-2004';'15-Feb-2005'];
Compounding =1;
ValuationDate = ['15-Feb-2000'];
Volatility = [0.24; 0.22; 0.20; 0.18; 0.16];
BDTVolSpec = bdtvolspec(ValuationDate, EndDates, Volatility)
Rates = [0.09; 0.095; 0.10; 0.105; 0.11];
```

```
Ratespec = intenvset('Compounding', Compounding, 'StartDates', StartDates,
'EndDates', EndDates, 'Rates', Rates, 'ValuationDate', ValuationDate)
Maturity = EndDates;
TimeSpec = bdttimespec(ValuationDate, Maturity, Compounding)
```

在完成对 BDT 模型各参数进行定义的情况下，调用 BDT 利率树构造命令：BDTTree = bdttree(BDTVolSpec, RateSpec, TimeSpec)，便可得到 BDT 模型的利率二叉树。然后，可以调用 Matlab 中的其他命令，例如，用 treeviewer 函数来看整个利率树图；用 treepath 函数来观察从根节点出发的一条利率演变路径；用 bdtprice 函数对固定收益证券进行定价；等等。更详细的论述可见 Matlab 手册。

类似地，Matlab 软件还提供了其他利率模型树图的实现函数，例如 HWtree、HJMTree 等。与 BDT 模型的 Matlab 实现一样，建立这些利率树也需要三个输入变量，例如 VolSpec、RateSpec、TimeSpec 分别对应期初的波动率信息、利率期限结构信息及时间点信息，进而有 HWtree = hwtree (VolSpec, RateSpec, TimeSpec)；HJMTree = hjmtree(VolSpec, RateSpec, TimeSpec)；等等。

【小贴士】

第三节　多因素利率模型

一、多因素利率模型的产生背景

单因子模型把瞬时即期利率 $r(t)$作为解释利率期限结构动态特性的唯一变量，也即认为不同债券的价格均由同一个随机趋势 dW 驱动。这种同源驱动性意味着不同到期期限的即期利率之间的相关系数为 1。然而，实证研究发现不同到期期限的收益率之间的相关系数并不为 1，到期日接近的债券收益率之间的相关系数较高，到期日分散的债券收益率之间的相关系数则明显较低；短期利率的波动性并不能由单因子模型中简化的假设来描述，而是具有更为复杂的结构。另外，市场中观察到的收益率曲线变化的类型有很多，但是单因素利率模型仅能产生其中的一部分类型。例如，单因素模型不能够产生利率期限结构曲线扭曲变化(Twist)的情况，即不能产生短期利率变化与长期利率变化方向相反的收益率曲线。因此，多因子均衡模型便成为单因子均衡模型的一个自然扩展，其基本思路认为利率期限结构的动态演变是由多个因素共同驱动的，这些因素可以是宏观经济政策、当前的利率水平、收益率曲线的斜率和曲率等。

多因素模型比单因素模型更接近实际情况，它们表明不同到期日的债券价格并不是完全相关的。多因素利率模型比单因素利率模型更加灵活，可以产生比单因素模型更复杂的收益率曲线形状和收益率曲线运动形式。实证研究发现，常常需要含有两个或者三个因素的利率模型来描述利率的动态变化。其中，最重要的因素对所有期限的利率都有相同方向的影响，如使短期利率和长期利率都上升或下降。因此这个因素可以被解释成水平因素(Level Factor)；第二重要的因素对较短到期期限和较长到期期限的利率的影响方向相反，例如该因素使短期利率下降、长期利率上升，由此会影响收益率曲线的斜率，因而该因素被称为斜率因素(Slope Factor)；第三重要的因素对较短到期期限和长期期限的利率的影响方向相同，而对中等长度的到期期限(3～5 年)的利率的影响方向相反，由此影响收益率曲线的曲

度，故可将其称为曲度因素(Curvature Factor)。国内外的大量研究表明，这三个因素对于利率动态变化的解释程度可以达到 90%以上。

在多因素模型中，最著名的是由 Duffie 与 Kan (1996)提出的具有仿射(Affine)形式的利率期限结构模型(Affine Term Structure Model，ATSM)。仿射是指对一个函数 f，如果存在常数 a、b，使得对所有 x，都有 $f(x)=a+bx$，那么 f 就是关于 x 的仿射函数。这里的 x 可以是多维向量，从而仿射模型也称线性(多)因子模型。在仿射利率模型的情况下，能够得到利率随机过程所满足的偏微分方程的闭端解，同时随着更多的状态变量加入模型，唯一的闭端解也存在。这一性质使我们可以在模型中引入更多的状态变量来更好地描述利率期限结构和债券价格的变化规律。本节只简单介绍常用的多因素仿射利率模型的形式，详细的推导与证明可见 Duffee(2002)。

二、常见的多因素利率模型

(一)两因素 CIR 模型(The Longstaff-Schwartz Model)

瞬时即期利率由两个因素变量 x_1 和 x_2 决定：

$$r_t = x_{1t} + x_{2t} \tag{4-49}$$

其中，在现实世界概率测度下，x_{1t} 和 x_{2t} 为相互独立的随机过程，均服从 CIR 模型。

$$\mathrm{d}x_{1t} = (\varphi_1 - \kappa_1 x_{1t})\mathrm{d}t + \beta_1\sqrt{x_{1t}}\,\mathrm{d}z_{1t} \tag{4-50}$$

$$\mathrm{d}x_{2t} = (\varphi_2 - \kappa_2 x_{2t})\mathrm{d}t + \beta_2\sqrt{x_{2t}}\,\mathrm{d}z_{2t} \tag{4-51}$$

另外，假设与 x_1 相关的风险价格 $\lambda_1 = 0$，而与 x_2 相关的风险价格为 $\lambda\sqrt{x_2}/\beta_2$，其中 λ 为常数，因而在风险中性概率测度下有

$$\mathrm{d}x_{1t} = (\hat{\varphi}_1 - \hat{\kappa}_1 x_{1t})\mathrm{d}t + \beta_1\sqrt{x_{1t}}\,\mathrm{d}z_{1t}^Q \tag{4-52}$$

$$\mathrm{d}x_{2t} = (\hat{\varphi}_2 - \hat{\kappa}_2 x_{2t})\mathrm{d}t + \beta_2\sqrt{x_{2t}}\,\mathrm{d}z_{2t}^Q \tag{4-53}$$

其中，$\hat{\varphi}_1 = \varphi_1$，$\hat{\kappa}_1 = \kappa_1$，$\hat{\varphi}_2 = \varphi_2$，$\hat{\kappa}_2 = \kappa_2 + \lambda$

由此，零息债券价格为

$$B^T(x_1,x_2,t) = B^{t+\tau}(x_1,x_2,t) = \exp\{-a(\tau) - b_1(\tau)x_1 - b_2(\tau)x_2\} \tag{4-54}$$

其中，$a(T-t) = a(\tau) = a_1(\tau) + a_2(\tau)$，$\tau = (T-t)$

$$a_j(\tau) = -\frac{2\hat{\varphi}_j}{\beta_j^2}\left(\ln(2\gamma_j) + \frac{1}{2}(\hat{\kappa}_j + \gamma_j)\tau - \ln[(\gamma_j + \hat{\kappa}_j)(\mathrm{e}^{\gamma_j\tau} - 1) + 2\gamma_j]\right),\ j=1,\ 2$$

$$\gamma_j = \sqrt{\hat{\kappa}_j^2 + 2\beta_j^2}$$

$$b_j(\tau) = \frac{2(\mathrm{e}^{\gamma_j\tau} - 1)}{(\gamma_j + \hat{\kappa}_j)(\mathrm{e}^{\gamma_j\tau} - 1) + 2\gamma_j},\ j=1,\ 2$$

在此基础上，零息债券收益率 $R_t^{t+\tau} = -(\ln B_t^{t+\tau})/\tau$ 具有以下形式：

$$R_t^T = R_t^{t+\tau}(x_1,x_2) = -(\ln B_t^{t+\tau})/\tau = \frac{a(\tau)}{\tau} + \frac{b_1(\tau)}{\tau}x_1 + \frac{b_2(\tau)}{\tau}x_2 \tag{4-55}$$

可以证明，对于这种形式下的利率模型，可以产生单因素 CIR 模型所无法生成的“先下降再上升”这种收益率曲线的变化形态，如图 4-21 所示。

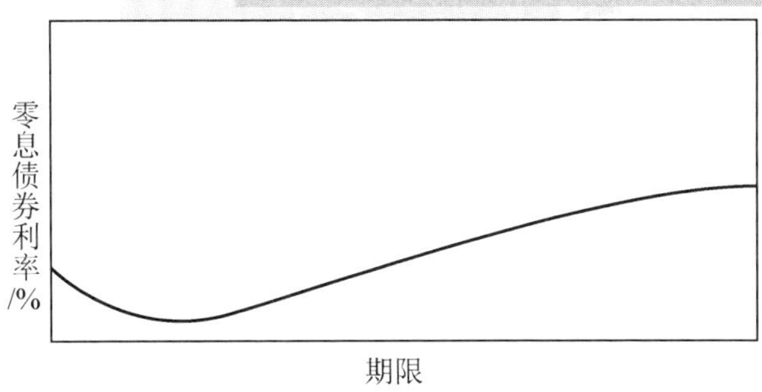

图 4-21　收益率曲线的一种形态

(二)三因素仿射利率模型

Dai 和 Singleton(2002)及 Duffee(2002)给出了三因素仿射利率模型的一种特殊形式，并据此对美国债券市场的月度数据进行了研究。模型假定瞬时即期利率变化由三个状态变量 $X_1(t)$、$X_2(t)$ 和 $X_3(t)$ 决定。

$$r(t)=\delta_0+\sum_{i=1}^{3}\delta_i X_i(t)=\delta_0+\delta_1 X_1(t)+\delta_2 X_2(t)+\delta_3 X_3(t) \tag{4-56}$$

其中，δ_0 为常数，表示风险中性概率下瞬时即期利率 $r(t)$ 的长期平均值。

在风险中性概率下，各状态变量的变化服从以下形式的均值回复过程。

$$\mathrm{d}\begin{pmatrix} X_1(t)\\ X_2(t)\\ X_3(t)\end{pmatrix}=\begin{pmatrix} k_1 & 0 & 0\\ 0 & k_2 & 0\\ 0 & 0 & k_3\end{pmatrix}\left[\begin{pmatrix}0\\0\\0\end{pmatrix}-\begin{pmatrix} X_1(t)\\ X_2(t)\\ X_3(t)\end{pmatrix}\right]\mathrm{d}t+\begin{pmatrix} \sigma_1 & 0 & 0\\ 0 & \sigma_2 & 0\\ 0 & 0 & \sigma_3\end{pmatrix}\begin{pmatrix}\mathrm{d}\tilde{W}_{t,1}\\ \mathrm{d}\tilde{W}_{t,2}\\ \mathrm{d}\tilde{W}_{t,3}\end{pmatrix} \tag{4-57}$$

这意味着假设在风险中性概率下，状态变量的长期均值向量

$$\tilde{\theta}=\begin{pmatrix}\theta_1\\ \theta_2\\ \theta_3\end{pmatrix}=\begin{pmatrix}0\\0\\0\end{pmatrix}$$

各个状态变量的波动率(方差)分别为常数 σ_1^2、σ_2^2 和 σ_3^2。

在风险价格满足一定形式的条件下，利率期限结构，即 t 时刻期限为 τ 的利率可表示为

$$R_t^T=R_t^{(t+\tau)}=D^{(\tau)}+\frac{1-\mathrm{e}^{-k_1\tau}}{k_1\tau}X_1(t)+\frac{1-\mathrm{e}^{-k_2\tau}}{k_2\tau}X_2(t)+\frac{1-\mathrm{e}^{-k_3\tau}}{k_3\tau}X_3(t)+w_t \tag{4-58}$$

其中，

$$\begin{aligned}D^{(\tau)}=&\ \delta_0-\frac{\sigma_1^2}{k_1^2\tau}\left(\tau-2\frac{1-\mathrm{e}^{-k_1\tau}}{k_1}+\frac{1-\mathrm{e}^{-2k_1\tau}}{2k_1}\right)\\ &-\frac{\sigma_2^2}{k_2^2\tau}\left(\tau-2\frac{1-\mathrm{e}^{-k_2\tau}}{k_2}+\frac{1-\mathrm{e}^{-2k_2\tau}}{2k_2}\right)-\frac{\sigma_3^2}{k_3^2\tau}\left(\tau-2\frac{1-\mathrm{e}^{-k_3\tau}}{k_3}+\frac{1-\mathrm{e}^{-2k_3\tau}}{2k_3}\right)\end{aligned}$$

对三因素仿射利率模型进行实证研究的一个重要内容是采用主成分分析法，分离出影响利率期限结构变动的三个主要因素。所谓主成分分析法，简单地说是考察多个变量间相关性的一种多元统计方法，其目的是考察如何通过少数几个变量(因子)来揭示多个变量间的内部结构和变化规律。最早运用主成分分析法分析利率期限结构的变化因素的是 Litterman 和 Scheinkman(1991)。他们针对美国利率期限结构数据进行实证研究，结果发现必须要有三个因素才能解释美国利率期限结构的变动，其中第一个因子可以解释利率期限结构 70%的

变化，第二个因子可以解释利率期限结构 11%的变化，第三个因子可以解释利率期限结构 5%的变化，由此说明利率期限结构 85%左右的变化可由三个因子的变化来解释。Litterman 和 Scheinkman(1991)将此三个因素命名为 Level(水平)、Slope(斜率)和 Curvature(曲度)因素，分别代表了利率期限结构曲线的平行移动、倾斜振动与曲度变化现象。随后的研究人员针对不同国家，如意大利、澳大利亚、法国、南非、拉美等国家和地区的利率期限结构进行了主成分分析，结果都表明，利率期限结构曲线的变动从总体上看绝大部分都来自这三个因素的贡献。根据我国债券市场数据所做的一些研究，例如，朱世武和陈健恒(2003)的研究结果也显示，我国利率期限结构曲线的变动也可主要由这三个因素加以解释。

从实践意义上看，由于利率期限结构变化是影响国债价格变化的重要因素，所以掌握了利率期限结构曲线变动的影响因素也就掌握了利率曲线变动的走向，从而可以更加有效地进行利率风险管理。通常在这三个因子中，水平(Level)因子的影响最大，反映了平行移动在利率曲线的变动中起主导作用。在投资实践中，通过久期和凸性对债券价格变化的影响对债券组合进行套期保值就是其反映。整个利率期限结构的平行移动主要是与预期通胀的变化或市场风险溢价的变化有关。斜率(Slope)因子也称倾斜度因子对应于第二个特征值，是影响短期利率和长期利率朝相反方向变化的重要因子，它的变化主要是与长期预期通胀的变化或市场风险溢价的变化有关。当市场预期短期利率和长期利率变化方向不一致时，利率期限结构就会发生移动。而曲度(Curvature)因子对应第三个特征值，它主要与利率波动率有关。当对市场利率的波动率预期发生变化时，市场分割造成的特定期限的债券的供求关系出现暂时失衡，或者利率风险的期限溢价发生变化时，都会造成利率期限结构曲度的变化。

多因素仿射利率模型的一般形式

三、利率期限结构的宏观—金融模型

前面讲到动态利率模型的共同特点是，将短期利率定义为单个或者多个潜在因子(状态变量)的线性函数，而这些潜在因子没有任何经济含义，模型不考虑宏观经济因素尤其是通货膨胀对利率期限结构的影响，从实践上来讲，这些所谓的传统的动态利率模型的估计结果都不是令人十分满意。而从理论上来讲，微观金融和宏观经济对利率的分析视角也存在巨大的差异。金融经济学家认为短期利率是由一组不可直接观察的潜在因子(风险源)所驱动的，而宏观经济学家则认为短期利率是由中央银行设定的，受宏观经济的影响。近几年利率期限结构的宏观—金融模型(Macro-Finance Model)就是在传统的无套利仿射利率模型基础上同时对期限结构因子与宏观经济变量进行分析，对微观金融结构与宏观经济结构之间的交互作用机制进行分析的基础上得到飞速发展的。该模型一方面，研究宏观经济变量对利率期限结构的影响，利用宏观经济信息提高对利率期限结构变动的预测能力；另一方面，将利率期限结构信息引入宏观经济模型中，强化宏观经济模型对关键参数的识别能力，提高宏观经济模型的估计效率，从而加深对实体经济与金融之间错综复杂关系问题的分析。

Ang 和 Piazzesi(2003)最早提出在泰勒规则的基础上将 Dai 和 Singleton(2000)及 Duffee(2002)等提出的仿射利率模型与宏观经济变量结合起来，成为宏观—金融模型研究的开创之作。泰勒(1993)提出的泰勒规则，描述了中央银行如何使用利率手段来保持较低且稳定的通货膨胀率、避免产出和就业的剧烈波动。模型形式为

$$r_t = r^* + \pi_t^* + g_\pi(\pi_t - \pi_t^*) + g_y y_t + u_t \tag{4-59}$$

其中，r^*为均衡实际利率，π_t^*为中央银行的通胀目标，π_t为年通胀率，y_t为产出差异或者产能利用率。在这一版本中，短期利率等于其长期水平($r^* + \pi_t^*$)加上两个对应于宏观经济政策目标偏差的循环调整——通胀与通胀目标的距离($\pi_t - \pi_t^*$)以及实际产出和长期潜在水平的距离(y_t)。

可见，泰勒规则实际上将利率表示为宏观经济变量的仿射函数，更一般化地，可写成

$$r_t = a_0 + a'_1 X_t^o + \upsilon_t \tag{4-60}$$

其中，$X_t^o = (f_{1t}^o, f_{2t}^o, \cdots, f_{k,t}^o)'$，表示$K$个可观察到的宏观变量，如通货膨胀率、产出缺口、就业率等。

而如前文所述，传统仿射利率模型中的利率是一些潜在因子的仿射函数，如下式所示：

$$r_t = c_0 + c_1' \cdot X_t^u + \varepsilon_t \tag{4-61}$$

其中，$X_t^u = (f_{1t}^u, f_{2t}^u, \cdots, f_{m,t}^u)'$，表示$m$个无法观测到的状态变量。

Ang & Piazzesi(2003)将泰勒规则中的宏观经济变量作为影响利率变动的因子，将宏观经济变量引入利率模型，从而将上述两个模型综合为

$$r_t = \delta_0 + \delta_{11}' X_t^o + \delta_{12}' X_t^u + \omega_t \tag{4-62}$$

并以此为出发点，建立了包含宏观经济变量的多因素仿射利率模型。

Andrew 等(2005)[①]在对 1952 年 6 月至 2002 年 12 月的美国市场季度数据进行实证检验时，选择了通货膨胀率(消费者物价指数)和真实经济产出(真实 GDP 增长率)这两个宏观因子，与利率期限结构的隐含因子一起，建立利率模型，得到各参数向量的估计值。结果显示，对比不包含宏观经济因子的模型，宏观—金融模型对利率的预测精度有所提高。Diebold 等(2006)的研究则除了真实产出、通货膨胀率之外，还引入了联邦基金利率(Federal Funds Rate)作为代表货币政策的宏观因子，与利率期限结构的水平因子、斜率因子和曲度因子等隐含因子一起，建立利率期限结构模型。Rudebusch 和 Wu(2008)[②]将传统三因子模型中的水平因子和斜率因子与可观测宏观经济变量发生联系，以新凯恩斯理论为基础设定宏观经济模型，据此进行的实证分析表明：无套利利率期限结构模型中的潜在因子具有明显的宏观经济和货币政策基础。其中，水平因子与市场认知的央行中期通胀目标具有密切关系，斜率因子与央行为稳定经济对短期利率调控而产生的通胀和产出缺口的周期波动有关。Bekaert 等(2010)[③]在新凯恩斯模型中直接引入不可观测的产出自然增长率和时变通货膨胀目标，并用无套利期限结构模型中的信息识别这两个变量。从宏观经济学角度看，是用期限结构信息帮助识别结构宏观经济模型和货币政策参数；从金融学角度看，则是从新凯恩斯结构模型中推导出无套利期限结构模型。实证研究表明，借助于期限结构信息估计出的菲利普斯曲线参数十分显著，产出对实际利率的脉冲响应十分可观。此外，利率期限结构水平因子变动中的绝大部分可以用通货膨胀目标冲击解释，而货币政策冲击则是斜率因子

① ANDREW A, DONG S, PIAZZESI M. No-arbitrage Taylor Rules [R]. Working paper, University of Chicago, 2005.

② RUDEBUSCH G D, WU T. A macro-finance model of the term structure, monetary policy and the economy[J]. The Economic Journal, 2008(118)：906～926.

③ BEKAERT G, CHO S, M A. New Keynesian macroeconomics and the term structure[J]. Journal of Money, Credit and Banking, 2010, 42(1)：33～62.

和曲度因子变动的主要原因。总之，从国外学者的研究来看，宏观—金融模型能够拟合各个国家和地区的实际数据，这说明宏观—金融模型的提出是符合经济的实际发展情况的，能够将宏观经济与金融市场联系起来，模拟两者的交互作用。

近年来，国内学者也利用宏观—金融模型对我国数据进行实证检验。例如，魏玺(2008)的实证研究结果表明，在我国的利率期限结构可以明显地识别出潜在的水平因子、斜率因子和曲度因子，并且这些因子与产出和通货膨胀等宏观经济变量密切相关。孙皓和石柱鲜(2011)应用由新凯恩斯宏观经济模型与仿射利率期限结构模型联合构成的宏观—金融模型，对我国货币政策与利率期限结构的关系进行实证研究。结果显示：宏观—金融模型能够较好地刻画我国货币政策与利率期限结构的联合动态行为。考虑货币政策因素能够改善不同期限利率的拟合效果；货币政策冲击对利率期限结构的水平、斜率和曲度因子具有显著影响；货币政策的趋势和循环成分分别与水平和斜率因子之间具有相关性；在货币政策的作用下，平均利率期限结构具有水平和曲度因子减小，而斜率因子增大的变动趋势。袁靖和薛伟(2012)采用卡尔曼滤波和极大似然估计方法，利用2006 年3 月至2009 年12月的月度数据，对中国包括无套利利率期限结构与货币政策的宏观金融模型进行估计，实证结果显示：通货膨胀目标值对利率期限结构的冲击是扩张性和持续性的；货币政策冲击对利率期限结构冲击的效应则是递减的，对利率期限结构曲线的斜率影响较显著；通货膨胀冲击对利率期限结构曲线的曲度影响较显著。洪智武和牛霖琳(2020)综合国债市场的利率期限结构信息以及不同频率的宏观信息，构建利率期限结构扩展模型，提取了中国通货膨胀预期的期限结构并对其进行影响因素分析。研究结果表明，模型提取的通胀预期期限丰富、结果稳健，具有较好的参考价值。通胀预期水平和变动响应主要受货币增长率、通胀率及全球食品价格变动等国内外相关宏观变量的影响；国债收益率因子对中长期通胀预期的方差波动具有较强解释力，表明国债定价反映了未来通胀的不确定性。该研究有助于充分利用我国宏观与金融市场信息条件，有效发现和锚定通胀预期，为政策制定者和市场投资者提供科学的决策参考。

一个宏观-金融模型主要由宏观经济模块和金融模块两部分组成。宏观经济模块主要对宏观经济形势进行描述，往往包括总需求方程、总供给方程和货币政策反应函数，而金融模块则主要是以仿射利率期限结构模型为基础。其主要的处理过程是，首先，对宏观经济模块(其中的货币政策反应函数只包括短期利率)和金融模块进行统计估计，得到短期利率的表达式或者变化路径；其次，独立地根据利率期限结构理论的长期利率与短期利率的关系模型，得到长期利率的表达式或者变化路径。有关利率期限结构的宏观—金融模型的详细论述，可参考朱波和文兴易(2010)、沈根祥和闫海峰(2011)的研究。

本章小结

(1) 利率模型主要分为两大类：一类是均衡模型，如Vasicek模型、CIR模型等。另一类是无套利模型，其典型代表有Ho-Lee模型、Hull-White模型、BDT模型和HJM 模型等。另外，根据影响利率期限结构曲线变化的风险源的数量，还可将利率模型分为单因素模型和多因素模型。标准形式的多因素仿射利率模型采用无法直接观察到的隐含因子来解释利率期限结构的形成和变化规律。这些隐含因子通常只反映其对利率期限结构曲线的影响方向，而没有宏观经济意义；通常采用水平(Level)因子、斜率(Slope)因子、曲度(Curvature)因子来分别描述使利率期限结构发生平移、斜率变化和曲度变化的三种因素。近年来，一些学者将利率研究的微观金融学视角与宏观经济学视角综合起来，提出“利率期限结构”的宏观—金融(Macro-Finance)研究方法，并建立“利率期限结构宏观—金融模型(Macro-Finance Model of the Interest Term Structure)”，它是现代利率期限结构理论领域的一个重大进展。

(2) 动态利率模型的数量基础主要包括随机过程理论和风险中性定价。常见的随机过程有标准布朗运动、普通布朗运动和伊藤过程等。

风险中性定价的基本原理是在风险中性的世界里，对所有的资产都要求相同的收益率(无风险利率)，从而，所有资产现在的市场均衡价格都可以按照由风险中性概率算出的未来收益的预期值，再按无风险利率折现后得到。在无套利市场条件下，可以将期末 T 时的风险资产价格 X_T 概率分布变换为在风险中性世界里的概率分布，并求出风险中性概率下资产的期望收益，然后用无风险利率贴现回到期初时刻。而这一结果再放回到真实世界中，仍然有效，这一过程也被称为概率测度变换。

(3) 常见的单因素均衡利率模型有 Merton 模型、Vasicek 模型、CIR 模型等。

Merton 模型假设风险中性概率下的瞬时即期利率服从以下随机过程：

$$\mathrm{d}r_t = \hat{\varphi}\mathrm{d}t + \beta \mathrm{d}z_t^Q$$

Vasicek 模型假设风险中性概率下的瞬时即期利率服从以下随机过程：

$$\mathrm{d}r_t = \kappa[\hat{\theta} - r_t]\mathrm{d}t + \beta\,\mathrm{d}z_t^Q$$

CIR 模型假设风险中性概率下的瞬时即期利率服从以下随机过程：

$$\mathrm{d}r_t = \hat{\kappa}[\hat{\theta} - r_t]\mathrm{d}t + \beta\sqrt{r_t}\,\mathrm{d}z_t^Q$$

(4) 常见的单因素无套利模型有 Ho-Lee 模型、Hull-White 模型、BDT 模型、HJM 模型、LIBOR 市场模型等。

Ho-Lee 模型设定风险中性概率下的短期利率服从以下随机过程：

$$\mathrm{d}r_t = \hat{\varphi}(t)\mathrm{d}t + \beta \mathrm{d}z_t^Q$$

Hull-White 利率模型假设风险中性概率下的短期利率服从以下随机过程：

$$\mathrm{d}r_t = \kappa[\hat{\theta}(t) - r_t]\mathrm{d}t + \beta \mathrm{d}z_t^Q$$

BDT 模型假设风险中性概率下的短期利率服从以下随机过程：

$$\mathrm{d}\ln r_t = \left[\hat{\theta}(t) - \frac{\partial\sigma(t)/\partial t}{\sigma(t)}\ln r(t)\right]\mathrm{d}t + \sigma(t)\mathrm{d}z_t^Q$$

HJM 假设风险中性概率测度下的瞬时远期利率 $f(t, T)$的随机过程：

$$\mathrm{d}f(t, T)=m(t, T)\mathrm{d}t + v(t, T)\mathrm{d}W^Q$$

可以用二叉树形式模拟风险中性概率下，利率变化的路径，并且可进一步根据风险中性定价法，对债券及其衍生产品进行定价。模拟各种模型下利率连续运动遵循的路径。

(5) 多因素利率的基本思路认为利率期限结构的动态演变是由多个因素共同驱动的，这些因素可以是宏观经济政策、当前的利率水平、收益率曲线的斜率和曲率等。多因素模型比单因素模型更接近实际情况，也更加灵活，可以产生比单因素模型更复杂的收益率曲线形状和收益率曲线运动形式。常见的多因素模型是仿射形式的利率期限结构模型。一般认为含有两个或者三个因素的利率模型就可以描述利率的动态变化。

(6) 利率期限结构的宏观—金融模型是在传统的无套利仿射利率模型基础上同时对期

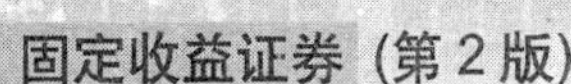

限结构因子与宏观经济变量进行分析，对微观金融结构与宏观经济结构之间的交互作用机制进行分析。

复习思考题

1. 试论述动态利率模型的主要分类及形式。
2. 如何理解风险中性概率与风险中性定价法在利率动态模型理论中的应用？举例说明。
3. 常见的单因素均衡利率模型有哪些？它们之间有何区别？
4. 常见的单因素无套利利率模型有哪些？它们之间有何区别？单因素无套利利率模型与单因素均衡利率模型有何区别？
5. 以BDT模型为例，说明如何求解并利用利率二叉树来描述短期利率的动态变化。
6. 试说明仿射利率期限结构模型的形式。
7. 试阐述利率期限结构宏观—金融模型的主要内容及理论意义。

第五章　固定收益证券投资管理

【学习要点及目标】

- 理解宏观经济影响债券市场的机制，掌握债券市场供求分析的基本原理和方法。
- 理解掌握消极型债券投资策略和积极型债券投资策略的基本原理和实施方法。

【核心概念】

消极型债券投资策略　利率免疫策略　积极型债券投资策略　久期偏离策略　收益率曲线策略　类属配置

【引导案例】

某债券型基金的投资策略

本基金主要投资于固定收益类金融工具，具体包括国债、央行票据、金融债、企业债、公司债、次级债券、可转换公司债券、短期融资券、资产支持证券、债券回购、银行存款等，以及法律法规或中国证监会允许基金投资的其他固定收益类金融工具。本基金通过对影响债券投资的宏观经济形势进行分析判断，形成对未来市场利率变动方向的预期，作为基金管理人调整利率久期，构建债券组合的基础。本基金主要关注的宏观经济因素有GDP、通货膨胀、固定资产投资、对外贸易情况、全球经济形势等。通过对宏观经济形势的深度分析，形成对利率的科学预测，实现对债券投资组合久期的正确把握。本基金以对收益率曲线形状变动的预期为依据建立或改变组合期限结构。本基金还将对债券类属进行配置。本基金还将重点研究信用市场环境的变化，掌握并预测信用利差波动的规律，以此作为信用品种配置时机的重要依据。本基金管理人将努力把握市场上的无风险套利机会，增加盈利、控制风险。

(资料来源：某证券投资基金招募说明书)

第一节　影响债券市场的主要因素

宏观基本面因素和资金面因素是分析债券市场走势的两个重要方面。宏观基本面因素主要包括经济周期、货币政策和政府债务管理政策等。资金面分析则从债券市场的供求关系角度，对债券市场走势进行分析。对于信用债而言，则主要关注信用利差的变化及影响因素。

一、宏观基本面对债券市场的影响

(一)经济周期因素

经济周期的变迁导致股票、债券和现金等资产的收益率水平发生变化，进而影响资产的配置结构。例如，高盛公司(Goldman Sachs)在一份研究报告中，对一段典型的经济周期及相应资产收益率的变化情况做了如下的分析。

以2.5%的年增长率作为均衡的或合理的GDP增长率。低于或高于这一水平分别对应着负的或正的产出缺口。整个经济增长周期的变化及各类资产的表现情况，如图5-1所示。

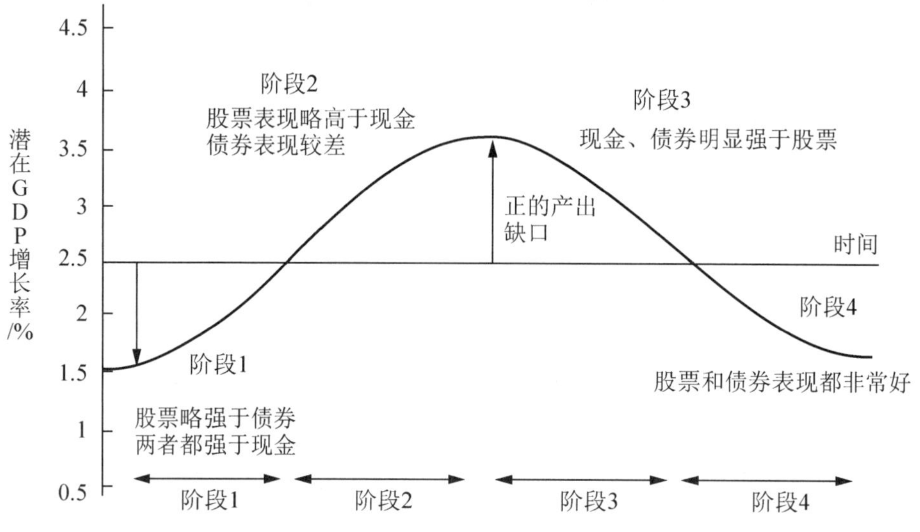

图5-1 整个经济增长周期的变化及各类资产的表现情况

其中，在阶段1，股票和债券的表现优于现金。作为增长周期的第一个阶段，经济处于周期的谷底并向持续非通胀的增长轨道上发展。这一阶段的总需求不断上升，且可以由现存的生产能力解决，公司在边际成本增加较少的情况下，就可以获得较高的边际收益，公司的收入也相应地增长。所以股票在这一阶段表现较好，特别是以创新和高速发展为主要特点的小盘股表现最佳。另外，由于这一阶段的总需求仍未超过总供给，通货膨胀率会持续下跌或保持稳定，货币政策也较为宽松，这使得债券的表现也相对较好。而由于利率水平较低，现金收益率表现较差。但在阶段2，由于经济运行超过了可持续的非通胀增长，在某些行业和领域开始明显出现生产能力的限制和劳动力的短缺，央行也开始提高利率，以应对通货膨胀的危险。此时，债券受到负面的影响最大，股票收益率略高于现金，债券表现不佳。在阶段3，增长从周期的顶峰向下挫，促使了产出缺口的缩小。在这个阶段，政府的反通货膨胀政策往往矫枉过正，导致经济的衰退。此时，上市公司的收入和利润下降，导致股票收益率下降。而由于债券的利息收入仍保持稳定，所以现金和债券收益率明显超过了股票。在阶段4，增长降到潜在水平之下，同时通胀压力减缓，货币政策变得越来越宽松，债券表现较好，而且由于生产能力利用率和边际收益的提高，以及对经济增长预期的好转，股票在这个阶段也可获得较高的收益。

投资时钟理论
(Investment Clock)

(二)货币政策因素

尽管经济周期分析已包括货币政策的内容，但债券价格的决定因素是市场利率，而市场利率又是货币政策操作的核心指标。因此，有必要对影响债券市场行情变化的货币政策因素进行更详细的介绍。我国常用的货币政策工具包括法定准备金比率调整、存贷款利率调整以及公开市场操作等。一般认为，紧缩性货币政策，如提高法定准备金比率和存贷款利率将导致债券价格下降；而宽松的货币政策将有利于债券价格上涨。如表 5-1 所示是近几年来我国央行调节存贷款利率或准备金比率前后，债券价格(用中国债券全价总指数表示)的变化。

表 5-1　货币政策实施前后债券指数变化

时间	事件内容	公布前一个交易日的收盘指数	公布后首个交易日的收盘指数	公布前后的指数变化
2020 年 1 月 1 日	降低存款准备金率	126.84	126.77	下降 0.07
2018 年 4 月 25 日	降低存款准备金率	120.84	120.62	下降 0.22
2016 年 3 月 1 日	降低存款准备金率	125.33	125.41	上升 0.08
2015 年 8 月 26 日	降低存贷款基准利率	122.18	122.4	上升 0.22
2015 年 5 月 11 日	降低存贷款基准利率	121.17	121.39	上升 0.22
2015 年 4 月 20 日	降低存款准备金率	120.27	121.2	上升 0.93
2015 年 3 月 1 日	降低存贷款基准利率	122.02	121.87	下降 0.15
2012 年 7 月 6 日	降低存贷款基准利率	119.01	119.2	上升 0.19
2011 年 7 月 7 日	提高存贷款基准利率	114.11	114.14	上升 0.03
2011 年 6 月 20 日	提高存款准备金率	113.7	113.94	上升 0.24
2011 年 5 月 18 日	提高存款准备金率	115.11	115.1	下降 0.01
2011 年 4 月 21 日	提高存款准备金率	114.73	114.72	下降 0.01
2011 年 4 月 6 日	提高存贷款基准利率	114.53	114.47	下降 0.06
2011 年 2 月 9 日	提高存贷款基准利率	113.77	113.34	下降 0.43

由表 5-1 可知，在货币政策调整消息公布后的下一个交易日，国债价格均出现了显著的变化，变化的方向基本上与理论相符合，即基准利率或存款准备金率水平下调、债券价格上升；基准利率或存款准备金率水平上调、债券价格下降。但也有一些时候，实际数据显示与理论不符，可能的原因是信息提前消化或市场提前预期。例如，2011 年 7 月 7 日上调存款利率，从理论上讲，债券价格应该下跌，但实际上债券价格却连续上涨，其原因主要是市场预期会上调存款准备金比率，债券市场已经提前有一定幅度的下跌，但是这一紧缩性政策的力度比市场预期要弱，且被市场理解为至少在短期内央行不会再出台其他紧缩性货币政策的信号、市场心态回暖、前期撤离的资金回流，导致各品种债券的价格出现修复性上涨。而扩张性的货币政策也不一定会导致债券价格上升，这可能是降息的力度不及预期程度大，导致市场失望，因此债券价格下跌。另外，也可能存在其他因素干扰了货币政策对债券价格的影响。

除了存款准备金率和存贷款利率调整之外，中国人民银行的公开市场操作(如发行央行票据、央行回购)也会对债券市场产生影响，其传导渠道主要体现在两个方面：一方面是影响资金面变化，单向、连续的回收或投放资金操作能改变债券市场的主要投资者，如商业银行的可用资金数量，进而影响其对债券的需求；另一方面，公开市场操作所采用的利率，如央票利率、央行回购利率作为重要的基准利率，也将引导整个市场利率，进而影响债券价格的变化。

美国非常规货币政策对债券价格和利率的影响

(三)政府债务管理政策与行为

政府债务管理主要是指中央政府的债务管理部门为管理中央政府负债而设定目标和政策并加以实施。在过去很长一段时间里，政府债务管理政策一直被看作是货币政策或财政政策的一部分，其职责往往由货币或财政当局实施。但自 20 世纪 80 年代后期开始，一些 OECD 国家实施的扩张性宏观政策导致政府债务占 GDP 的比重不断上升。在这种背景下，出于对潜在通货膨胀和财政状况可持续性的担忧，越来越多的国家开始意识到政府债务管理在目标与职责方面应该与货币政策和财政政策有所区分和独立，并且从制度上创设了具有不同程度自主权力的债务管理机构。与此同时，金融市场监管的放松和金融衍生工具的创新也影响了政府债务管理的方式。例如，利率互换市场的兴起，使得政府债务管理者可以较为灵活地转换不同期限的负债结构；而金融风险计量和控制技术的发展，也使得政府债务管理由早期的注重宏观经济稳定目标，转变为借鉴微观的金融资产组合管理(Portfolio Management)、资产负债比例管理(ALM)等方法，确定借债规模及债务的期限结构，以熨平政府现金流头寸的代际波动，降低债务成本和风险。国际货币基金组织和世界银行在 2003 年明确提出政府债务管理的主要目标是：在与谨慎的风险程度相一致的前提下，使政府融资需求和中长期利息支付维持在尽可能低的水平。因此，在考虑融资需求、成本和风险的目标下，政府债务管理者通过新债发行、利率互换等调节各期限债券所占的比例，这一过程将引起国债总量、期限分布的变化，进而会影响整个债券市场。

值得注意的是，2008 年金融危机之后，为了防止经济过度衰退，世界主要经济体都实施了积极的刺激经济政策，导致政府债务负担显著加重，很多国家的政府债务占 GDP 比重都达到近几十年来的高位。美国甚至因同时出现税收减少与开支增加的局面而面临所谓“财政悬崖”的局面。在高赤字债务危机的背景下，政府债务管理者被迫增加中长期债券发行数量、延长政府债务期限。显然，政府债务管理者增加中长期债券供给与中央银行增加中长期债券需求，这两者对中长期债券价格及利率的影响方向并不一致。Dai 和 Phillippon(2004)发现美国政府财政赤字对期限较长的利率影响较大，如果财政赤字占 GDP 的比重增加 1%，并且这种冲击持续 3 年，将会引起 10 年期利率上升 0.4%～0.5%。Greenwood 和 Vayanos(2010)的实证研究显示：长期债券相对于短期债券供给量的增加将导致长短期利差增大，在债务总量不变的情况下，10 年期以上债券占政府债务总额的比重每增加 1 个标准差，20 年期与 1 年期债券之间的利差将增加 38 个基点。Meaning 和 Zhu(2012)也测算了政府债务管理者增加长期债券供给导致国债平均期限延长、进而对央行扭曲操作政策的抵消效应，结果显示：美国财政部将国债平均期限延长一个月会引起 10 年期债券利率上升约 7 个基点，这一幅度是央行延长持有债券期限导致利率下降效应的两倍。如果没有财政部增加长期国债发行所带来的反向作用，那么，美联储大规模购买国债的货币政策对长期利率的降低效果将更大。

二、债券市场供求分析

由于债券的供求将直接影响债券的市场价格和债券收益率，所以直接对债券供给总量与主要机构投资者潜在的可用资金总量进行分析，也是分析债券市场走势的重要方法。例如，Taylor(1992)针对英国政府在 20 世纪 80 年代中后期使用财政盈余赎回某些期限的固定利率国债进而造成国债供给减少的现象，考察了国债供给的变化对债券市场超额回报率的影响。Backus(2001)采用与 Taylor(1992)类似的模型，对美国国债市场 1952 年至 1991 年的数据进行检验，结果也显示：联邦政府债务总额中某期限国债所占比重的变化对该期限国债价格变化率具有显著的影响。David 和 Li(2003)的实证研究指出：当美国“二战”后出现的“婴儿潮”(Baby Boomer)一代在 2000 年左右进入老年阶段、投资偏好由风险较大的股票转向风险较低的债券时，推动了债券价格上涨、利率下降。Warnock 等(2005)对 1984 年 1 月至 2005 年 5 月的美国市场数据，以美国长期国债利率为被解释变量，在模型原有的解释变量只包括国内宏观因素变量(如预期 GDP 增长率、预期通货膨胀率、联邦基金利率、财政赤字等)的模型的基础上，引入反映外国资本流入的变量(如外国政府对美国国库券的购买等)。结果显示：反映外国资本流入的变量前的系数显著为负，表明从统计意义上看，外国资本流入的增加是造成美国长期国债(10 年期)利率下降的一个显著因素。美国在 20 世纪末克林顿执政时期，财政出现大量盈余，美国财政部就决定提前买回一些债券，由于原有的供求关系发生了变化，结果凡是被财政部列为被买回的债券的价格都大幅上升，这是典型的由供求关系引起的债券价格变化。

我国债券市场主要的机构投资者包括商业银行、保险公司及基金管理公司，其中商业银行和保险公司持有的债券数量占整个市场的 80%以上。对于商业银行来说，由于存款是银行资金的主要来源，贷款和债券投资是银行资金的主要运用。所以，商业银行的存贷差扣除上缴中央银行的存款准备金之后的余额可看作是银行可以购买债券的最大额度，因此商业银行存贷差指标的变化方向往往与债券价格的变化方向相同。对于保险公司而言，本期保费收入减本期赔款和给付及本期营业费用，可在一定程度上反映其可用于债券投资的资金数量。另外，证券投资基金特别是债券型基金的发行数量，代表了来自基金管理公司的债券需求。还有一些指标，如广义货币 M2 的增速、外汇占款增长情况、商业银行在央行的超额备付金比率等，可从宏观整体上反映债券市场资金的宽松程度。

这五年，债券市场供需是怎样变化的?

从债券供给的角度，目前主要的债券品种有国债、金融债、企业债、中央银行票据、短期融资券和资产证券化产品等，因此可分别统计各品种每年的发行规模、兑付规模，以此来反映每年的债券供给状况。

三、信用利差及其影响因素

2005 年以前，中国信用债主要是企业债，但基本都是由国有大型银行担保，违约风险较低。2005 年开始，完全依赖发行人自身信用偿还的无担保短期融资券问世，拉开了中国信用债市场发展的序幕。2009 年开始，信用债市场规模增长明显加速。2004 年年末国内信用债存量仅为 2000 亿元左右，而截至 2021 年 6 月末，中国信用债市场总余额已达 40 万亿元。

对于信用债而言，发行人偿付能力下降导致债券信用品质下降甚至违约，致使投资者遭受损失，信用风险是信用债投资者面临的最基本风险。因此，信用债到期收益率高于同时期、同期限的国债收益率的部分，是对信用债持有者所承担额外风险的补偿，被称为信用利差。在信用债市场上，信用利差是重要的价格指标。早期的研究认为，信用债的定价即是对信用风险的定价，信用利差即为信用风险溢价。但是随着实证研究的深入，大量的成果显示，单纯依靠信用风险无法完全解释债券信用利差的变动(Huang 等，2012)，即信用债定价存在所谓的“信用利差之谜”。近年来理论界对“信用债利差中不能被信用风险所解释的部分(non-default component)究竟是由何种因素引起”这一问题进行了深入的研究。多数研究发现，债券信用利差中含有对流动性风险，即债券未来无法及时变现或交易成本上升的补偿，这一部分称为流动性利差(Liquidity Spread)或流动性溢价(Liquidity Premium)。债券流动性是指市场参与者能够以合理价格迅速进行一定数量的交易，而不会引起债券价格剧烈波动的性质。流动性实际上反映了交易者在市场上买卖信用债的难易程度，这种难易程度一般用交易成本、交易规模、成交速度和价格波动程度来衡量。综合而言，债券信用利差 = 信用风险溢价+流动性风险溢价+其他因素。

Friewald 等(2012)的研究发现，在市场平稳环境下，流动性风险溢价部分占公司债利差的比重达 14%左右，而在经济衰退及金融危机时期则上升至 30%左右；而且对于信用评级较低的债券，流动性变化对于债券利差的影响程度更高。Nielson 等(2012)的研究显示，在 2007 年次贷危机爆发之前，对于信用评级较高的债券，即所谓投资级债券，流动性风险溢价部分占总利差的比重不到 11%，而信用评级较低的债券，即所谓的投机级公司债，其流动性风险溢价部分占比则达到 23%左右。次贷危机发生后市场出现流动性危机，投资级债券的流动性风险溢价占比并没有显著提升，而投机级债券流动性风险溢价占总利差的比重则由 23%上升至 42%。Schwert(2017)以 1998—2015 年的美国市政债数据为样本进行研究发现，违约风险溢价部分占总利差的 74%～84%，其余 20%左右可主要由流动性风险溢价解释。Chen 和 Jiang (2020)以 2009—2016 年深圳和上海证券交易所上市公司发行的公司债年度数据为样本，将公司债利差分解为违约溢价和流动性溢价两部分研究发现，流动性溢价在总利差中所占比重约为 20.78%。

还有哪些因素会影响债券信用利差？

总的来看，债券投资的分析框架图 5-2 所示。

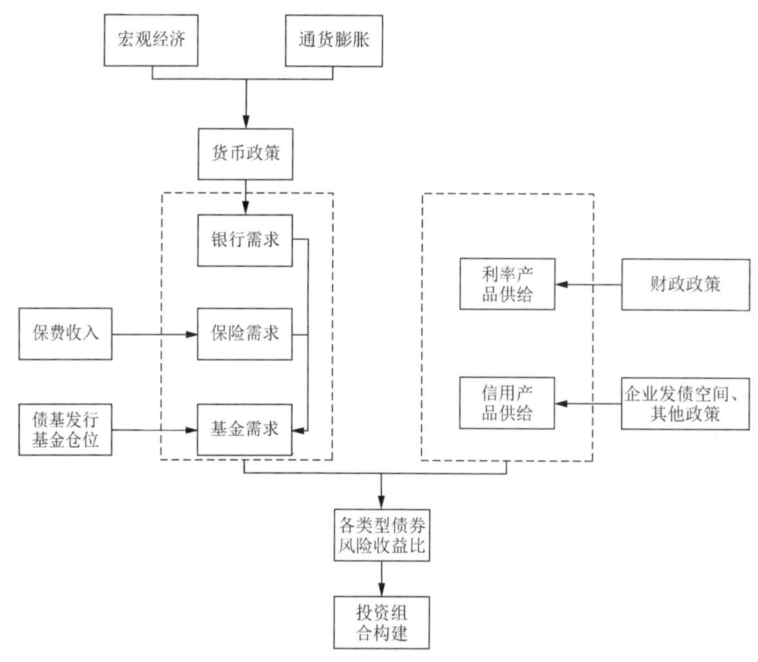

图 5-2　债券投资分析框架

第二节　固定收益证券投资组合策略

在确定了债券、股票、现金等大类资产之间的配置比例之后，本节进一步讨论如何构建各种债券的投资组合。根据投资者对于债券市场有效性的认识以及组合管理的目标，总体上可将债券投资组合策略分为消极型债券投资策略和积极型债券投资策略。

一、消极型债券投资策略

消极型债券投资策略也称为保守型或者被动型投资策略，是一种依赖市场变化来保持平均收益的投资方法。采用这一策略的投资者认为债券市场是有效的，债券的当前价格已经能充分反映所有有关的、可得的信息。在这种情况下，消极投资策略的目的不是战胜市场，而是控制债券组合的风险，并且获得与承担的风险相适应的回报率。目前，被动型管理模式已经逐渐成为海外债券基金管理的重要手段。根据美国投资公司协会(ICI)公布的数据，截至 2019 年年末，美国债券型基金规模约为 5.52 万亿元，其中债券指数基金规模约为 1.58 万亿元，占比超过 28.62%。国内债券型被动产品也发展迅速，2011 年国内基金行业诞生了一只债券指数基金—南方中证 50 债指数基金，而截至 2020 年第一季度，全市场共有 103 只债券指数基金，规模达到 3679.53 亿元，与债券型基金总规模 4.44 万亿元相比，仅占 8.29%，显示出还有较大的增长空间。

消极的债券投资策略一般有三种形式：购买持有策略、债券指数化策略和利率免疫策略。

(一)购买持有策略

购买持有策略是最简单的投资策略，即在对债券的收益和风险进行分析后，购入某个品种的债券，并持有直到债券的成熟期为止，在持有期内不进行任何买卖活动。这种策略有三方面的好处：首先，如果持有的债券质量很好，收益率很高，长期持有对投资者非常有利；其次，一直持有可以无视市场利率波动对债券价格的影响，完全规避短期债券价格波动的风险；最后，可节约交易成本。

购买持有策略的使用主要通过确定合理的到期期限结构和利率结构来实现。因此，投资者在运用时主要注意以下两个方面。

第一，投资者应该使自己手中持有的债券保持合理的到期期限结构。当投资者预测到债券行情即将上升时，应尽量持有长期债券，因为在利率下降、债券价格上涨时，长期债券价格上涨的幅度更大；而当行情即将下跌时，则应该主要持有短期债券，这是为了规避价格下跌的风险。第二，投资者持有的债券也应该保持合理的利率结构。当投资者预测利率即将下降时，应该尽可能多地持有固定利率债券；反之，应该尽可能多地持有浮动利率债券。

购买持有策略是一种最简单的投资策略，其适用于市场规模较小，债券质量较好，本国宏观经济处于繁荣时期，债权人违约的可能性较小的经济环境。使用这种债券投资策略的投资者，一般是那些对债券专业知识并不是十分了解，同时又没有足够的空闲时间通过对收益率曲线进行分析来预测利率的变化趋势。

(二)债券指数化策略

债券指数化策略是指债券管理者构造一个债券资产组合模仿市场上存在的某种债券指数的业绩，由此使债券资产组合的风险回报与相联系的债券市场指数的风险回报状况相当。

运用指数化组合投资时，选定恰当的债券指数十分重要，因为它直接决定着投资者的

风险—收益情况。债券指数反映的是债券市场价格总体走势的指标体系。和股票指数一样，债券指数是一个比值，其数值反映了当前市场规定范围内的全部债券(指数样本券)，按照一定的加权方法(如市值加权平均法)所计算出来的平均价格相对于基期时刻以相同方法计算的这些债券的平均价格的位置，为依托于债券市场中的债券价格而产生的衍生产品。所以定义比较基准是指数化投资的第一步，也是最重要的一个环节。一般情况下，对指数化投资的研究通常把国债指数当作已知的，进而分析指数基金的有效性和执行策略。同时，为了满足投资理财的需要，也可以选择其他不同类型的债券市场指数。

我国常用的债券指数

在确定了债券市场基准指数后，构建指数化组合投资的基本方法主要有以下几方面。

(1) 完全复制方法。指数化组合投资最简单的方法就是采用完全复制方法，即按照与基准指数相同的权重持有每一种成分证券，这样指数化组合投资就可以完全复制指数的风险和收益。完全复制方法获得的业绩与基准指数的业绩非常接近，但是并不完全一致。差异主要来自投资组合调整而产生的交易成本。随着时间的变化，基准指数不断调整其组成债券，指数化组合投资也必须随之调整才能与之相适应，每次调整都面临着交易成本的影响。交易成本和管理费用对指数化组合投资的收益率会产生负面影响。该方法较为适用于成本数量少，同时流动性较高的指数。

(2) 抽样复制方法。抽样复制方法是指在复制基准指数业绩的过程中不购买所有的组成债券，而是采用部分有代表性的债券复制指数。抽样复制的优势在于能够减少交易成本。有许多方法进行抽样，包括随机抽样、大量持有、分层抽样和优化。

(3) 优化复制法。优化复制法是一种完全数理化的组合构建方法，通过目标函数最优化过程来寻找一个权重组合，使得投资组合与标的指数的历史收益偏离度保持最小，并假设该情景能在未来延续。这种方法完全基于历史数据的统计和挖掘，对于个券流动性以及不同风险因子的暴露程度重视度不足，当遇到基础利率变动等随机事件时，由于风险暴露程度的差异，可能造成投资组合与标的指数收益的明显偏离；同时其对模型输入数据较为敏感，不同计算期得到的权重差异较大；另外，对于计算结果也难以找到合理的经济意义来加以解释。

债券指数化投资策略同样也适用于大多数不具备债券投资专业知识的债券投资者。

【案例1】上银中债1～3年国开行债券指数证券投资基金的产品概况

该基金在2021年5月公布的产品资料概要里，对基金产品的主要特点进行了介绍，如表5-2所示。

表5-2 上银中债1～3年国开行债券指数证券投资基金的产品概况

投资目标	本基金通过指数化投资，争取在扣除各项费用之前获得与标的指数相似的总回报，追求跟踪偏离度及跟踪误差的最小化
投资策略	1. 债券指数化投资策略；2. 其他投资策略
投资范围	本基金主要投资于标的指数成分券及备选成分券，为更好地实现投资目标，还可以投资于具有良好流动性的金融工具，包括国内依法发行上市的国债、政策性金融债、债券回购等固定收益类资产、银行存款、同业存单以及法律法规或中国证监会允许基金投资的其他金融工具，但须符合中国证监会相关规定 如法律法规或监管机构以后允许基金投资其他品种，基金管理人在履行适当程序后，可以将其纳入投资范围

续表

业绩比较基准	中债 1～3 年国开行债券指数收益率×95%+银行活期存款利率(税后)×5%
风险收益特征	本基金为债券型基金，其预期风险和预期收益低于股票基金、混合基金，高于货币市场基金

(三)利率免疫策略

要分析利率免疫策略，首先要理解与利率变动相关的风险有两种：一种是价格风险；另一种是再投资风险。如果市场利率上升，债券的市场价格将下跌，但此时债券利息的再投资收益显然是增加的；相反，如果市场利率下降，将造成债券的市场价格的上升和再投资收益的下降。显而易见，债券的价格风险和再投资风险具有反向变动或者说相互抵消的关系。正是基于这一特性，产生了免疫策略(Immunization Strategy)，即投资者应构建一个债券组合，使市场利率变化时上述两种因素对债券价值的影响正好相互抵消，这样，不论市场利率如何变化，都能够保证债券组合的收益率不低于目标收益，从而规避利率变动给投资者带来的价格风险或再投资风险。

在诸多免疫策略中，被学术界重点关注和被投资界广泛应用的是久期配比策略(Duration-Matched Strategy)。其主要的原理可简单解释为：考虑一个每年付息一次的中长期附息债券，如果投资者对于该债券的持有期小于一年，则他面临的风险只有价格风险，没有再投资风险。而随着持有期的增加，价格风险减少但再投资风险增加。如果持有到期，则投资者面临的风险只有再投资风险，而没有价格风险。因此，如图 5-3 所示，价格风险是可表示为持有期的减函数，而再投资风险则是持有期的增函数。由于价格风险和再投资风险具有相互抵消的特性，于是存在一个适当的持有期，使得在该持有期内投资者的利率风险为零，可以证明此时的所谓“适当的持有期”就是我们在第二章所讲的 Macaulay 久期。这意味着，久期配比策略就是投资者挑选一种债券或者构建一个债券组合，使其久期刚好等于该投资者预定的债券持有期。此时市场利率发生变化时，价格的变动和再投资收益的变动可以相互抵消，从而实现对利率变化的免疫。

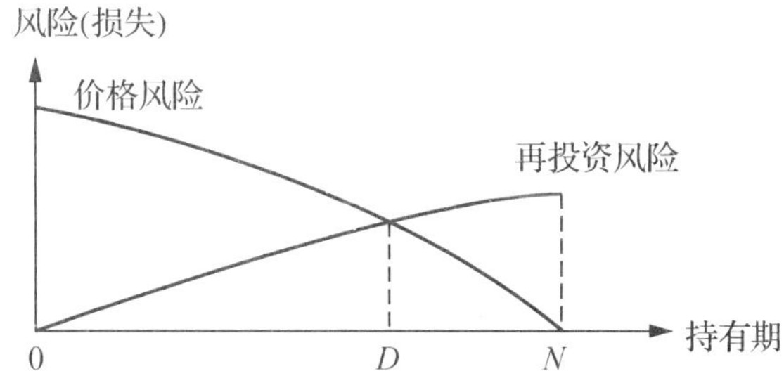

图 5-3　价格风险和再投资风险随持有期变化

值得注意的是，免疫策略本身需要满足一定的前提假设条件，例如，市场的利率期限结构曲线必须是水平的或者接近水平的；利率期限结构曲线的变动也必须是平行移动，即利率期限结构曲线的形状保持不变。实践证明，利率免疫的这些假设前提很难完全成立，免疫后的债券组合仍然不可能完全规避利率风险，不过可以肯定一点，如果使用这种策略进行债券投资的话，那么对利率风险的规避效果必然优于不采取任何措施的一般债券投资。

二、积极型债券投资策略

积极型债券投资策略又称为主动型组合管理。如果投资者认为，债券市场未达到有效状态，即债券的价格未能充分反映所有公开、可得的信息，那么通过寻找错误定价的债券和预测利率走势来获得风险调整后的超额回报率是可能的。在这种情况下，可采用积极的债券投资策略，这主要包括久期偏离策略、收益率曲线策略、类属配置以及利差套利交易策略四种形式。

(一)久期偏离策略

久期偏离策略又称利率预期策略，主要是指投资者通过对影响债券投资的宏观经济状况和货币政策等因素的分析判断，形成对未来市场利率变动方向的预期，主动地调整债券投资组合的久期，以提高债券投资组合的收益水平。其假设条件是只有一个因素对各期限的利率产生同等程度的影响，由此导致利率期限结构利率(期限结构)曲线整体出现相同幅度的平行移动。在这种情况下，根据对利率水平的预期，在预期利率下降时，增加组合久期，加大对长期债券的投资，以较多地获得债券价格上升带来的收益；而在预期利率上升时，则增加对短期债券的投资，减小组合久期，以规避债券价格下降的风险。

久期偏离策略往往与对经济周期的判断相联系，如图 5-4 所示(图中经济周期的运行像车轮转动一样，可简称轮动)。

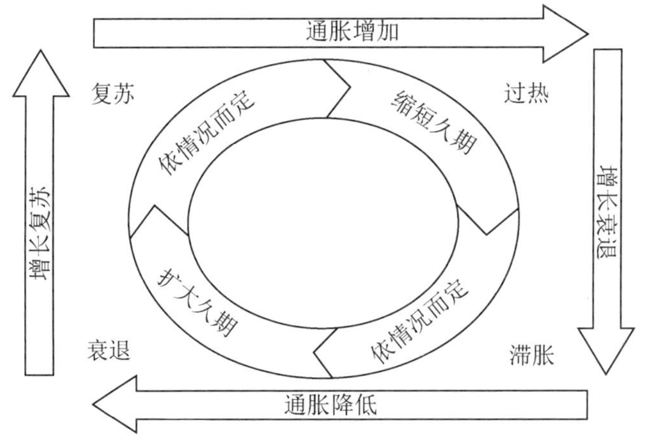

图 5-4　经济周期轮动下，债券久期的选择

通胀预期缓和，适当提高久期—2018 年 11 月债券点评报告

(二)收益率曲线策略

收益率曲线策略又称债券组合的期限结构配置，主要针对收益率曲线可能出现的非平行移动，采用集中策略、两端策略和梯形策略等，相应地建立子弹型(Bullet)组合、哑铃型(Barbell)组合和梯型(Ladder)组合，在长期、中期和短期债券间进行配置，以期从长期、中期、短期债券的相对价格变化中获利。

1. 子弹型组合

子弹型组合就是债券投资组合中所包括的债券，其到期期限集中在某一时点，例如，都集中在中期期限，或者都集中在长期期限。组合中持有的债券的到期期限为中期。这种组合模式，要求管理人对利率水平的变化和收益率曲线的变化有非常好的把握能力。子弹型组合适用于较为陡峭的收益率曲线。投资者采用这一策略可能是应对某一特定期限的资金需求，也可能是预期未来某个特定期限的利率将发生有利变化，而不是整条收益率曲线发生变化，如图 5-5 所示。

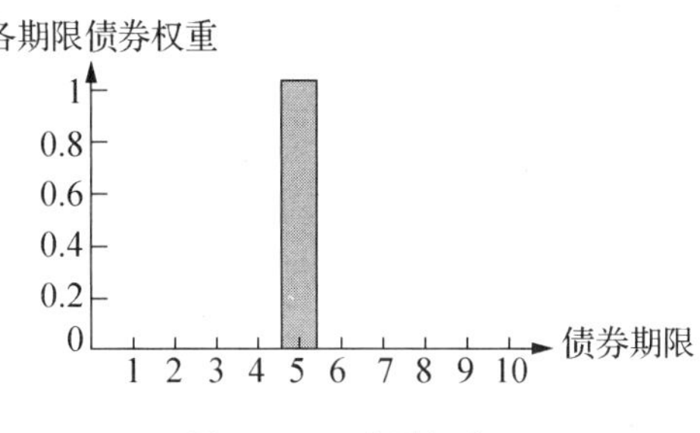

图 5-5　子弹型组合

2. 哑铃型组合

哑铃型组合就是构建投资组合时，选取剩余期限在长期和短期两端的债券进行集中投资，而不投资中期债券的策略，如图 5-6 所示。例如，哑铃型组合可构建为剩余期限为 1 年和 10 年的债券的组合。由于该组合呈现两头集中的分布，形似哑铃，故被称为哑铃型组合，相应地，该投资技术也被称为哑铃型投资技术。与其他投资组合相比，哑铃型组合的优点在于投资效率高、流动性好、调整灵活。首先，长期端的债券可以提供较高的利息收入，以及由于利率降低可能带来的资本利得；其次，短期端的债券变现快捷，可以满足投资人随时可能出现的多样化现金需求；最后，通过调整组合中短期债券和长期债券的比例，可以很方便地调节组合的久期与风险结构。哑铃型组合适用于投资者预期长期利率将发生有利变动，而中短期利率存在一定的不确定因素时的情况。

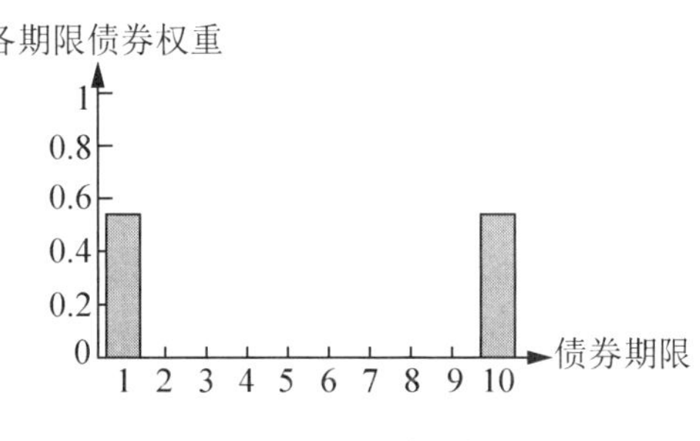

图 5-6　哑铃型组合

3. 梯型组合

梯型组合投资法又称等期投资法，就是选取不同剩余期限的债券，使之在投资组合中有相同的头寸，如图 5-7 所示。例如，投资组合中可能含有等量的一年到期、二年到期、三年到期等的债券。这样，在以后的每段时间都可以稳定地获得一笔本息收入。梯型投资法的优点在于，能够在每年得到本金和利息，从而可以为投资者提供较规律的现金流，而且在头寸配置上有足够的灵活性，在市场利率发生变化时，可用到期的债券和利息进行多样化投资，捕捉到可能出现的有利投资机会。

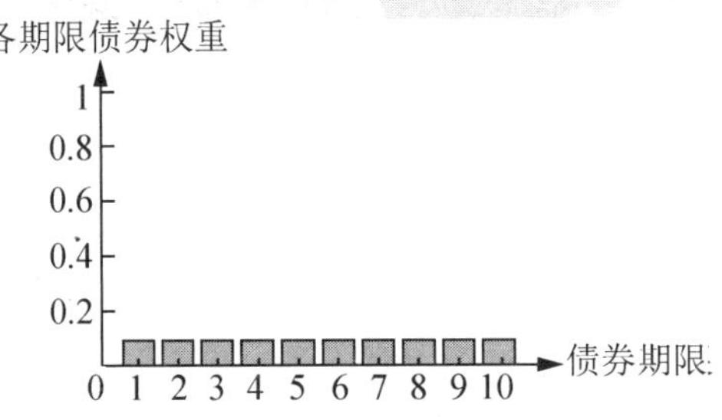

图 5-7　梯型组合

4. 动态增强策略

在以上债券投资策略的基础上，投资者还可根据债券市场预期的短期动态变化，采取多种灵活策略，获取超额收益，主要包括以下几方面。

(1) 骑乘收益率曲线策略(Riding the Yield Curve)，又称收益率曲线追踪策略。债券持有期较短的投资者在进行债券投资时，如果满足以下两个条件：①市场收益率曲线(利率期限结构曲线)向上倾斜，即长期债券利率高于短期债券利率；②市场利率期限结构曲线的形状和收益率水平将保持基本稳定，即使利率期限结构曲线移动，其幅度也不大。在这种情况下，投资者就可采取骑乘收益率曲线的方式进行投资，即购买期限比预计持有期长的债券，然后在债券到期前卖出，以获取资本收益。利用骑乘向上倾斜的收益率曲线可以扩大短期投资的盈利。收益率曲线的陡峭程度对骑乘策略的成败起关键作用。一般而言，越陡峭的收益率曲线采取骑乘策略成功的概率越大，同时收益也越大。

(2) 收益率曲线的陡峭/平坦化交易策略，是指基于曲线期限利差变化的交易策略。当曲线变陡时，长期债券相对短期债券价值下降，此时应当做空长端，做多短端。当曲线变平时，短期债券相对长期债券价值下降，此时应当做空短端，做多长端。

(3) 收益率曲线的蝶式交易策略，是指基于曲线中端相对于长短端变化的交易策略。如果曲线中端相对于长短端有扩大趋势，即曲线变凸，那么应当做多长短期债券，做空中期债券，获取曲线变凸收益。如果曲线中端相对于长短端有缩小趋势，即曲线变凹，那么应当做多中期债券，做空长短期债券，获取曲线变凹收益。

但是必须注意的是，上述三种策略的盈利存在不确定性。以骑乘收益率曲线策略为例，如果市场的投资者都在寻求这种套利机会，就会导致对短期债券需求下降、长期债券需求上升，从而使得前者价格趋于下降、后者价格趋于上升，前者收益率趋于上升、后者收益率趋于下降，结果可能会“拉平”(Flatten)收益率曲线，从而降低套利机会。

骑乘收益率曲线策略的投资效果

(三)类属配置

类属配置主要是分析政府债券与信用债之间、高等级信用债与低等级信用债之间、固定利率债券和浮动利率债券之间等不同类别债券板块的相对投资价值，确定资产在各类债券之间的配置，并根据市场变化增持相对低估、价格将上升的类属，减持相对高估、价格将下降的类属，借以取得较高的总回报。信用债主要是指国债、央票等国家信用债券以外的债券品种，通常由企业发行。不同债券品种受经济周期、违约风险、流动性等因素的影响，以及债券自身特征(如票息率、税收特性、信用等级、含权条款等方面)的差别，决定了债券预期投资收益率的差异、进而采取类属配置和利差套利交易的可行性和潜在获利可能。

首先，经济周期因素是确定固定利率债券与浮动利率债券之间类属配置时要考虑的一个重要方面。例如，按照通胀和经济增长的不同关系，我们可以将周期划分为高增长高通胀(经济周期的峰值阶段)、高增长低通胀(经济周期的繁荣阶段)、低增长高通胀(经济周期的滞胀阶段)以及低增长低通胀(经济周期的衰退阶段)四个阶段。在经济周期从顶点转向衰退的阶段，一般情况下通胀和固定利率债券收益率会达到高点，固定利率债券的配置价值和表现是最优的；而经济走向复苏和通胀回升阶段，从防御性和价值表现看，通胀指数债券和浮动利率债券的价值最优。将通胀指数债券与浮动利率债券比较，从抵御通胀风险的有效性看，通胀指数债券优于浮动利率债券。在经济衰退和通胀预期高涨的滞胀阶段，通胀指数债券本金随通胀指数向上修正的空间较大，因此，其价值表现优于浮动利率债券；在经济繁荣和顶点阶段，通胀水平已接近高点，通胀指数债券本金随通胀指数向上修正的空间已不大，因此，浮动利率债券的价值表现优于通胀指数债券。上述讲解如图 5-8 所示。

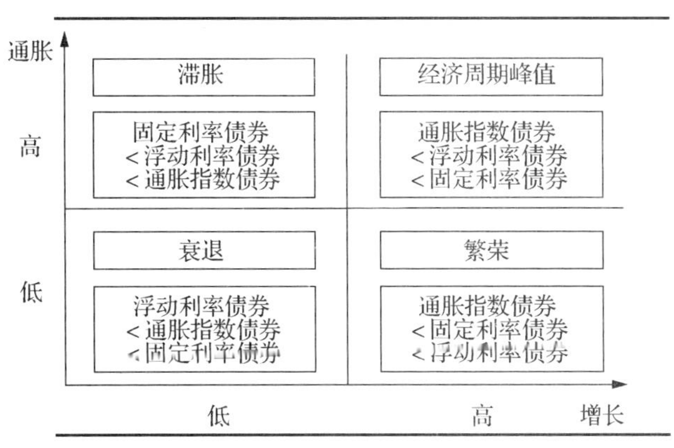

图 5-8　经济周期中规则的债券资产配置策略

其次，信用利差的大小及变化，是影响信用债与国债之间、高等级信用债与低等级信用债之间配置比例的重要因素。信用利差指同期限的信用债与国债收益率之间的差值。在理论研究中，信用利差通常被认为反映了投资者对于信用产品违约风险、流动性风险等的补偿要求。信用利差预期由低到高，则意味着可增加信用债的投资比重。在实际经济环境中，信用利差可由宏观经济周期、公司财务状况、外部信用评级变化等因素来解释。例如，一般而言，未来经济预期复苏，信用利差有收窄的趋势；未来经济预期衰退，信用利差有扩大的趋势。表 5-3 给出了美国市场数据所表现出的宏观经济指标与信用利差之间的关系。

表 5-3　经济周期、基准利率和信用利差的关系

经济状态	复苏	过热	滞胀	衰退
GDP	向上	向上	增速放缓	向下
通货膨胀	向下	向上	向上	向下
基准利率	维持低利率	开始升息	升息	开始降息
信用利差	逐渐缩小	缩小至谷底	逐渐扩大	扩大至峰顶

值得说明的是，能够反映美国经济状况的指标很多，比如 GDP 增速、工业生产增产率、失业率、设备利用率、国债利率、债务违约率等。一般认为国债利率、债务违约率、失业率与信用利差有强正相关关系，设备利用率与信用利差有着强负相关性，其中国债利率一

定程度上领先信用利差变化，而失业率对信用利差的解释相对滞后。

从我国的情况来看，信用利差与宏观经济也体现出一定的相关性。一般情况下，在我国经济收缩时期(工业增加值缺口缩小)，信用利差呈现出扩大的趋势，而经济复苏期间(工业增加值缺口扩大)，信用利差缩小。

另外，值得说明的是，在对我国信用债市场进行投资时，也要注意考虑我国一些特殊的制度因素。例如，企业的信用来自自身拥有的以及可以动用的所有资源的集合。企业不但可以通过自身从市场获得资源分配，也可以从隐性的层面得到支持，如股东、金融体系或者政府，因此企业基本面、金融体系支持和政府支持构成了信用架构的三个核心。但随着我国债券市场的持续扩容，越来越多资质不佳的企业进入债券市场的风险将加大，爆发信用风险事件的概率也越来越高，这种外部援助的持续性可能会逐渐消失。例如，2011 年 4 月，云南省公路开发投资公司向债权银行发函，表示“即日起，只付息不还本”，这意味着其发行的城投类债券——“滇公路”有可能出现违约，并波及整个城投债市场，后经云南省政府对滇公路增加 3 亿元资本金、同意云南省财政厅向该公司提供 20 亿元借款用于资金周转后，滇公路才向银行撤回了发函，事件才得以平息。2020 年 10 月 23 日，华晨集团作为辽宁省最大的国企，其私募债券“17 华汽 05”未能如期兑付。2020 年 11 月 10 日，另一家大型国企——河南永城煤电控股集团有限公司，主体评级同为 AAA，存续期债券规模庞大，但其 10 亿元超短融“20 永煤 SCP003”到期未能兑付，构成了实质性违约。这些国企债的违约事件引起市场的巨大反应，特别是对于同省内其他债券的风险定价产生显著影响。

(四)利差套利交易策略

利差套利交易策略主要是根据相近债券的利差水平的动态变化调整配置结构，以捕捉短期套利机会。债券市场的套利策略主要包括相同品种的跨市场套利、浮息债与固息债之间的套利、不同品种债券间的利差套利、回购和现券之间的套利等。下面以我国市场情况为例，加以说明。

1. 相同品种的跨市场套利

我国国债市场被分割成银行间国债市场和交易所国债市场两个部分，有一部分跨市场国债可以同时在银行间与交易所进行交易。原则上说，由于交易的标的物是相同的，在银行间市场以及交易所市场交易的价格也应该相同。但是出于以下一些原因导致在银行间市场和交易所市场的国债价格或收益率之间存在差别：①交易所国债的行情比银行间更为灵敏，在大涨的时候，交易所涨幅高于银行间，导致利差(银行间收益率减交易所收益率)扩大，反之则缩小。②投资者结构不同导致市场需求存在差异。例如，当商业银行的资金十分充裕时，因商业银行不能到交易所购买债券，导致商业银行的需求只能反映在银行间国债上，从而导致银行间国债收益率低于交易所。③债券的融资优势差异。某些债券，在银行间市场可进行质押式和买断式回购，而在交易所市场只能进行买断式回购，缺乏融资优势。

而由于套利机制不完善(跨市场的转托管需要一定时间，而且国家也对各市场的参与者作了限制)，不同市场上相同资产的流动性又不同，所以相同品种的国债现货和国债回购产品在不同市场中价格存在显著的差异且无法马上消除，从而为进行跨市场的低买高卖创造了机会。对于相同品种的国债而言，当其在不同市场中价格存在差异且差价大于交易成本时，投资者可以在价格低的市场以低价买入国债，在价格高的市场以高价卖出国债，赚取无风险收益，实现套利。

值得注意的是，随着近年来交易所国债市场的萎缩和流动性的下降，在交易所国债与银行间国债间的跨市场套利机会已经很少了。

2. 浮息债与固息债之间的套利

固息债与浮息债之间的利差既受到现有宏观经济数据的影响，又蕴含着市场对未来宏观经济及通货膨胀的预期。浮息债能与当期市场的情况同步变化，特别是在预期未来经济增长较强劲、通货膨胀水平将上升的情况下，投资者投资浮息债能规避部分利率风险，甚至还可以利用固息债与浮息债之间的利差进行套利。例如，投资者预计未来有通货膨胀的压力，市场利率很可能将上升，此时浮息债价格将会上涨，而长期固息债下跌较大。在这种情况下，投资者可通过逆回购融入长期固息债在市场上抛出，再等额购入浮息债，待未来浮息债价格上涨时卖出，再买入价格相对较低的长期固息债完成前期的回购交割。此时投资者的获利等于浮息债的价格上涨收益加上长期固息债的下跌价差收益。

在实务中，浮息债与固息债之间的套利往往结合利率互换操作来完成。我们将在第六章举例说明。

3. 不同品种债券间的利差套利

这类操作可细分为相近年期的国债与金融债、国债与企业债、中央银行票据和短期融资券之间的套利交易等。其基本思想是：理论上讲，相近期限债券之间的利率受到信用等级、税收差异、流动性等因素的影响而存在差异，而且这一差异随时间而变化；如果在某个时点的利差值大幅偏离历史平均水平，未来预计债券间利差将缩小，那么投资者就可以卖出利率偏低的债券，买入利率偏高的债券；甚至还可以利用回购手段，选择利率低的债券做逆回购、做空该券，再选择利率高的债券做多，通过正回购取回逆回购所垫付的资金，实现无资金占用的利差套利操作收益。

【案例 2】金融债与企业债投资策略

如表 5-4 所示，从金融债与国债的利差走势变化来看，在某时点时，1 年、3 年、5 年、7 年、10 年关键期限金融债与国债利差分别为 0.9624%、0.9826%、0.9298%、0.8895%和 0.8208%，与各期限的利差历史均值之间的差距分别扩大至 36 个基点、46 个基点、42 个基点、43 个基点和 42 个基点，存在明显的套利机会。

表 5-4　某时点金融债与国债利差同利差历史均值比较

年期	1 年	3 年	5 年	7 年	10 年
2008 年 3 月 28 日金融债与国债利差/%	0.9624	0.9826	0.9298	0.8895	0.8208
利差历史均值/%	0.5991	0.5266	0.5073	0.4606	0.4016
套利空间(基点)	36.33	45.60	42.25	42.89	41.92

理论上，只要存在套利机会，投资者通过买入相同期限的金融债、卖出相同期限的国

债，然后等到利差回归到历史均值附近时，再做反向操作，从中获得利差回归所产生的收益。

类似地，如表5-5所示，从企业债与国债的利差角度来看，在该时点下，1年、3年、5年、7年、10年关键期限企业债与国债利差分别扩大至1.5858%、1.5707%、1.4652%、1.594%、1.538%，与各期限的利差历史均值之间的差距分别扩大至61个基点、62个基点、47个基点、63个基点和64个基点，也存在明显的套利机会；类似金融债的分析原理，投资者通过买入相同期限的企业债、卖出相同期限的国债，然后等到利差回归到历史均值附近时，再做反向操作，从中获得利差回归所产生的收益。

表5-5　某时点企业债(AAA)与国债利差同利差历史均值比较

年期	1年	3年	5年	7年	10年
2008年3月28日企业债(AAA)与国债利差/%	1.5858	1.5707	1.4652	1.594	1.538
利差历史均值/%	0.9735	0.9466	0.9909	0.9646	0.8957
套利空间(基点)	61.23	62.41	47.43	62.94	64.23

4. 回购与现券之间的套利

回购与现券之间的套利策略包括回购与国债现券、回购与央票等收益率利差策略利差套利操作。

国债现券的收益率和国债回购的利率都作为市场化利率，从理论上来说，都在一定程度上反映了市场对利率水平的认识，体现了市场中资金的供求状况。国债现券的收益率反映的是长期资金成本，国债回购则体现的是短期资金成本，由于长短期资金供求状况的差异，它们之间存在着一定的利差有其合理性。但一方面，由于国债市场的不完善(如发行规模偏小、发行期限不合理、筹资成本过高、中间环节的差价利润过大等问题)，国债二级市场的收益率偏高；另一方面，国债回购市场受资金供求波动的影响也不稳定。正是因为以上两点，国债现券与国债回购之间的利差长期存在且可能短期内出现过度偏离，为“国债+回购”这种无风险套利操作提供了可能。利用国债现券与国债回购之间的利差进行无风险套利，既规避了金融风险，又充分利用了资金的使用价值，因而被各金融机构广泛运用。

所谓“国债+回购”，就是利用国债现券与国债回购之间的利差，采取同步组合交易，赚取国债现券和国债回购之间的利差收益。通常情况的操作方式是：针对国债现券收益率高于国债回购利率的情况，可用现金购买国债现券，然后用国债现券做抵押进行正回购融资，再用所融资金再次购买国债现券，赚取国债现券与回购之间的利差，这一方法的特点在于能够多次循环滚动操作。“国债+回购”套利策略如图5-9所示。

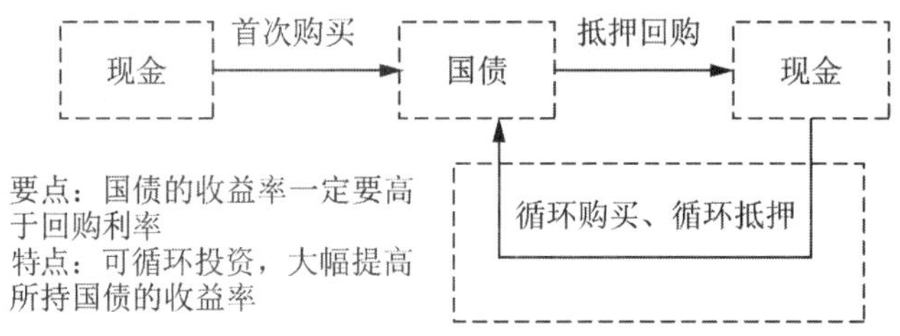

图5-9　“国债+回购”套利策略

【案例 3】国债现券与回购套利

假设在某日，×××国债根据收盘价计算的到期收益率为 3.97%，而 7 天回购年化利率为 0.079%，极大低于该国债的收益率，符合“国债套做”所要求的回购利率要低于国债现券收益率的要求。因此，以×××国债和 GC007 进行国债回购与现券之间的套做。依据上海证券交易所国债回购的交易规则，T 日购买的国债现券当日即可进行抵押回购，T 日成交的正回购 GC007 所融资金将在 T+1 日开盘时到账，并于 T+8 日开盘时归还。“国债套做”的流程大致为：①T 日购买×××国债，再以该券为抵押正回购 GC007 融资，期限为 7 天。②T+1 日，用 T 日所融资金再次购买×××国债，购买成功后即以该次所买的国债现券为抵押再次正回购 GC007。③T+2 到 T+7 日，重复 T+1 日的操作。④T+8 日，用 T+7 日正回购 GC007 的资金归还 T 日正回购 GC007 到期的资金。同时，T 日抵押的×××国债解除抵押，并可再次进行抵押正回购 GC007 进行融资。在一次操作的情况下，上述操作看似获利空间有限，但是可以通过循环操作来提高获利空间，只要 7 天回购利率不高于国债现券的到期收益率，该操作就有利可图。

总之，本节所提出的套利模式，对提高固定收益投资组合回报大有裨益。若想充分利用这样的套利机会，有如下几点需要特别注意：首先，需要对债券市场和回购市场有深刻的了解，特别是对利率的走势要有准确的判断；其次，充分熟悉交易规则，时间衔接要尽量紧密；再次，在比较利差时要考虑市场流动性、交易成本等因素对实际收益率的影响；最后，可以采用多次循环交易来提高收益率。一方面，虽然单次交易的收益率非常微薄，但是只要操作者有敏锐的眼光和足够的耐心，就能发现一些无风险套利机会。另一方面，套利机会的出现正是我国债券市场发展的不完善所造成的，由此也可以预见，随着我国债券市场的发展和成熟，套利机会的挖掘会变得越来越难。

本章小结

(1) 宏观基本面因素和资金面因素是分析债券市场走势的两个重要方面。宏观基本面因素主要包括经济周期、货币政策和政府债务管理政策等。而资金面分析则从债券市场的供求关系角度，对债券市场走势进行分析。

(2) 根据投资者对于债券市场有效性的认识以及组合管理的目标，总体上可将债券投资组合策略分为消极型债券投资策略和积极型债券投资策略。

(3) 消极型债券投资策略也称为保守型或者被动型投资策略，是一种依赖市场变化来保持平均收益的投资方法。采用这一策略的投资者认为债券市场是有效的，债券的当前价格已经能充分反映所有有关的、可得的信息。消极的债券投资策略一般有三种形式：购买持有策略、债券指数化策略和利率免疫策略。

(4) 积极型债券投资策略又称为主动型组合管理，主要是指投资者认为债券市场未达到有效状态，即债券的价格未能充分反映所有公开、可得的信息，由此可通过寻找错误定价的债券和预测利率走势来获得风险调整后的超额回报率。积极的债券投资策略主要包括久期偏离策略、收益率曲线策略、类属配置以及利差套利交易策略四种形式。

复习思考题

1. 试述影响债券市场的主要因素。
2. 如何理解消极型债券投资策略和积极型债券投资策略的区别？
3. 常见的消极型债券投资策略有哪些？各自具体的实现方法及局限性是什么？
4. 常见的积极型债券投资策略有哪些？各自具体的实现方法及局限性是什么？
5. 阅读以下案例，讨论影响某类债券的信用水平和价格变化的主要因素。

【案例 4】云投事件冲击债市

自 2010 年以来，城投类企业资产注水、核心资产转移、发债主体随意组合的负面事件时有发生，债市的机构投资者对于整个城投债市场的信用风险感到担忧。2011 年 7 月初，云南省投资控股集团有限公司(以下简称云投集团)——这一云南最大的省级平台公司拟转移核心资产至新组建的能源投资集团消息传出后，对债券市场特别是城投债市场产生巨大冲击。由于云投集团此次酝酿的资产转移，共涉及 7 只债券包括企业债和短期融资券两个品种，而市场对该集团此次重大事项的披露的程序和内容存在质疑，事件经媒体曝光后，当即成为机构集体抛售城投债的拐点。7 月 6 日，有多只城投债遭遇了恐慌性抛售，城投债市场压力陡增。当天交易所多只企业债券或在盘中或在临近收市时，均遭到抛售，价格大幅下跌，甚至很多城投债券品种仅有卖盘报出，基本无买盘需求。对城投债的抛压，甚至波及 7 月 11 日中央代发的地方债。地方债券由财政部代理发行并代办还本付息和支付发行费，其信用等级与国债相同。即便如此，一些机构由于担心地方融资平台债务问题而没有参与此次投标。此次 3 年期地方债未能招满，中标利率为 3.93%，远高于 3.53%的市场预测均值；同时招标的 5 年期地方债，中标利率为 3.84%，也高于 3.64%的预测均值。

对于中国债券市场而言，国债与金融债券(主要指国开行金融债券及央行票据)两者所形成的收益率点差主要反映税收差异。在债券市场整体呈现牛市的格局中，中短期(3 年期以下)金融债券和国债的收益率点差会明显收窄，而中长期(5 年以上)金融债券和国债收益率点差保持基本平稳；在债券市场整体呈现弱势格局中，中短期(3 年期以下)金融债券和国债的收益率点差会明显放大，同样，中长期(5 年以上)品种的收益率点差会保持基本平稳。实证研究表明，目前金融债券与国债的收益率点差基本呈现如表 5-6 所示的规律。

表 5-6　金融债券与国债收益率点差

年期	1 年	3 年	5 年	7 年	10 年
2005 年度收益率平均点差(基点)	17.67	30.67	23.56	22.61	15.49
目前收益率点差(基点)	17.29	22	29.74	22.84	13.285

试讨论：根据上述点差规律，在实践操作中，我们应采取何种策略？

2011 年下半年以来，中国的债券市场从总体上看表现突出。各类债券指数大幅上扬；新债发行量猛增，债券市场大扩容，2012 年年底的存量规模达到了 25.6 万亿元，与股票市场旗鼓相当。同时，债券基金业绩也十分抢眼，2012 年债券型基金以 7.06%的平均收益领先于各类证券投资基金，成为当之无愧赚钱的冠军。图 5-10 给出了中证 50 债券指数，以及南方中证 50 债券指数基金业绩增长的情况。

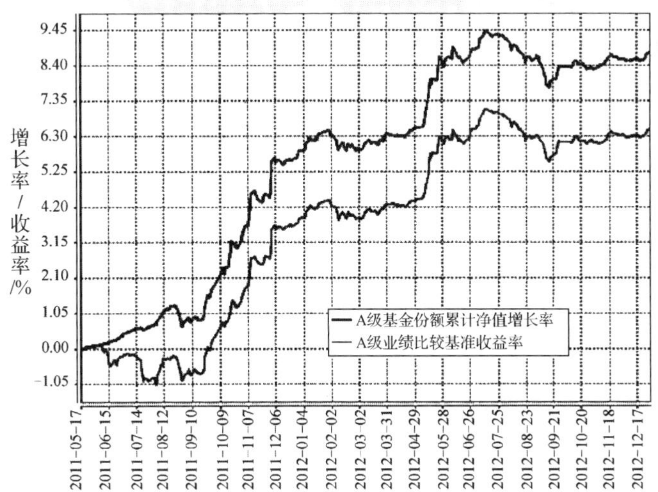

图 5-10　A 级基金份额累计净值增长率与同期业绩比较基准收益率的历史走势对比

试分析为什么 2011 年下半年至 2012 年这段时间以来，债券市场取得了较好的表现。

第六章　固定收益衍生产品概述

【学习要点及目标】

- 理解远期利率协议的概念和功能；熟悉远期利率协议的基本要素；了解远期利率协议在我国的应用情况。
- 理解利率期货的基本概念和功能；熟悉利率期货合约的主要品种和基本要素；了解利率期货的发展历史和现状。
- 理解利率互换的相关概念和要素；熟悉利率互换的主要功能；了解利率互换的发展历史和现状；理解利率互换的套利交易策略。
- 理解利率期权的概念和分类；熟悉常见的利率期权品种；了解利率期权的发展历史和现状。

【核心概念】

远期利率协议　利率期货　债券远期　标准债券　转换因子　最便宜可交割债券　利率互换　利率期权　信用违约互换

【引导案例】

衍生产品工具利用的全球情况

2009 年 3 月至 4 月，国际互换和衍生品协会(ISDA) 对全球 500 强企业使用衍生品管理价格风险的情况进行了调查。结果显示：外汇衍生品工具是使用最广泛的工具，共有 441 家大型企业参与，占比达 93.6%；其次是利率衍生产品，共有 416 家企业参与，占比达 83%；商品类衍生产品紧随其后，参与的企业多达 230 家；排在最后的是股权类和信用类衍生产品，分别有 143 家和 101 家企业参与其中。按不同行业区分，利率类和外汇类衍生品被所有行业的企业广泛运用。其中，金融业、技术行业使用利率衍生产品的公司比例均在 90%以上。另外，尽管世界范围内企业使用衍生品比较普遍，但调查显示仍然存在地区差异。荷兰、加拿大、瑞士、英国、法国和日本的企业全部使用衍生品进行风险管理。而在十大使用衍生品的国家中，韩国和中国的使用率较低，分别为 87%和 62%。

近年来，日趋繁杂的金融市场也带来了波动和风险，投资者对衍生品市场的需求走高，特别是利率衍生产品的应用增长迅速。全球衍生品市场中，挂钩利率资产的合约占比最高。从场外衍生品规模看，截至 2019 年年末，全球场外衍生品名义未平仓金额合计 558.5 万亿美元，其中利率合约 448.97 万亿美元，占比 81%；外汇合约 92.18 万亿美元，占比 17%；而挂钩股票、商品的场外衍生品合约规模占比较小，均不足 1%。常见的利率衍生产品主要有远期利率协议、利率期货、利率互换和利率期权等。利率互换合约的规模最大。截至 2019 年年末，利率互换合约名义未平仓金额为 341.29 万亿美元，占比 63%；场内外利率期权合计 100.57 万亿美元，占比 18.5%；远期利率协议 67.43 万亿美元，占比 12.4%；利率期货 34.77 万亿美元，占比 6.4%。

(资料来源：笔者整理)

第一节　远期利率协议

一、远期利率协议的相关概念和功能

远期利率协议(Forward Rate Agreement，FRA)是指买卖双方同意从未来的某一时刻开始的一定时期内按照协议利率借贷一笔数额确定、以具体货币表示的名义本金的协议。远期利率协议的买方是名义借款人，其订立远期利率协议的主要目的是规避利率上升的风险。远期利率协议的卖方是名义贷款人，其订立远期利率协议的主要目的是规避利率下降的风险。之所以称为"名义"，是因为借贷双方不必交换本金，只是在结算日根据协议利率和参考利率之间的差额以及名义本金额，由交易一方付给另一方结算金。如果商业银行希望把将来的借款成本固定在一定水平上，它可以购买一个远期利率协议，如果利率上升，则按远期利率协议协定利率进行筹资就会降低筹资成本。而如果商业银行想把未来贷款的收益固定下来，则它可以出售一个远期利率协议，如果利率下降，则按远期利率协议协定利率贷款，可取得更高的利息收入。当然，在这两种情况下，商业银行都要放弃利率沿有利方向变动所能带来的利益，作为回报，商业银行避免了利率沿不利方向变动所带来的风险。

FRA 起源于 1983 年的伦敦银行间同业拆借市场，是为管理远期利率风险和调整利率不匹配而进行的金融创新之 。发展初期，市场的参与者主要是美国的大型商业银行以及英国的一些商人银行和清算银行等，后来也有非银行金融机构和公司企业通过与银行签订 FRA 来规避远期借款利率上升的风险。国际上主要的远期利率协议市场主要集中在伦敦，其次是纽约。与金融期货、金融期权等场内交易的衍生工具相比，远期利率协议具有简便、灵活、无须支付保证金等优点。同时，由于远期利率协议是场外交易，故存在信用风险和流动性风险，但这种风险又是有限的，因为合约双方约定在到期日双方按当时的市场利率和协议利率的差额清算，即最后实际支付的只是利差而非本金。从管理层的角度来看，远期利率协议业务的推出也有利于促进市场稳定、提高市场效率。远期利率协议通过锁定未来的利率水平，实现了风险的转移和分散，因而能够深化市场功能，有利于促进市场稳定，同时可以在客观上降低投资者的交易成本，提高市场效率。另外，远期利率协议业务还有利于促进市场的价格发现，为中央银行的货币政策操作提供参考。截至 2019 年年末，全球远期利率合约名义未平仓金额 67.43 万亿美元，其中以美元计价的占比在 54%，约 34.98 万亿美元；其次为欧元计价，占比 31%，规模约 19.76 万亿美元；英镑计价的占比第三，规模约 6.95 万亿美元。①

二、远期利率协议的基本要素

远期利率协议通常包含以下几个基本要素：合同金额、合同利率、参照利率、交易结算日和到期日等。具体的释义如表 6-1 所示。

① 陈健恒，东旭. 中金公司——他山之玉系列：海外利率衍生品发展对中国的借鉴意义，2020-09-17.

表 6-1　远期利率协议基本要素

基本要素	说明
合同金额(Contract Amount)	借贷的名义本金额
合同货币(Contract Currency)	合同金额的货币币种
交易日(Dealing Date)	订立合约，确定 FRA 合同利率的日期
确定日(Fixing Date)	确定参照利率的日期
结算日(Settlement Date)	支付结算金的日期，也是协议期限的起息日。欧洲市场的标准一般是确定日之后的 2 个工作日，即 T+2；英国市场实行 T+0
到期日(Maturity Date)	名义借贷到期的日期
合同期(Contract Period)	结算日至到期日的天数
合同利率(Contract Rate)	协议中双方商定的借贷利率
结算金(Settlement Sum)	在结算日根据合同利率和参照利率的差额计算出来的，由交易一方付给另一方的金额
参照利率(Reference Rate)	协议中用以确定结算金的某种市场利率，如 LIBOR、银行优惠利率、短期国库券利率等

FRA 的价格是指从利息起算日开始的一定期限的协议利率。FRA 市场报价是每天随着市场变化而变化的，实际交易的价格要由每个报价银行来决定。FRA 的报价方式和货币市场拆出拆入利率表达方式类似，但 FRA 报价多了合约指定的协议利率期限，其主要的形式是 $T_1 \times T_2$。例如，在 10 月 18 日，美元 3×6 FRA 市场报价为“3×6、8.03%～8.14%”，其中“3×6”(3 个月对 6 个月，英语称为 Three Against Six)表示期限，即从交易日(10 月 18 日)起 3 个月末(即次年 1 月 18 日)为起息日，而交易日后的 6 个月末为到期日，协议利率的期限为 3 个月期。它们之间的时间关系如图 6-1 和图 6-2 所示。

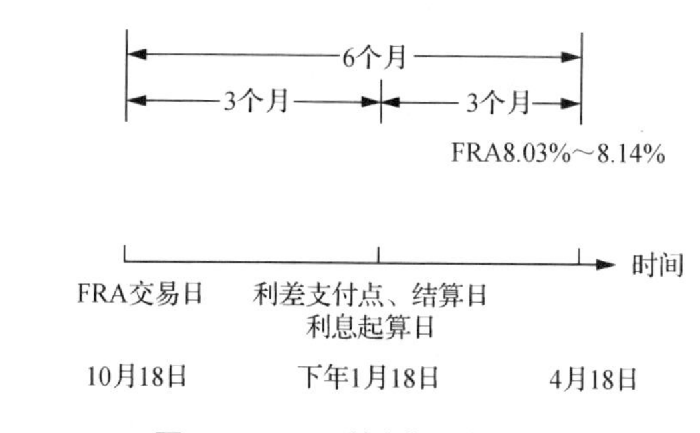

图 6-1　FRA 利率期限的形式(1)

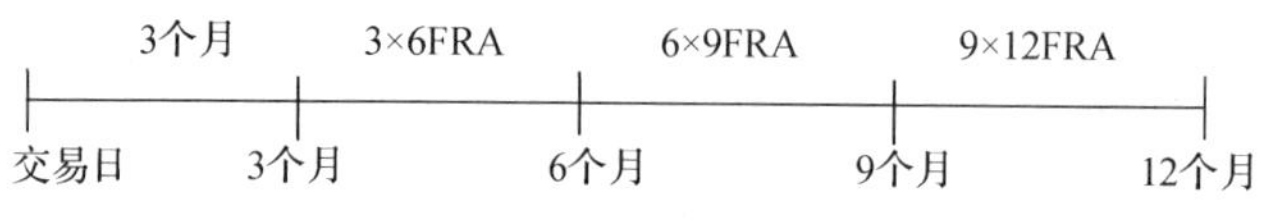

图 6-2　FRA 利率期限的形式(2)

“8.03%～8.14%”为报价方报出的 FRA 买卖价：前者是报价银行的买价，若与询价方成交，则意味着报价银行(买方)在结算日支付 8.03%利率给询价方(卖方)，并从询价方处收取参照利率；后者是报价银行的卖价，若与询价方成交，则意味着报价银行(卖方)在结算日从询价方(买方)处收取 8.14%利率，并支付参照利率给询价方。

在远期利率协议下，如果参照利率超过合同的协议利率，那么卖方就要支付给买方一笔结算金，以补偿买方在实际借款中因利率上升而造成的损失。反之，则由买方支付给卖方一笔结算金。但一般来说，实际借款利息是在贷款到期时支付，结算金则是在结算日支付，因此，结算金通常并不等于因利率上升而给买方造成的额外利息支出，而是等于额外利息支出在结算日的贴现值，具体计算公式如下：

$$\text{结算金}=\frac{(r_r-r_k)\times A\times\dfrac{D}{B}}{1+(r\times\dfrac{D}{R})} \tag{6-1}$$

其中，r_r 表示参照利率，r_k 表示合同的协议利率，A 表示合同金额，D 表示合同期天数，B 表示天数计算惯例(如美元为 360 天，英镑为 365 天)。式(6-1)中，分子表示由于合同的协议利率与参照利率之间的差异所造成的额外利息支出，而分母则是对分子进行贴现，以反映结算金的支付是在合同期开始之日而非结束之时。

例如，假设 A 公司在三个月之后需要一笔金额为 100 万美元的资金，为期半年，其财务经理预测届时利率将上涨，因此，为锁定其资金成本，该公司与某银行签订了一份协议利率为 6.25%、名义本金额为 100 万美元的 3×9 远期利率协议。

假设三个月后，市场利率果然上涨，六个月期市场利率上涨为 7%，则远期利率协议结算日应交割的金额计算如下：

$$\frac{(7\%-6.25\%)\times 1000000\times\dfrac{182}{360}}{1+7\%\times\dfrac{182}{360}}\approx 3662.07$$

假设此时 A 公司为配合其财务资金的需求，不得不按此时的市场利率 7%借入一笔金额为 100 万美元期限为六个月的资金，则其借入资金的利息成本为

$$1000000\times 7\%\times\frac{182}{360}=35388.8$$

但由于 A 公司承做了上述 FRA 避险，可获远期利率协议的利息差价收入为 3662.07 美元，因此，其实际的财务成本为

$$\frac{35388.8-3662.07\times(1+7\%\times\dfrac{182}{360})}{1000000}\times\frac{360}{182}\approx 6.25\%$$

即为原 FRA 设定的资金成本，也就是远期利率协议中的协议利率 6.25%。若三个月后的市场利率下跌，通过类似的分析，可得 A 公司的实际财务成本仍为 6.25%。可见，通过远期利率协议，A 公司可以将其筹资成本固定，从而避免了利率波动的风险。

可见，签订 FRA 后，不管市场利率如何波动，协议双方将来收付资金的成本或收益总是固定在合同利率的水平上。而且，由于远期利率协议交易的本金不用交付，利息是按差额结算的，所以资金流动量较小，这就给银行提供了一种管理利率风险而无须改变其资产负债结构的有效工具，也在一定程度上降低了远期利率协议的信用风险。

三、远期利率协议在我国的应用状况

2007 年 9 月底我国央行正式颁布 《远期利率协议业务管理规定》(中国人民银行公告〔2007〕第 20 号)，自 2007 年 11 月 1 日起，银行间债券市场正式推出 FRA。该规定明确

了 FRA 的业务规程、市场准入条件、风险管理和监管。FRA 推出的当日，中信银行股份有限公司与汇丰银行达成了国内首笔人民币远期利率协议。该交易本金为 2 亿元人民币，参考利率是三个月 SHIBOR(上海银行间同业拆放利率 Shanghai Interbank Offered Rate)，标的为三个月后的三个月利率。同时，中信银行自 11 月 1 日起首家通过路透对以三个月 SHIBOR 为参考利率的远期利率协议向全市场进行报价。2008 年全球金融危机爆发后，金融衍生工具被视为金融危机的元凶，交易者纷纷离场，但此时我国商业银行 FRA 的交易量相比 2007 年非但没有下降，反而出现了大幅提高。这一方面是因为在我国资本市场逐步开放的背景下，我国商业银行及金融监管机构利用金融衍生工具规避与管理风险的意识有所增强。另一方面是由于人民币利率互换功能类似于远期利率协议且推出在前，市场参与者更熟悉利率互换，利率互换的快速增长对远期利率协议产生了一定替代作用，因此自 2009 年开始，远期利率协议的交易量和交易笔数都大幅下降。

第二节　利率期货和债券远期

一、利率期货的相关概念和功能

所谓利率期货(Interest Rate Futures)，是指由交易双方签订的并约定在将来某一时间按双方事先商定的价格，交割一定数量的债券或者与利率相关的金融资产的标准化期货合约。与标准化的利率期货合约不同，债券远期交易是交易双方约定在未来某一日期，以约定价格和数量买卖标的债券的金融合约，其交易对象有可能是交易双方通过一对一的谈判，私下协商达成的非标准化合同；另外，绝大多数期货合约都是通过对冲平仓的方式了结，而远期交易的履约方式则主要采用实物交收方式。由于远期交易可看作期货交易的雏形，期货交易则是在远期交易的基础上发展起来的，所以我们重点介绍利率期货的相关知识。

利率期货的主要功能包括规避利率风险、反映未来利率走势(价格发现)、促进现货市场的发展以及资产配置。

首先，期货市场的主要功能就是套期保值，利率期货也不例外。具体来说，套期保值是指在现货市场做一笔交易的同时要在期货市场上做相反方向的交易以达到为其现货交易保值的目的。如一家机构买入 1000 万元人民币的国债，预计将在一个月后售出，但担心一个月后利率上升导致国债价格下跌造成损失，可在期货市场先卖出相同金额的一个月期的国债期货，若一个月后利率果然上升，该种国债价格下跌，期货价格随之下跌，那么该公司在现货市场的损失可在期货合约平仓时获得一定的弥补，从而减少甚至完全消除利率的不利波动造成的亏损。同时期货交易是保证金交易，具有杠杆效应，因此可以减少由于保值所占用的资金。期货市场是在集中统一交易场所内进行，具有很好的市场流动性，又方便了市场保值者进出市场，避免了其他保值方式由于流动性不足所带来的潜在风险，同时也降低了保值的交易成本。

其次，利率期货也具有价格发现功能。国债利率作为一种无风险的资金借贷价格，是货币资金市场上的基准利率，是确定其他利率水平的重要参考指标，也是其他金融工具尤其是衍生工具的定价基准。而利率期货最主要的品种就是国债期货，尽管影响一国利率水平的因素是多样的，如投资需求、通货膨胀、国民生产总值、货币供给、储蓄倾向、央行的公开市场业务等，但国债期货交易是在专门的期货交易所内进行的，而期货交易所作为一种有组织的、正规化的统一市场，聚集了众多买方和卖方，不仅有套期保值者，还有投机者，大量的不同目的的交易者的参与确保了市场的流动性，而且期货交易所通过公开竞价的方式避免了欺诈和垄断行为。此外，按期货交易所的价格报告制度规定，所有在交易场上达成的每一笔交易的价格，都要向会员及其场内经纪人报告并公布于众，这就使得所有的期货交易者及其场内经纪人都能及时地了解期货市场上的行情变化，及时作出判断，并把自己所了解到的可以影响国债价格(进而影响国债利率)的信息源源不断地输入交易市场中，最后反映到期货价格中去，这就进一步提高了期货价格的真实性和预期性。通过在交易所进行的国债期货交易，交易价格不断报出、修正和传播，从而使潜在的价格信息揭示得更充分、更合理，能够较为真实地反映供求状况和人们对国债未来价格和利率的综合预期，这种集中交易形成的价格变市场的滞后调节为预先调节，成为投资者决策和规划资金的依据。

再次，利率期货的发展还有助于促进债券现货市场的发展。利率期货的发展，在动荡不定的利率形势下给投资者一定的信心，即购入现货(国债、金融债、企业债等)可以通过期货市场套期保值对冲持有这些固定收益债券的利率风险，从而较好地锁定投资收益，使得这些投资者可以更加有效地管理自己的资产，提高了他们参与二级市场交易的积极性，这在客观上促进了债券二级市场的发展。而且，由于目前绝大部分国家的交易所利率期货合约都是采取实物交割的方式，而实物交割将极大地促进二级市场上已发行债券的流动性。二级市场的活跃又反过来促进一级市场发行渠道的顺畅，各种债券的发行会更加容易，成本更低。这样，期货市场的推出促进了一、二级市场的健康发展。

最后，利率期货还具有资产配置功能。一方面，期货交易引进了做空机制，使投资者的投资策略从等待债券价格上升的单一模式转变为双向投资模式，从而使投资者的资金在行情下跌时也能有所作为而非被动闲置；另一方面，对于机构投资者来说，利率期货是一种高效的组合管理工具，机构投资者可以利用现货、期货和回购等多种投资工具构建更为丰富的投资组合，极大地改进其进行组合投资和风险管理的能力。

二、利率期货的发展历史和现状

20 世纪 60 年代中后期开始的高通胀环境，以及 20 世纪 70 年代复杂的国际经济环境，使得美国的利率波动风险剧增。面对日趋严重的利率风险，各类金融商品持有者尤其是各类金融机构迫切需要一种既简便可行又切实有效的利率风险管理工具。利率期货正是在这种背景下应运而生的。1975 年 10 月，世界上第一张利率期货合约——政府国民抵押协会抵押(Government National Association Certificate)期货合约于芝加哥期货交易所(CBOT)诞生；1976 年 1 月，芝加哥商业交易所(CME)国际货币市场分部(IMM)推出美国短期国库券期货(3 个月期)合约；1977 年，美国长期国债期货合约在 CME 上市。至 1982 年，CBOT 推出了主力合约品种——10Y 国债期货，美国利率期货市场已基本完备。国债期货具有套期保值、价格发现等多种功能，为国债现货市场的发展提供了重要支撑，同时国债现货市场规模的扩大又推动了国债期货市场发展，国债期货已经成为世界上最为活跃的金融衍生品之一。根据美国商品期货交易委员会(CFTC)的统计数据，国债期货交易量占全美期货成交量的 20%～30%；2011 年 CME 统计数据显示，国债期货日交易量已经占到各类期货日交易总量的约 50%，其中又以 10 年期国债期货品种交易最为活跃，提供了近一半的成交量。国债期货日均成交量 30 年几乎增长了 300 倍。2019 年年末，全球场内利率期货合约名义未平仓金额为 34.77 万亿美元，2020 年第一季度末降至 32.15 万亿美元。多数场内利率期货合约期限较短。从市场份额来看，北美市场占比最高，其次为欧洲，亚太份额相对较小。截至 2020 年第一季度末，北美市场上的利率期货合约名义未平仓金额为 23.51 万亿美元，占比 73% ；欧洲市场上利率期货合约规模为 6.59 万亿美元，占比 21%；亚太市场份额为 1.44 万亿美元，占比仅 4%。

美国国债期货的主要参与者为资产管理机构、杠杆基金以及中间商等。按 CFTC 每周公布的期货持仓报告，国债期货的参与机构主要分为四类：一是中间商(Dealer Intermediary)，即以银行和券商为主的做市商；二是资产管理机构(Asset Manager/Institutional)，这是国债期货市场的主要参与机构，包括保险公司、养老金(Pension Fund)、共同基金(Mutual Fund)、捐赠基金(Endowment Fund)以及机构基金(Institutional Fund)等；三是杠杆基金(Leveraged Fund)，以对冲基金(Hedge Fund)为主；四是其他报告账户，主要为企业财务公司、央行以及信用社等。

CBOT 与 CME

我国的国债期货于 1992 年 12 月在上海证券交易所开始交易，早期只对机构投资者开放，在国债期货交易开放的近一年里，交易并不活跃。从 1992 年 12 月 28 日至 1993 年 10 月，国债期货成交金额只有 5000 万元。1993 年 10 月 25 日，上交所对国债期货合约进行了修订，并向个人投资者开放国债期货交易。随后其他一些地方的交易所也陆续推出国债期货交易。从 1994 年第二季度开始，国债期货交易逐渐趋于活跃，交易金额逐月递增。1995 年以后，国债期货交易更加火爆，经常出现日交易量达到 400 亿元的市况，而同期市场上流通的国债现券不到 1050 亿元。由于可供交割的国债现券数量远小于国债期货的交易规模，所以，市场上的投机气氛越来越浓厚，风险也越来越大。1995 年 2 月，国债期货市场上发生了著名的“327”违规操作事件，对市场造成了沉重的打击。1995 年 5 月，再次发生恶性违规事件——“319”事件。1995 年 5 月 17 日下午，中国证监会发出通知，决定暂停国债期货交易。各交易场所从 5 月 18 日起组织会员协议平仓；5 月 31 日，全国 14 个国债期货交易场所全部平仓完毕，我国首次国债期货交易试点以失败而告终。2013 年 9 月 6 日，经过重新设计的国债期货在中国金融期货交易所重新挂牌上市，首批上市的是 5 年期合约。2015 年 3 月，10 年期国债期货合约挂牌上市。2018 年 2 月 12 日中金所发布关于修订《5 年期国债期货合约》《10 年期国债期货合约》及相关业务规则通知，从可交割券范围、保证金制度、持仓限额制度、套利套保交易额度申请等方面，对国债期货现有业务规则进行调整。2018 年 8 月 17 日，2 年期国债期货正式挂牌上市。

国债“327”事件和“319”事件

三、利率期货合约的主要品种及基本要素

按照合约标的期限长短，利率期货可以分为短期利率期货和长期利率期货两大类。①短期利率期货又称货币市场类利率期货，即以期限不超过 1 年的货币市场债务工具作为交易标的的利率期货均为短期利率期货，如短期国库券(Treasury Bill，TB)期货合约、欧洲美元(Euro-Dollar)期货合约、商业票据(Commercial Paper)期货合约、大额可转让存单(CDs)期货合约等。②长期利率期货又叫资本市场类利率期货，即凡以期限超过 1 年的资本市场债务工具作为交易标的的利率期货均为长期利率期货，如各种中期国债(Treasury Notes)期货合约、长期国债(Treasury Bonds)期货合约等。

同其他期货品种一样，利率期货合约也包含一些标准内容，例如合约标的、合约规模、最小变化价位、合约期限、每日价格最大波动限制、交割方式等。其中，作为利率期货合约特有的要素是对合约标的的有关规定，即标准债券、转换因子和最便宜可交割债券等。

所谓标准债券，即名义标准债券，是指由交易所专为利率期货交易设计的、具有固定的面值和票面利率，但是没有最后到期期限的一种债券。这种债券只是一种名义上的债券，在现实生活中并不存在，因而也叫作虚拟债券。由于每一期国债的发行量相对于市场可用资金而言都是有限的，所以如果采用某种实际债券作为国债期货合约标的，那么就会比较容易发生“多逼空”事件，即交易的多头利用资金优势，通过囤积甚至垄断可供交割的债券，故意推高现货和期货市场价格，迫使空方违约或接受不利价格平仓的行为。针对这一问题，在国债期货合约设计中，往往将合约标的设定为一种具有特定年限和票面利率的所谓标准债券，而在交割时，可交割债券可从指定的不同剩余年限和票面利率的真实债券中选择。由于国债期货合约的标的资产是名义债券，所以可交割债券实质上是期货合约的基础产品。

转换因子(Conversion Factor，CF)是指可交割债券转换成名义标准债券的比例，即 1 元可交割债券未来所有利息现金流和本金按标准债券票面利率折现的现值，它反映了普通可交割债券与合约中标准国债之间的折算关系。由于交割时可以采用各种品种的交割债券，这些债券具有不同利率以及不同的到期日，如果按照同一个结算价来进行交割，显然是不合理的。所以，交易所计算并公布每种可供交割债券和标准债券之间的转换因子，将不同剩余期限、不同票面利率的可交割债券的价格进行折算，以便使各个券种的价格和国债期货的价格之间能够直接进行对比，从而使债券期货交易的空方可以交割任一种满足交割等级范围的真实债券，扩大了可交割债券的范围，有效地降低“多逼空”风险。转换因子通常由交易所计算并公布，投资者只需查询交易所公告即能得到每一个可交割债券的转换因子。

值得注意的是，即使在使用了转换因子对可交割债券的价格进行了调整之后，各种可交割债券之间仍存在一定差别，有些债券会相对便宜，有些债券会相对昂贵，期货合约方的卖方仍可以选择最便宜、对其最有利的债券进行交割，该债券称为最便宜可交割债券(Cheapest To Deliver，CTD)。由于空方会选择最便宜债券进行交割，国债期货合约价格将由最便宜可交割债券导出，并且国债期货交易每天按合约价格进行保证金结算，因此，最便宜可交割债券在国债期货交易、交割中具有重要地位。另外，一些更详细的合约条款可参见后文对具体品种的介绍。

国债期货
“多逼空”事件

表 6-2～表 6-4 分别给出了几种重要的利率期货品种的主要条款。

表 6-2　13 周美国短期国债期货合约

基本要素	说明
合约标的	面值为 1000000 美元的 3 个月期(13 周)美国短期国库券
报价方式	100 减去短期国债年贴现率(例如，贴现率 2.25%可表示为 97.75)
最小变动价位	0.00005(1/2 个基点)或每张合约 12.50 美元
合约月份	最近到期的三个连续月，随后四个循环季月(按 3 月、6 月、9 月、12 月循环)
交易时间	芝加哥时间上午 7:20 至下午 2:00，最后交易日于中午 12:00 收盘

续表

基本要素	说明
每日价格最大波动	无
最后交易日	到期合约于该月份第一交割日前的那个营业日停止交易
交割方式	现金交割
交割日期	交割将于连续3个营业日内进行。第一交割日是现货月份的第一天，那天正是新的13周国库券发行，而原来发行的1年期国库券尚有13周剩余期限的一天
可交割债券	既可以是新发行的3个月期(即13周)的国库券，也可以是尚有90天剩余期限的原来发行的6个月期或1年期的国库券

表6-3　CBOT 美国 10 年期中期国债期货合约

基本要素	说明
合约标的	面值为100000美元，票面利率为6%的名义标准国债的美国政府中期国债
报价方式	1个基点(1000美元)以及1/32基点的一半
最小变动价位	1/32基点(1000美元)的一半(每份合约＄15.625)
合约月份	最先的5个连续的季末循环月份(3月、6月、9月、12月)
交易时间	公开市场：芝加哥时间周一至周五上午7:20～下午2:00 GLOBEX：芝加哥时间周日至周五上午5:30～下午4:00
每日价格最大波动	无
最低交易保证金	逐月调整，一般低于1%
当日结算价	最后30秒成交价格按成交量加权平均价
最后交易日	合约月份最后营业日之前的第七个营业日，到期合约交易截止时间为当日中午12:01
交割方式	联储电汇转账系统
交割日期	交易月份的最后一个工作日
可交割债券	剩余期限离交割月首日为6年零6个月到10年的美国中期国债

表6-4　中国金融期货交易所10年期国债期货交易合约

基本要素	说明
合约标的	面额为100万元人民币，票面利率为3%的名义长期国债
报价方式	百元净价报价
最小变动价位	0.005元
合约月份	最近的三个季月(3月、6月、9月、12月中的最近三个月循环)
交易时间	9:30～11:30，13:00～15:15 最后交易日交易时间：上午9:30～11:30
每日价格最大波动	上一交易日结算价的±2%
最低交易保证金	合约价值的2%
当日结算价	最后一小时成交价格按成交量加权平均价
最后交易日	合约到期月份的第二个星期五
交割方式	实物交割

续表

基本要素	说明
最后交割日	最后交易日后的第三个交易日
可交割债券	发行期限不高于 10 年、合约到期月份首日剩余期限不低于 6.5 年的记账式附息国债

四、债券远期

2005 年 5 月 11 日，中国人民银行发布《全国银行间债券市场债券远期交易管理规定》，对债券远期交易的政策框架予以明确，随后《中国人民银行关于印发〈全国银行间债券市场债券远期交易主协议〉的通知》《全国银行间债券市场债券远期交易规则》《全国银行间债券市场债券远期交易结算业务规则》等规章制度及行业自律性质的文本，明确了债券远期交易的政策框架、违约情形和违约处理及债券远期教育、结算和信息披露的管理办法，标志着我国债券远期交易正式推出。按照《全国银行间债券市场债券远期交易主协议》(银发〔2005〕140 号)规定，债券远期涉及的合约要素包括标的债券(包括数量和面值总额)、成交日、结算日、远期交易净价和结算日应计利息等。其中，标的债券券种应为已在全国银行间债券市场进行现券交易的国债、央行票据、金融债券和经中国人民银行批准的其他债券券种；远期交易期限最短为 2 天，最长为 365 天，不得展期。债券远期与国债期货的主要区别在于：债券远期是场外(银行间市场)交易，期货是交易所交易；债券远期参与者自主报价、自选对手、自行清算、自担风险，而债券期货参与者则同交易所是交易对手方；另外，远期合约和期货合约的要素(如期限、报价、标的)等均有很大不同。

现阶段我国债券远期交易主要功能在于与现券交易配合构造一个类似买断式回购的交易，随着越来越多的机构选择直接做买断式回购交易，债券远期的需求将有所减少。自 2020 年 3 月 18 日起，中国外汇交易中心(全国银行间同业拆借中心)正式启动标准债券远期报价机制，市场流动性显著提升。同时，标准债券远期交易结算机制进一步优化，实施合约缩减，过渡期内将每个品种的季月合约数量逐步缩减至 2 个，即近月和次近月合约。此外，可交割债券切换规则也有所调整，这都有助于提升市场定价水平和交易活跃度。

第三节　利 率 互 换

一、利率互换的相关概念和要素

利率互换(Interest Rate Swaps)是指交易双方签订协议，同意在未来的一定期限内，以同种货币的一定名义本金(Notional Principal)为基础，交换按不同计息方式所产生的利息(现金流)，例如，甲方以固定利息换取乙方的浮动利息，乙方则以浮动利息换取甲方的固定利息。

利率互换是典型的场外市场交易(OTC)工具。一项标准利率互换包括以下几项内容：互换双方达成一致签订协议；双方定期向对方支付利息(Fixed-Against-Floating)，其中支付固定利率利息的一方被称为固定利率支付方(Fixed-Rate-Payer)，支付浮动利率利息的一方被称为浮动利率支付方(Floating-Rate-Payer)。相应的固定利率被称为互换利率(Swap Rate)，通常参考固定收益资产的收益率(The Yields On Fixed-Income Assets)或是定期支付债息的债券(Coupon-Bearing Bonds)利率来决定。浮动利率则参照某种特定的市场利率，如伦敦银行同业拆借市场利率和上海银行间同业拆放利率(SHIBOR)等。双方互换利息，不涉及本金交换。这种固定对浮动利率互换是最简单的利率互换交易。利率互换合约的其他条款还包括名义本金、合约期限(包括起息日、到期日和交换日)、固定利率支付频率和计息基准、浮动利率支付相对参考利率的利差、重置频率和计息基准等。整体来看，利率互换合约在全球各个地区的接受度都比较高，是当前全球最为主流的衍生品工具。表 6-5 给出了一个标准利率互换合约的例子。

表 6-5　一个标准利率互换合约条款

甲方	××银行
乙方	×××银行
交易日	年　月　日
起息日	年　月　日
到期日	年　月　日
名义本金	人民币　亿元
甲方支付	固定利率，年利率　%，实际天数/365，单利
乙方支付	浮动利率 FR007，实际天数/365，复利
浮动利率重置	到期一次付息；在付息期内，每 7 天为一个计息期，但最后一个计息期不跨越付息期；FR007 每 7 天重置；首个计息期利率为　月　日的 FR007，即　以后每个计息期的利率重置日为该计息期开始前的一个工作日；如果付息期的最后一个计息期不足 7 天，仍按照该计息期利率重置日的 FR007 计息；如果利率重置日为法定假日，以重置日前一个工作日的 FR007 为该计息期的重置利率
付息频率	每季度支付，首个付息日为　年　月　日
付息日调整	修正的下一工作日。即如果合同付息日为国家法定假日，先检查下一工作日是否跨入了下一个日历月，如果没有跨入下一个日历月，则调整到下一工作日；如果跨入了下一个日历月，则调整到合同付息日的前一个工作日
计息调整	调整。即按假日调整后的实际付息日计算当期利息
计算代理人	甲方
FR007	7 天上海银行间同业拆放利率，由路透系统于北京时间每日上午 11 点 30 分公布

互换的现金流如图 6-3 和图 6-4 所示。T 为互换的总期限，t_{i-1} 至 $t_i(1\leqslant i\leqslant T)$的时间段是合约的第 i 期。向上的箭头表示现金流入，向下的箭头表示现金流出。实线箭头是固定利率现金流。固定利率是在合约签订时约定的，图中的虚线箭头是浮动利率，浮动利率是随市场变化而变化的，合约第 i 期期末的浮动利率是在第 i 个确定日确定的。即 t_i 时刻的浮动利率是在 t_{pi} 确定的，一般确定日在前一个支付日的前两个营业日。

利率互换合约的标准化与 ISDA 协议

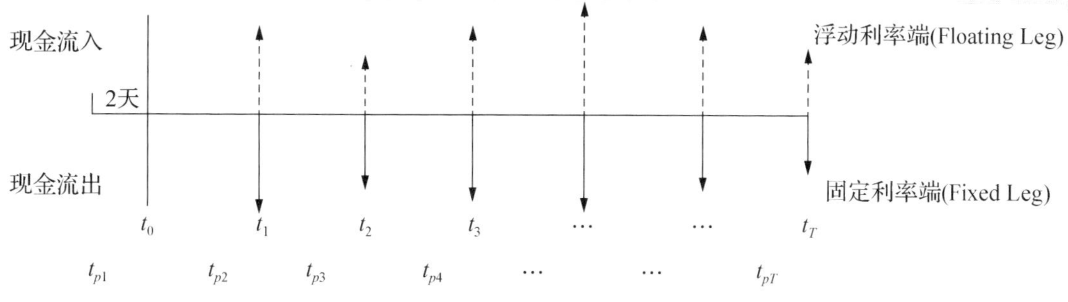

图 6-3 合约买方的现金流

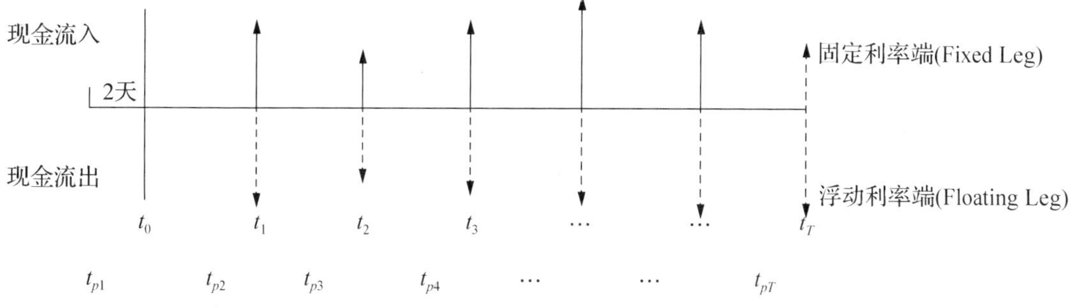

图 6-4 合约卖方的现金流

互换交易中的几个重要日期可由图 6-3 和图 6-4 表示。

(1) 交易日(t_{p1})。交易日指互换双方就交易达成协议的日期。几乎所有的互换交易都符合 ISDA 的标准文本。利率互换协议是标准化的，只要约定支付的固定利率及确定固定利率和浮动利率付息的频率及计息天数的计算惯例即可。付息频率通常每年一次、半年一次或者每季度一次，计算天数的方法很多。

(2) 生效日(t_0)。生效日互换开始计息的日子，一般是在交易日后的第三个营业日。这段时滞是为了和欧洲货币市场上交易日与起息日之间的时滞保持一致。由于每一期的浮动利率是提前确定的，双方都知道各自的计息利率，以及期末需要支付的固定利息和浮动利息金额。

(3) 确定日(t_{pi})。确定日是确定下一个支付日的浮动利率。交易日通常也是第一个确定日。交易双方在第一个确定日确定下一期的浮动利率。在浮动利率支付期内，许多交换均以 LIBOR 作为浮动利率，而且通常在计息期开始前两个营业日确定浮动利率。第二个确定日 t_{p2}。这是在第二期交换开始之前，一般也是提前两个营业日。接下去的确定日以此类推，直至互换最后一期的前两个营业日 t_{pT}。

(4) 支付日(t_i，$1 \leqslant i \leqslant D$)。第一个支付日以 t_1 表示，是在第一期互换的最后一天，此时互换一方将是净债权方，另一方是净债务方，双方不要实际支付按利率计算出来的全部利息数额，而只要由净债务方支付利差。

(5) 到期日(t_T)。到期日是上述互换过程重复进行直至最后一笔利息支付完成为止，也是最后一个支付日。

【案例 1】一份利率互换合约的现金流

假设 A 公司与 B 公司达成一项自 2010 年 4 月 1 日开始的名义本金为 1 亿元的 3 年期利

率互换合约。根据合约规定，A公司同意向B公司支付年息为5%的固定利息，每半年付息一次；作为回报，B公司向A公司支付6个月期LIBOR利率，合约约定双方每6个月互换现金，如图6-5所示。

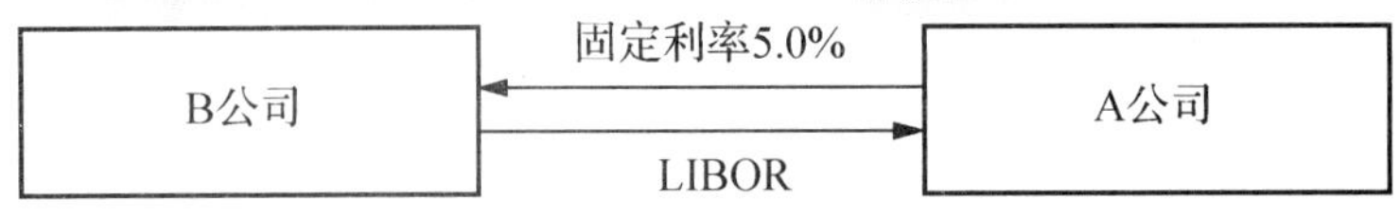

图6-5　利率互换流程

根据上述合约，在该利率互换合约有效期内，固定利率和浮动利率现金流如表6-6所示。

表6-6　固定利率和浮动利率现金流

日　期	LIBOR利率/%	浮动端现金流/百万元	固定端现金流/百万元	净现金流/百万元
2010年4月1日	4.2			
2010年10月1日	4.8	+2.10	−2.50	−0.40
2010年4月1日	5.3	+2.40	−2.50	−0.10
2010年10月1日	5.5	+2.65	−2.50	+0.15
2010年4月1日	5.6	+2.75	−2.50	+0.25
2010年10月1日	5.9	+2.80	−2.50	+0.30
2010年4月1日	6.4	+2.95	−2.50	+0.45
		+102.95	−102.50	+0.45

二、利率互换的主要功能

利率互换的主要功能包括以下四个方面。

1. 降低融资成本

利率互换使参与者利用不同信用评级银行在不同筹资市场上具有的比较优势，获得低于市场固定利率或浮动利率的贷款。交易双方最终分配由比较优势而产生的全部利益是利率互换交易的主要动机，因此，利率互换改善了交易者的资产负债状况，降低了实际融资成本。

表6-7给出了A银行和B银行的融资成本数据。

表6-7　A银行和B银行的融资成本

	固定利率/%	浮动利率/%
A银行	9.00	LIBOR+0.50
B银行	10.20	LIBOR+1.20
融资利率差额	1.20	0.70

从表6-7中可知，A银行的融资优势在于固定债务，B银行的相对融资优势在于浮动债务(即相比固定债务，B银行筹借浮动债务的利差要小些)。假定A银行最终希望筹到浮动利率资金，而B银行希望借入固定利率债务，它们可以做一笔互换。互换的条件假定为A银行向B银行支付1年期LIBOR计算的利息，B银行向A银行支付同样本金的以8.75%固定

利率计算的利息。互换后，A 银行组合浮动债务成本为(8.75%-LIBOR-9.00%)= LIBOR+0.25%；B 银行组合固定利率债务成本为[LIBOR-8.75%-(LIBOR+1.20%)]=9.95%。

与互换前各自的另一种筹资方式相比，A 银行节省了 0.25 个百分点，而 B 银行也节省了 0.25 个百分点。通过互换，达到了互惠互利，即双方都取得了在既定融资选择下，更低的融资成本，如图 6-6 所示。

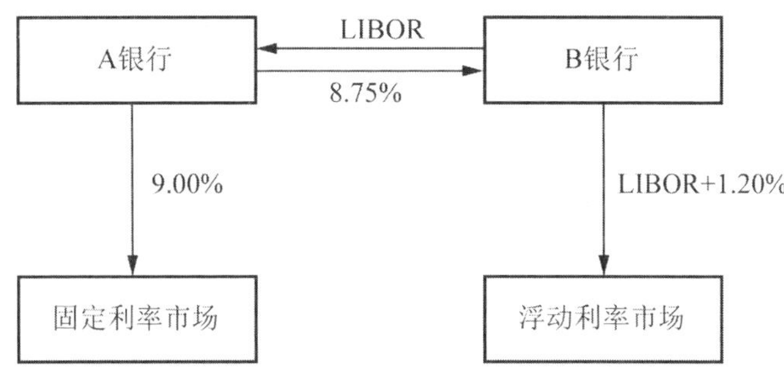

图 6-6　利率互换流程

2. 规避利率风险

在国际金融市场利率越来越透明的今天，利率波动日益频繁，利率互换提供了新的风险管理手段，满足了不同投资者的不同差异需求，有助于投资者根据风险大小、承受能力和自己的偏好有效配置资金。特别是在利率频繁变动的市场环境中，利用互换交易的特点，投资者可以在不调整资产负债结构的前提下，控制利率风险，同时满足流动性和营利性的要求，其主要表现在以下两个方面。

(1) 负债方面，在利率互换中，为避免利率上升带来的损失，有浮动利率负债的交易者就与名义负债数额相同的固定利率交易者互换，所收取的浮动利率与原负债相抵，而仅支出固定利率，从而避免利率上升的风险；反之，利率下降时，有固定利率负债的交易者可以将其互换成浮动利率，规避利率下降的风险。

(2) 资产方面，一般预期利率下降时，浮动利率资产持有者将其互换成固定利率，从而避免利率下降造成收益损失的风险；或在预期利率上升时，固定利率资产持有者将其互换成浮动利率，从而增加资产的收益。

3. 价格发现

利率互换交易的核心在于确定固定利率支付的一方以什么样的利率支付给互换交易对手利息，因此利率互换的定价，反映出市场对未来利率的预期。利率互换的价格发现功能可以促进利率市场化，增加了不同金融市场和不同国家之间的联系，促进了各种形式的套利行为，减弱了市场的不完善性，缩小了金融工具的买卖差价，消除或修正了某些市场或金融工具的不正确定价，为投资者提供了正确的价格信号，使经济社会每一个成员都能更快更好地从未来价格预测中获益，从而促进了经济资源的合理配置。

利率互换的重要性
——利率互换曲线

4. 表外业务，场外交易

利率互换属于表外业务，互换交易不列入资产负债表，潜亏潜盈都不影响财务指标，不仅避免了对交易者资信状况的影响，还可为银行创造大量的中介服务费收入。投资者不用增加资产总额就能增加收益，对于被资本充足率严格约束的银行是十分必要的。互换交易促进了原生金融市场交易效率的提高，消除敏感性资产和敏感性负债之间的差额，消除利率风险将其分解为衍生工具的组合。

利率互换业务还为商业银行提供了新的盈利增长点。利率互换是场外交易品种，经纪商和做市商在市场中起着举足轻重的作用。从国际范围来看，银行和各种金融机构是利率互换的主要组织者和参与者，通过充当交易中介(经纪商)和进行双边报价(做市商)，在为市场提供流动性的同时，也能通过利率互换获得佣金收入和价差收入。

三、利率互换的发展历史和现状

根据目前已公开披露的信息，历史上第一笔利率互换交易发生在 1982 年。当时，德意志银行卢森堡分行希望以浮动利率借入美元，而欧洲多家中小金融机构则希望以固定利率借入美元。由于双方信用等级的差异，德意志银行在固定利率市场的融资成本比中小金融机构低 1.125%，而在浮动利率市场，双方的息差仅为 0.625%，不同市场对于信用补偿所存在的差异使交易双方有可能通过互换交易降低彼此的融资成本，可能的总获利空间为 0.5%。在此市场背景下，德意志银行与其交易对手首次通过发行固定利率债券和互换交易获取了比较优势带来的收益。据国际清算银行(Bank for International Settlements，BIS)的统计，近年来，利率互换在场外交易市场上的所有利率衍生工具中的占比始终保持在 75%以上，并保持持续增长。截至 2019 年年末，全球利率互换合约名义未平仓金额 341.29 万亿美元。其中以美元计价的占比在 30%，约 103.02 万亿美元；其次为欧元计价，占比 25%，规模约 83.86 万亿美元；日元计价占比 11 %，规模约 36.15 万亿美元；英镑计价占比 10%，规模约 35.37 万亿美元。在国外成熟的利率互换市场中，绝大部分利率互换交易的期限是 3～10 年，多于 10 年少于 3 年的互换期限较少，因为在期限较短的情况下，通过利率期货进行套期保值较互换在成本方面更具有优势；互换交易金额较大，单个利率互换业务的名义本金通常在 500 万美元至 3 亿美元之间；形式也比较灵活，可以根据客户现金流量的实际情况确定互换的交易方式、金额、到期日等参数。另外，标准合同的利率互换还具有一定的流动性。海外利率互换成交活跃度较高。BIS 数据披露，2019 年全球利率互换日均换手率为 4.62 万亿美元。全球利率互换的成交集中在英国、美国、中国香港等拥有全球交易中心的国家或地区。2019 年，英国利率互换合约的日均换手率为 3.3 万亿美元，美国为 2.2 万亿美元，中国香港为 5383 亿美元。

我国在 2006 年 1 月 24 日由中国人民银行发布了《关于开展人民币利率互换交易试点有关事宜的通知》，随后国家开发银行(以下简称“国开行”)和光大银行就进行了首笔期限为 10 年、总计 50 亿元的固定利率对浮动利率的互换交易。根据协议，光大银行向国开行支付每年 2.95%的固定利率；国开行则向光大银行按 1 年期定期存款利率支付浮动利率(首期的浮动利率为 2.25%)。光大银行和国开行通过这笔交易均达到了各自的目的。从光大银行的角度来看，光大银行已向个人客户推出了固定利率贷款，如果利率上升其收入必然受到影响。假设光大银行的固定利率房贷利息为 4%，通过这次的利率互换，光大银行实际上每年的利息流情况为：收取国开行支付的 1 年期存款利息、收取房贷固定利息、支付给国开行的固定利息，即 1 年期存款利率+(4%～2.95%)。可以看出，无论未来利率如何变化，光大银行都可以获得稳定的收益。通过此次利率互换交易，光大银行可以对冲固定利率住房抵押贷款资产与浮动利率负债不匹配带来的利率风险。对国开行而言，国开行 2 月发行了一期 10 年期固定利率金融债券，发行利率为 3.01%。将这笔金融债发行与利率互换交易结合来看，国开行每年利息流为：支付债券利息 3.01%，支付给光大银行 1 年期存款利息，收取光大银行支付的固定利息 2.95%的利率，这样综合成本为 1 年期存款利率+(3.01%～2.95%)，即国开行通过利率互换交易，实现了按照 6 个基点的利差发行以 1 年期存款利率为基准的浮动利率债券，这直接降低了国开行债券发行利率和当期债券利息成本。相关分析如图 6-7 所示。

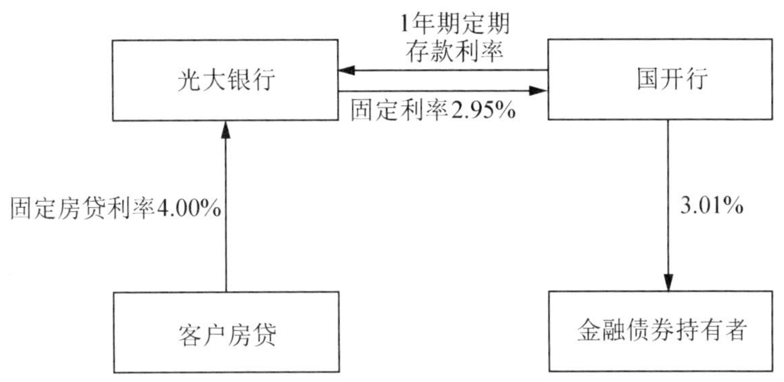

图 6-7　国开行与光大银行互换实例

2006 年 3 月 8 日，全国银行间同业拆借中心发布公告，正式开始发布以隔夜、7 天回购利率为基础设计的回购定盘利率(FR007)。2006 年 7 月 26 日，国开行正式推出利率互换做市业务，通过 Bloomberg 向市场提供以银行间市场 7 天回购定盘利率为参考利率的利率互换双边报价。2007 年 1 月 4 日，上海银行间同业拆放利率(Shanghai Interbank Offered Rate，SHIBOR)开始运行。对社会公布的 SHIBOR 品种包括隔夜、1 周、2 周、1 个月、3 个月、6 个月、9 个月及 1 年。2007 年 1 月 18 日，兴业银行与花旗银行完成了中国国内银行间第一笔基于 SHIBOR 的标准利率互换业务(见图 6-8)，交易期限为一年。其中兴业银行支付 2.98%的固定利率，并从交易对手方花旗银行获得以 3 个月期 SHIBOR 为基准的浮动利率(当天发布的 3 个月期 SHIBOR 为 2.8080%)。

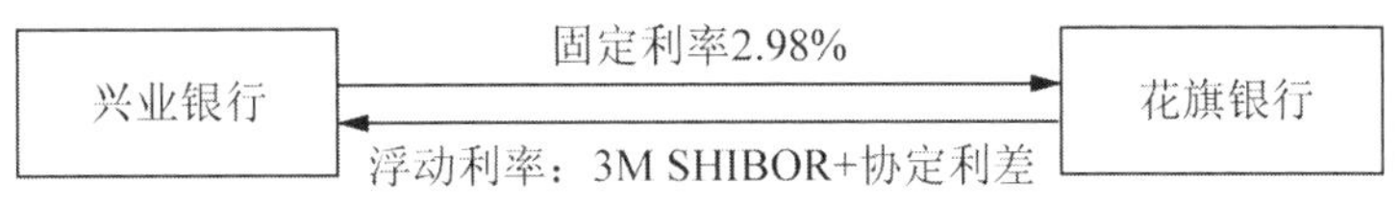

图 6-8　利率互换示意

自 2006 年我国推出利率互换以来，利率互换一直是我国利率衍生品市场的主要品种，虽然随着国债期货品种越来越多、交易越来越活跃，利率互换占利率衍生品市场规模有所下降，但截至 2020 年 4 月，我国利率互换名义本金总额达 2.06 万亿元，市场规模占比仍达到 48.0%。如图 6-9 所示。

从参与者结构来看，截至 2020 年 4 月，利率互换参与主体共 530 家，其中法人单位 292 家，涵盖政策性银行、国有行、股份行、外资行、证券公司和保险公司。利率互换早期参与主体均为法人单位，其中银行是利率互换市场最主要的参与者。从 2016 年开始，资管产品逐步进入利率互换市场，目前参与利率互换的各类资管产品已经达到 238 只，利率互换市场参与主体越来越丰富，市场流动性也越来越好。

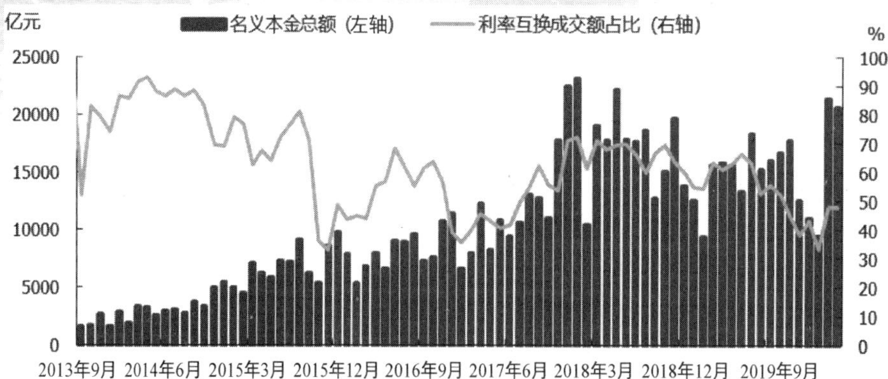

图 6-9　利率互换名义本金总额与占利率衍生品市场比例

从参考利率来看，按照相关规定，可选择的参考利率应为“经中国人民银行授权全国银行间同业拆借中心发布的银行间市场具有基准性质的市场利率或中国人民银行公布的基准利率”。也就是说，只要是基准利率(如回购、SHIBOR 以及存贷款利率)均可以作为利率互换的浮动利率端。但在实际交易中，仅以 FR007、SHIBOR3M 为参考利率的品种较为活跃，2020 年 4 月，FR007 和 SHIBOR3M 利率互换成交额分别为 1.67 万亿元和 0.39 万亿元，占比分别为 81.0%和 18.8%。基于 FR007 的互换成交最为活跃，主要是投资者比较认可 7 天回购利率是最为市场化的利率，能够及时反映市场资金面的波动以及机构的资金成本。除了 FR007 与 SHIBOR 3M 之外，还有其他类型的浮动利率基准，包括隔夜 SHIBOR、FDR007、1 年期定存利率和 1 年期贷款利率。近年来 1 年期定存利率、1 年期贷款利率基准的合约成交量已经相对很少。

从利率互换合约的期限分布来看，1 年期、9 个月期及 5 年期利率互换合约成交最为活跃。例如，2020 年 4 月，FR007 利率互换中，1 年期、5 年期和 9 个月期合约的成交额分别为 8236.8 亿元、5176.9 亿元和 891.1 亿元；SHIBOR 3M 利率互换中，1 年期、9 个月期和 5 年期合约成交额分别为 2304.0 亿元、509.4 亿元和 486.3 亿元。

值得说明的是，我国利率互换名义和现券市场规模与发达国家相比仍有较大差距。例如，截至 2020 年 4 月底，利率互换交易量仅占现券市场规模的 2.0%。2020 年第一季度，美国利率互换月均交易额为 29.1 万亿美元，远高于我国的 2.1 万亿元人民币，我国利率互换市场仍有很大的发展空间。

四、基于利率互换的套利交易

利率互换除了可用于降低交易(借贷)成本、转换资产和负债的利率属性之外，也可用于投机套利，而且正是因为许多机构利用利率互换进行套利操作，才促使了利率互换市场成效规模的不断扩大。常见的套利交易策略可分为单边互换交易和互换组合交易。

(一)单边互换交易

基于对未来互换利率和浮动(参考)利率走势的判断，确定买入或卖出某个互换合约，并持有到期或者根据对未来互换利率走势的判断提前平盘。例如，当判断未来基准浮动(参考)利率水平将上升时，就支付互换利率、换入浮动利率，即买入互换合约；持有期内的收益是：平均(通常通过移动平均加以平滑)浮动利率(基准浮动利率)−固定利率(互换利率)。相反，当判断未来基准浮动(参考)利率水平将下降时，就支付浮动利率、换入固定利率(互换利率)，即卖出互换合约；所得收益是：固定利率(互换利率) −平均(通常通过移动平均加以平滑)浮动利率(基准浮动利率)。

例如，根据 2007 年 1 月到 2007 年 10 月初的 FR007 历史数据，可以计算出 FR007 在此区间的 3 个月移动平均值的变化情况，此平均值表示的是基于 FR007 的利率互换合约浮动利率端支付的平均利率水平。由此可知，预期在 2007 年 10 月 12 日，FR007 的 3 月移动平均值为 2.53%；而此时利率互换市场的报价显示，存续期为 3 个月的互换报价为 3.25，即如果此时卖出一个基于 FR007 的 3 个月期互换并持有到期，则投资者在收取 3.25%的固定利率的同时，预计浮动利率的平均水平为 2.53%，这样可获得约 70 个基点的净收益。

(二)互换组合交易

互换组合交易又可细分为互换和现券的组合、不同参考利率的互换、相同参考利率不同存续期的互换等。

互换和现券的组合交易是指当市场上现券利率高于利率互换合约固定端利率时，可利用回购工具，融入资金、买入现券；同时买入期限和名义本金与现券一致的利率互换合约，支付固定利率，换回浮动利率，以偿还前期回购融入资金的成本。例如，假设通过回购融资(资金利率为 R007，融入量为 N)买入标的债券，其收益率为 y；买入期限和名义本金一致的利率互换合约，支付固定利率 RF，收到浮动利率 FR007。则该笔交易的净现金流为：

$$y-\mathrm{R007}+(\mathrm{FR007}-\mathrm{RF})=(y-\mathrm{RF})+(\mathrm{FR007}-\mathrm{R007})$$

回购定盘利率 FR007 和 R007 虽有差异①，但基本上可忽略不计。因此，只要标的债券的收益率 y 高于利率互换的固定端利率 RF，就可以获得套利收益。

【案例 2】互换和央票的套利

2008 年 1 月 3 日，1 年期央票收益率为 4.0582，而根据当日利率互换市场上基于 FR007 的 1 年期的互换报价，此时买入互换合约支付的互换利率为 3.57。据此，建立互换和央票的套利组合，即通过回购买入央票，同时买入期限和名义本金一致的利率互换合约。此时，回购央票的收益可以表示为：央票收益率−R007；而买入一个基于 FR007 的互换的收益可表示为：FR007−互换利率；回购央票加上互换交易整个组合策略收益为：央票收益率−R007+FR007−互换利率。汇总可知，整个套利组合的收益可表示为：(央票收益率−互换利率)−(R007−FR007)。

央票收益率和互换利率之间的利差为 49bp。根据 2007 年 1 月 1 日到 2008 年 1 月 2 日的 R007 和 FR007 之间的利差历史数据，可以计算出 R007 和 FR007 之间的利差平均值为 1.2bp，利差最大值为 30bp，最小值为−30bp，而且达到或者接近 30bp 只有 3 次。因此从利差历史走势看，R007 和 FR007 之间的利差突破 30bp 的可能性较小。综合以上因素可以预计，构建央票和互换组合交易的策略在本例中至少可获利 20bp。

不同参考利率的互换组合，又称为跨参考利率交易。在利率互换常见的参考利率体系中，如 SHIBOR_O/N、FR007、SHIBOR_3M 以及 Depo_1Y 等，市场参与主体以及期限不同会导致某些时点上的参考利率间的利差偏离均值较大，或者互换定价出现偏差。例如，

① FR007 的编制方法是对每个交易日上午 9:00～11:00 7 天回购利率(R007)的全部成交利率进行排序，该序列的中位数即为当日的定盘利率。

在 2012 年 7 月 30 日，基于 SHIBOR_3M 的一年期利率互换合约报价为 3.15%，而同日的基于 FR007 的一年期利率互换合约报价为 2.60%，在这种情况下，我们可以买入基于 SHIBOR_3M 的一年期互换合约，卖出基于 FR007 的一年期互换合约，其收益可表示为 (SHIBOR_3M−3.15%)+(2.60%−FR007)=(SHIBOR_3M−FR007) −0.55%，未来只要 SHIBOR_3M 和 FR007 的利差超过 55bp，套利者便可从上述交易中受益；而历史数据显示，SHIBOR_3M 和 FR007 的利差均值在 100bp 左右，由此可见这一套利组合获取正收益的可能性极大。

类似地，也可以对同一参考利率但不同期限的互换品种构建交易组合，从而获取因不同期限合约间的利差变动所带来的套利收益。

第四节　利 率 期 权

一、利率期权的相关概念和分类

利率期权是一项关于利率变化的权利。利率期权的买方向卖方支付一定金额的期权费后，就可以享有在到期日按预先约定利率和约定期限，借入或贷出一定金额货币的权利，由此可以在利率水平向其不利方向变化时得到保护，而在利率水平向其有利方向变化时获得收益。

根据交易场所的不同，利率期权可分为场内交易期权和场外交易期权。场内交易期权又称交易所交易期权，是指所有的供求方集中在交易所进行竞价交易，交易所向交易参与者收取保证金，同时负责进行清算和承担履约担保责任。场外交易期权则主要包括利率上限、利率下限、利率上下限等。场外交易中交易双方直接成为交易对手；同时，为了满足客户的具体要求，出售场外期权的金融机构利用其高超的金融技术和风险管理能力，可以根据每个使用者的不同需求设计出不同内容和形态的期权合约，但由于每个交易的清算是依靠交易双方相互信任进行的，因此存在一定的信用风险。另外，除了在交易所和场外市场直接交易的利率期权之外，有大量的利率期权是内嵌在其他证券之中，内嵌在可赎回或者可回售公司债券、金融机构发行的挂钩型结构化金融产品等。内嵌可赎回条款的公司债允许发行公司在特定的时间以特定的价格从投资者手中买回债券，这个赎回条款在本质上就是一个利率期权，这一内嵌的利率期权对债券的市场价值有显著影响，我们将在第八章单独对含权债券的有关问题进行介绍。

二、交易所交易的利率期权品种介绍

交易所交易的利率期权包括基于利率期货的期权(Futures Options)和基于各类债券收益率的期权(Spot Options)。后者的交易活跃度远不如前者。

1. 基于利率期货的期权

主要的利率期货期权是在 CBOT(Chicago Board of Trade)即 CME(Chicago Mercantile Exchange)集团的子公司和 LIFFE(London International Financial Futures Exchange)等交易所交易。在 CBOT 内有以 2 年期、5 年期、10 年期等国债期货为标的资产的期权合约交易。例如，其中的 2 年期国债期货期权合约主要条款如表 6-8 所示。

表 6-8　2 年期美国国债期货期权合约

基本要素	说明
合约标的	一张面值 200000 美元 2 年期指定交割月份的美国国债(T-Note)期货合约
报价方式	11/64 点的一半(15.625 美元/合约)，小数点后保留两位。对于私募交易，最小变动单位范围从 $1.00 到$15.00，每份期权合约增量为$1.00
交割价格	交割价格会以每点 1/8 的增量列出。最低交割价格的范围在距离现货价格最接近的到期交割价格上下三十个点波动
合约月份	最近到期的三个连续月，随后四个循环季月(按 3 月、6 月、9 月、12 月循环)
交易时间	公开市场：芝加哥时间周一至周五上午 7:20～下午 2: 00 GLOBEX：芝加哥时间周日至周五上午 5:00～下午 4:00
头寸限制	无
最后交易日	合约月份最后营业日之前的至少两个营业日的最后一个星期五。即将到期的期权交易在 CME Globex 闭市终止交易并支付相应的期货合约。在最后交易日下午 7:00 未行权的期权将会失效
执行方式	美式。期权合约的买方可以在到期前任何营业日(下午 6:00 前)指示 CME 结算。将要过期的期权在最后交易日闭市后自动执行，除非 CME 结算在下午 6:00 前有特殊说明
交易代号	认购：TUC，认沽：TUP

2. 基于各类债券收益率的期权

CBOE(芝加哥期权交易所)是全球基于债券收益率的期权产品的主要交易场所。其主要的期权合约主要条款如表 6-9 所示。

表 6-9　CBOE 的四种主要利率期权合约主要条款

品种	13 周债券	5 年债券	10 年债券	30 年债券
代号	IRX	FVX	TNX	TYX
标的	13 周美国短期债券的贴现率	最近招标的 5 年期债券的到期收益率	最近招标的 10 年期债券的到期收益率	最近招标的 15 年期债券的到期收益率
乘数	100 美元			
合约规模	100×标的价值			
期权费	以十进制报价，每一点等于 100 美元。3 点以下的期权交易最小变动价位是 0.05 点(5 美元)，其他为 0.10 点(10 美元)			
合约到期日	合约到期月的第三个星期五之后的星期六			
合约到期月	三个近期月，加上其他两个季月	三个近期月，加上其他三个季月		
履约方式	欧式期权——只能在合约到期日前的最后那个开始日履约			
期权履约的结算	以纽约联邦储备银行最后交易日中部时间 14:30 所报的“即期收益率”为基础，于次日现金交割			

续表

执行价格	按照2.5个点距产生一系列的执行价格
保证金	未担保的看跌或看涨期权出售者的保证金=期权收益+总合约价值的15%；若期权折价，还可减去所蚀差额，但不低于期权收益+总合约价值的 10%，看跌期权的保证金不低于期权收益+总履约价格的10%
最后交易日	利率期权交易通常终止于合约到期日的前一个开市日
交易时间	美国中部时间(芝加哥时间)7:20～14:00

(资料来源：根据 www.cboe.com 网站资料编制)

三、常见的场外交易期权

常见的场外交易期权主要包括利率上限、利率下限和利率上下限。

(一)利率上限

利率上限是客户与银行达成一项协议，双方确定一个利率上限水平，在此基础上，利率上限的卖方向买方承诺：在规定的期限内，假如市场参考利率高于协定的利率上限，则卖方向买方支付市场利率高于协定利率上限的差额部分；假如市场利率低于或等于协定的利率上限，卖方无任何支付义务，同时，买方由于获得了上述权利，必须向卖方支付一定数额的期权手续费。

【案例 3】 A公司拟以浮动利率方式借入一笔资金，为避免将来利率上升造成借款成本增加，决定同时购买一笔上限交易，形成附带上限交易条款的贷款方式。

A公司的主要借款条件为：

金额：10 000 000美元；期限：3年；利率：6个月期LIBOR+0.3%。

A公司购入的上限交易条件为：

金额：10 000 000美元；期限：3年；基准利率：6个月期LIBOR。

上限利率：10.0%；费用：0.5%，每年分两次支付。

3年内的6个月期的LIBOR水平(%)：7.0，8. 0，9. 0，10. 0，11.0，12.0，13.0。

A公司借款实际成本如表6-10所示。

表6-10　A公司借款实际成本　　单位：%

6个月期LIBOR	浮动利率筹资成本(6个月期LIBOR+0.3%)	上限交易		实际筹资成本
		交付费用	收取利息差额	
7	7.3	0.5	0	7.8
8	8.3	0.5	0	8.8
9	9.3	0.5	0	9.8
10	10.3	0.5	0	10.8
11	11.3	0.5	1	10.8
12	12.3	0.5	2	10.8
13	13.3	0.5	3	10.8

交易的结果是：当基准利率(6个月期LIBOR)超过上限利率(10%)时，A公司可以收到

利息差额，即使利率上涨到 13%，A 公司也能将利率固定在 10.8%的水平上。筹资成本的变化情况如图 6-10 所示。

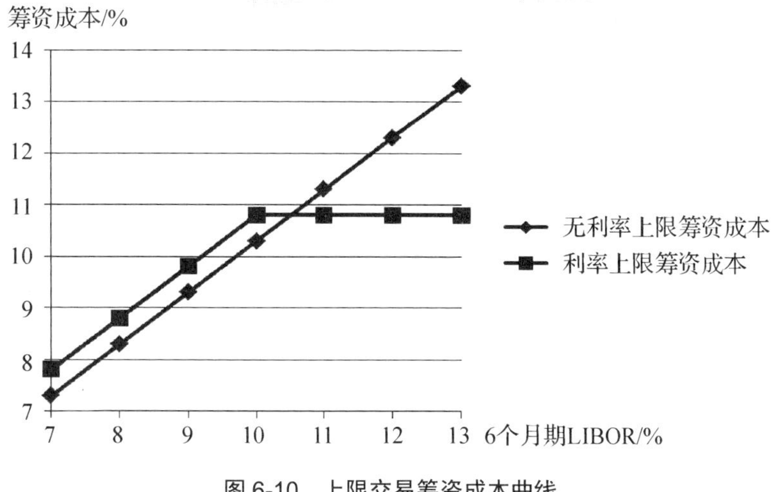

图 6-10　上限交易筹资成本曲线

(二)利率下限

利率下限是指客户与银行达成一个协议，双方规定一个利率下限，卖方向买方承诺：在规定的有效期内，假如市场参考利率低于协定的利率下限，则卖方向买方支付市场参考利率低于协定的利率下限的差额部分；若市场参考利率大于或等于协定的利率下限，则卖方没有任何支付义务。同时作为补偿，卖方向买方收取一定数额的手续费。

【案例 4】 A 公司拟以浮动利率存款方式运用自己的一笔资金，为避免将来利率下降造成收益的减少，决定同时购买一笔下限交易，形成附带下限交易条款的存款方式。

A 公司的主要存款条件为：

金额：10000000 美元；期限：3 年；利率：6 个月期 LIBOR−0.5%。

A 公司购入的下限交易条件为：

金额：10000000 美元；期限：3 年；基准利率：6 个月期 LIBOR。

下限利率：7.0%；费用：0.3%，每年分两次支付。

3 年内的 6 个月期的 LIBOR 水平(%)：4.0，5.0，6.0，7.0，8.0，9.0，10.0。

A 公司资金运用的实际收益如表 6-11 所示。

表 6-11　A 公司资金运用的实际收益　　单位：%

6 个月期 LIBOR	浮动利率筹资成本(6 个月期 LIBOR−0.5%)	下限交易		实际收益
		交付费用	收取利息差额	
4	3.5	0.3	3	6.2
5	4.5	0.3	2	6.2
6	5.5	0.3	1	6.2
7	6.5	0.3	0	6.2
8	7.5	0.3	0	7.2
9	8.5	0.3	0	8.2
10	9.5	0.3	0	9.2

交易的结果是：当基准利率(6个月期LIBOR)低于下限利率(7.0%)时，A公司可以收到利息差额，即使利率下降到6.0%，A公司也能将利率固定在6.2%的水平上。实际收益的变化情况如图6-11所示。

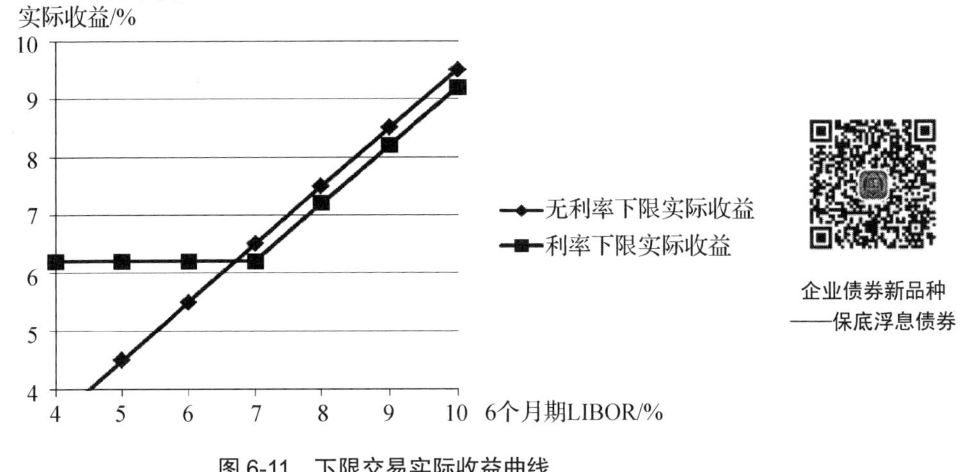

图6-11　下限交易实际收益曲线

(三)利率上下限

利率上下限是指将利率上限和利率下限两种金融工具结合使用。具体地说，购买一个利率上下限，是指在买进一个利率上限的同时，卖出一个利率下限，以收入的手续费来部分抵销需要支出的手续费，从而达到既防范利率风险又降低费用成本的目的。 而卖出一个利率上下限，则是指在卖出一个利率上限的同时，买入一个利率下限。

当签订交易合同时：

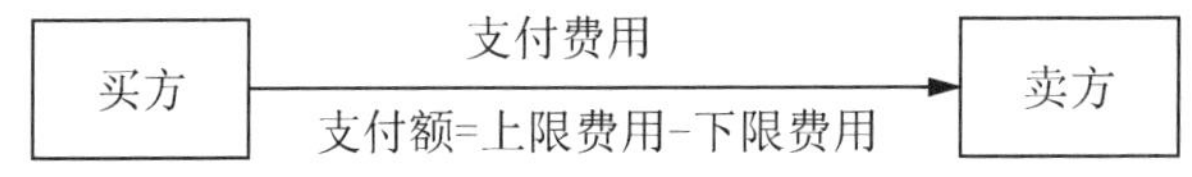

在利率调整日：

(1) 当下限利率≤基准利率≤上限利率时：

(2) 当基准利率 > 上限利率时：

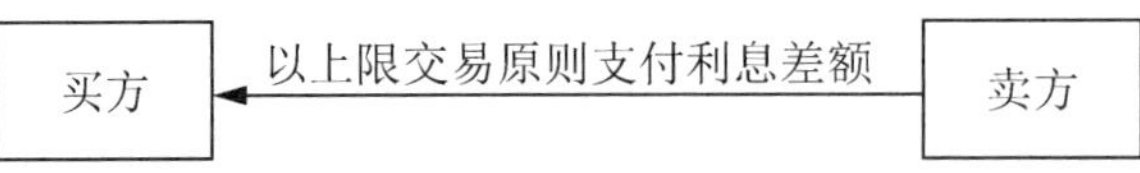

(3) 当基准利率 < 下限利率时：

例如，A 公司拟以浮动利率方式筹集一笔资金，为避免将来利率上升造成的风险，同时尽可能地固定套期保值所需的成本而购入上下限交易。

A公司的主要借款条件为：

金额：10000000美元；期限：3年；利率：6个月期LIBOR+0.5%。

A公司购入的上下限交易条件为：

金额：10000000 美元；期限：3 年；基准利率：6 个月期 LIBOR。

上限利率：10.0%；下限利率：7.0%。

费用：0.2%，分期支付，其中，上限费用：0.5%，下限费用：0.3%。

3 年内的 6 个月期的 LIBOR 水平(%)：5.0，6.0，7.0，8.0，9.0，10.0，11.0，12.0。

A 公司借款的实际成本如表 6-12 所示。

表 6-12　A 公司借款的实际成本

单位：%

6 个月期 LIBOR	浮动利率筹资成本(6 个月期 LIBOR+0.5%)	上下限交易		实际筹资成本
		交付费用	收取利息差额	
5	5.5	0.2	−2	7.7
6	6.5	0.2	−1	7.7
7	7.5	0.2	0	7.7
8	8.5	0.2	0	8.7
9	9.5	0.2	0	9.7
10	10.5	0.2	0	10.7
11	11.5	0.2	1	10.7
12	12.5	0.2	2	10.7

交易的结果是：当基准利率低于下限利率 7.0%时，该公司的借款成本随之降低，但同时要向下限交易买方支付相应的利息差额，因此筹资成本被固定在 7.7%的水平上；当基准利率高于利率上限 10.0%时，该公司的借款成本随之升高，但同时又能从上限交易卖方收取相应的利息差额，因此筹资成本固定在 10.7%的水平上。其筹资成本曲线如图 6-12 所示。

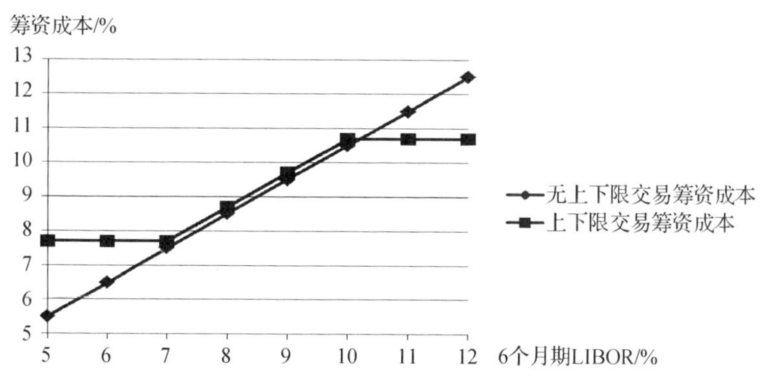

图 6-12　上下限交易筹资成本曲线

四、利率期权的发展历史和现状

自 20 世纪 80 年代利率期权出现以来，无论是场外市场还是场内交易，各种不同类型的利率期权交易都得到了长足发展，交易品种越来越丰富，出现的各种不同类别的利率期权产品如表 6-13 所示。

表6-13　不同类别的利率期权产品

利率期权产品	交易所	场外市场
利率期货期权	有	—
利率上限/利率下限期权	—	有
利率互换期权	—	有
债券期权	有	有
利率保证协议	—	有
远期利率协议期权	—	有
奇异期权	—	有
结构化产品	有	有

(资料来源：Richhild Moessner. Over the counter interest rate options, Quarterly Bulletion Summer, Bank of England, 2001)

从全球范围来看，近年来利率期权市场的发展分为三个阶段：2001—2007 年为高速发展时期，场内外利率期权名义未平仓金额从 2000 年年末的 15 万亿美元升至 2007 年年末的 106 万亿美元，年化增长率高达 32%，主要得益于衍生品市场大发展的氛围支撑。2008 年次贷危机爆发，复杂的衍生品结构开始被质疑，利率期权规模开始收缩，尤其是场外非标准化的期权合约，占比明显下降。2017 年至今，利率期权规模恢复增长，一方面是部分经济体开始进入负利率时代，全球负利率债券规模上升，对冲利率风险的套保需求抬升；另一方面则是固收产品在资产配置中的占比和重要性抬升，带动相关衍生品的需求走高。分地域看，利率期权主要集中在北美和欧洲市场。对于场内利率期权，2020 年第一季度末，北美市场份额在 51 .4 万亿美元，占比 80%；欧洲市场份额在 12.28 万亿美元，占比 19%；亚太地区的场内利率期权发展相对不是很活跃。分币种看，截至 2019 年年末，以美元计价的合约规模为 21.8 万亿美元，占比 55% ；欧元计价的规模在 13.55 万亿美元，占比 34%；英镑计价的规模在 1.82 万亿美元，占比 4%；其他货币计价的规模在 2.74 万亿美元，占比 7%。对于场外期权交易，截至 2019 年上半年，以美元计价的利率期权名义未平仓金额为 24.8 万亿美元，占比 54.8%；以欧元计价的利率期权名义未平仓金额为 15.5 万亿美元，占比 34.1%。

2019 年 8 月中国人民银行调整并完善 LPR 形成机制，改制后可以看到挂钩 LPR 的利率互换名义本金额逐月走高，每月的成交笔数也要高于 LPR 改制前，反映了金融机构(尤其是银行)对 LPR 相关衍生品的需求明显提升。中国外汇交易中心于 2020 年 3 月正式上线利率期权业务，主要挂钩 1 年和 5 年 LPR 利率，包括利率互换期权和利率上/下限期权。推出挂钩 LPR 的利率期权有助于进一步满足金融机构多样化的利率风险管理需求，同时可以缓解 LPR 波动对银行资产负债表的冲击。尽管利率期权推出初期也将面临一定的挑战，包括标的资产成交相对不活跃、新产品培训仍需时间、定价面临挑战、当前买卖需求或不对等问题，但后续随着利率期权品种的丰富以及投资者教育的完善，利率期权市场也将有很大的发展潜力。

另外，还有一些银行推出了结构化利率衍生产品(即所谓的挂钩型结构化产品)，内嵌了更加复杂的利率期权，这类产品的发展状况及价值评估方法将在第八章中加以介绍。

第五节　信用违约互换

如第五章所述，信用类债券投资的主要风险是债券的信用风险，即债券发行人在债券到期时未能按发行合同规定的条款履行还本付息等义务，进而给交易对方带来损失。信用衍生产品则可以分离或转移信用风险。从可得的数据来看，信用违约互换(Credit Default Swap，CDS)是国外债券市场中最常见的信用衍生产品。

一、信用违约互换的相关概念

信用违约互换是由寻求信用风险保护的当事人(CDS 买方)，为避免参照实体发生信用事件，向信用风险保护提供人(CDS 卖方)定期支付固定费用，由信用保护卖方在约定时期内，就参照实体的债务向买方提供信用风险保护，即一旦参照实体发生信用事件时，将由 CDS 的卖方向买方提供补偿。信用违约互换的基本过程如图 6-13 所示。

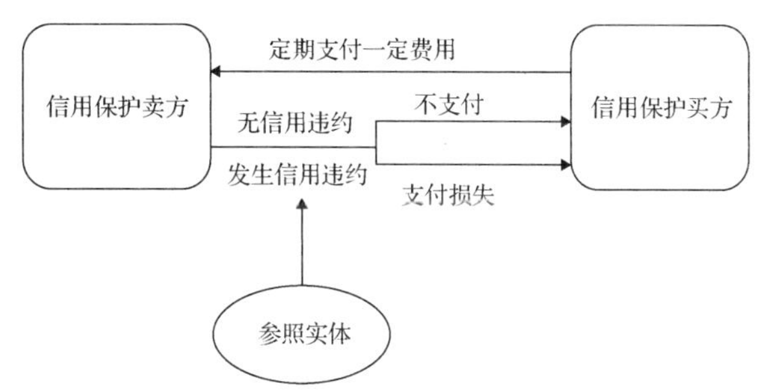

图 6-13　信用违约互换的基本过程

信用违约互换的基本要素主要包括以下几方面。

1. 参照实体

参照实体(Reference Entity)是指交易双方在相关交易有效约定中列明的、以其信用风险作为信用衍生产品交易标的的单个或多个实体(包括但不限于企业、公司、合伙、主权国家或国际多边机构)。CDS 合约中的基础资产通常是参照实体发行的债券或借入的贷款，也称为参考债务。

2. 名义本金

名义本金(Notional Amount)是指交易双方在 CDS 合约中列明的参考债务适用于该交易的名义本金金额。对于信用保护的买方来说，只有该部分信用风险得到了转移。

3. 利差

信用事件发生前由 CDS 买方以基点报价、定期支付给 CDS 卖方的金额。利差(CDS Spread/Premium)通常按季度支付，也被称为固定费率、息差或信用保护费。

4. 合约期限及到期日

信用违约互换的合约期限涵盖 6 个月、1～10 年、15～30 年等，其中 1～10 年较为常见，而5年的流动性最好。合约按季度滚动发行，到期日(Maturity)通常在3月、6月、9月、12月的20日。

5. 信用事件

当信用事件(Credit Event)发生时，将触发交割条款。信用事件的界定对交易双方至关重要，一个事件是否被界定为信用事件将对交易双方的损益产生完全相反的影响，但在实务中哪些事件属于信用事件则可能存在争议。为了降低交易成本、提高交易效率，需要对信用事件有一个明确且统一的定义。国际上通行的文件是《2014 ISDA Credit Derivatives Definitions》，国内相应的文件则是中国银行间市场交易商协会发布的《中国银行间市场信用衍生产品交易定义文件(2012 年版)》。根据以上定义文件，信用事件大致包括以下事件的一种或多种：(1)破产，无力偿还破产导致触发信用违约互换。(2)拒付以及暂停或延期支付，例如，拒绝或拖延支付利息和本金的行为都将触发信用违约互换。(3)重组，重组是因参照实体信用恶化或财政状况不佳导致参照实体与债券持有人之间原有协议改变的情况。(4)无法偿还，例如，在一定宽限期限后未能偿还一个或几个合约，同样可以触发信用违约互换。(5)债务加速到期，指除无法偿还外的其他原因导致某一或很多债务提前到期而触发信用违约互换。

6. 交割方式(Settlement Method)

当信用事件发生时，CDS买方停止向CDS卖方支付保费，同时CDS卖方需要向CDS买方提供补偿，补偿的形式分为现金交割(Cash Settlement)和实物交割(Physical Settlement)两种。采用现金交割时，CDS卖方以现金补偿CDS买方的损失，补偿额为违约前的债券面值与违约后债券市场价值的差价，不涉及违约资产的转让。而采用实物交割时，CDS卖方将在信用事件发生时以面值全额购买CDS买方持有的违约债券。

CDS可以将债券发行主体的信用风险转移出去，但CDS自身也具有信用风险，即交易对手信用风险(Counterparty Credit Risk)。比如，当债券的发行方违约时，CDS买方有权从CDS卖方获得一定的赔偿金额。不过，这种合约最终能否执行，还得看CDS的卖方能否遵守合约，一旦CDS卖方违约甚至破产倒闭，CDS买方可能无法获得任何赔偿。2008年雷曼兄弟的破产之所以引发金融市场的连锁反应，是因为其是以CDS为代表的衍生品市场的一个重要交易对手，该公司的破产使得规模庞大的衍生品交易面临巨大的交易对手风险。中央对手方集中清算机制是降低交易对手风险的有效途径之一。如果CDS的对手方被中央对手方替代，中央对手方便充当了买方的卖方以及卖方的买方。未来任何一方违约，中央对手方将首先承担偿付责任。中央清算机制下，CDS交易双方信用风险实现对等。

CDS有多种分类方式。当依据参照实体的差别进行分类时，可以分成企业类或主权类。主权类又可以划分为央行、政府的政治机构或国家主权类等。当依据参照实体为单一实体或一个组合来分类时，如果一个单一实体作为参照实体，那么CDS被称为单一名称(single name) CDS。如果参照实体为一个组合，则CDS被称为多个名称CDS。CDS的卖方出售一篮子资产给CDS的买方，一旦一篮子资产里有任一项发生违约事件，CDS的卖方都将赔付给CDS的买方一大笔事先约定好的金额，弥补买方的损失。信用违约互换指数是更加标准的类型，是将各参考资产的CDS风险随时间波动的状态和风险加权值进行合成来构建一个资产组合，组合中包括数量非常多、覆盖面非常广的众多单一实体的信用风险。截至目前，欧洲指数和北美指数是国际上主要的信用违约互换指数。

CDS 指数合约

二、信用违约互换的发展历史和市场概况

信用违约互换的出现与特定的经济环境密不可分。美国 20 世纪 80 年代出现的存贷机构危机、80 年代末和 90 年代初出现的大批商用按揭违约，以及之后的经济衰退，使银行的资产质量恶化，资本充足率下降，市场流动性匮乏，企业和其他借款人筹资成本上升。在这种背景下，既能帮助银行改善资产负债状况，又可以降低筹资成本的信用违约互换等信用衍生产品应运而生，并迅速发展壮大。

1989 年 3 月，美国埃克森公司的一艘巨型油轮在美国阿拉斯加发生了触礁漏油事件，在随后几天里导致环境灾难，面临 50 亿美元的罚金。埃克森公司请求摩根大通予以贷款支持。根据巴塞尔协议对银行贷款 8%的资本储备的要求，这笔贷款要占用摩根大通 4 亿美元的资本储备金，摩根大通将这笔贷款的信用风险转移给了欧洲复兴开发银行，由摩根大通支付一定费用，欧洲复兴开发银行来保证这笔贷款没有任何风险，这样摩根大通则不必计提资本储备金，这就是 CDS 的首次运用。结果表明，摩根大通既获得了利息收入，转移了信用风险，又节省了资本金。同时，埃克森公司获得了贷款，欧洲复兴开发银行也获得了相应的保险收入。这是信用违约互换运用的首次创新，得到了市场参与者和监管当局的认可，以参考公司为实体的 CDS 产品很快在美国的金融市场出现。信用违约互换从 2000 年起进入了快速发展阶段，一方面是由于 ISDA 在 1999 年创立了标准化的 CDS 合约，规范了场外交易的秩序。另一方面是由于信用违约互换还与资产支持证券相结合，成为抵押贷款支持证券(MBS)和担保债务凭证(CDO)中的重要环节，次级抵押贷款规模的增大促进了信用违约互换市场的发展壮大。国际清算银行(Bank for International Settlements，BIS)的数据统计显示，从 2004 年到 2007 年，全球信用违约互换市场未清偿余额从 2004 年年末的 6.4 万亿美元增长到 2007 年年末的 58.24 万亿美元，年均复合增长率接近 109%。2008 年金融危机之前，次级贷款规模的增大促进了信用违约互换市场的发展，也正是因为信用违约互换的高杠杆率，它也被认为是次贷危机引发的系统性金融风险的根源。银行将次级贷款资产证券化，然后打包出售，以次级贷款及其资产证券化产品为基础资产的 CDS 大量发行。美国的房地产泡沫越来越大，当泡沫破裂后，次级贷款人的违约率激增，大量 CDS 的信用条款被触发，导致 CDS 的卖方也赔光了所有的资本，最后不能按约定偿付而面临破产，破产的公司作为其他 CDS 的参考资产，又触发了一系列的 CDS 条约。全球金融危机爆发之后，CDS 的风险性受到了各方的关注，危机的爆发体现了信用违约互换市场中监管的缺陷，场外交易的信息量大、市场透明度低、信息不对称等都给监管带来了难度。2009 年全球金融危机后，ISDA 出台了一系列改革文件，在票息标准化、建立强制拍卖机制、加快推进中央对手方清算机制(CCP)和增加市场透明度等方面进行了更加详细的规定。各方监管的加强使得 CDS 合约的规模逐年下降，截至 2019 年年底的最新数据，未到期 CDS 总余额为 7.6 万亿美元，仅为 2007 年高峰时期的 12%。从市场分布来看，CDS 主要分布在欧美市场。从 BIS 披露的 CDS 交易对手方来看，截至 2019 年年底，在 7.6 万亿美元未到期 CDS 余额中，交易对手方为本国机构的 CDS 余额占比 25%，交易对手方为非本国机构的，欧洲发达国家和美国分别占比 43%和 22%。日本、亚洲(除日本)及拉美地区的占比分别仅为 1%、1%和 4%。从近年发展趋势来看，欧洲市场份额略有下降，但仍然维持中心地位，而欧美以外地区的市场份额相应有所上升。CDS 合约剩余期限主要为 1～5 年期。根据 BIS 数据，截至 2019 年年底，CDS 信用违约互换合约的剩余期限为 1～5 年的在 CDS 未到期总余额当中占

比高达72%，而剩余期限在1年以内的仅占比19%，剩余期限在5年以上的占比为9%。从历史来看，CDS合约剩余期限历来以1～5年期为主，其中2014年最高占比达75%。信用违约互换的参与者涵盖了商业银行、投资银行、保险公司、对冲基金、共同基金、养老基金、资产管理公司、非金融机构和大型企业等各种类型。其中，商业银行是CDS的最大买方，也是CDS市场最早的参与者。保险公司是主要的卖方，这与其提供保险获得保险费的性质比较类似。而对冲基金、投资银行更多的是从交易和套利的角度参与市场，对提高信用衍生产品市场流动性起到了很大作用，但其并非纯粹的买方或卖方。

三、信用违约互换在我国的发展状况

2010年10月29日，我国银行间交易商协会公布的《银行间市场信用风险缓释工具试点业务指引》(以下简称《指引》)创设了一种信用衍生品，即信用风险缓释工具(CRM)。信用风险缓释工具是指信用风险缓释合约(Credit Risk Mitigation Agreement，CRMA)、信用风险缓释凭证(Credit Risk Mitigation Warrant，CRMW)及其他用于管理信用风险的简单的基础性信用衍生产品。这类似于信用违约互换，标志着我国信用风险管理工具的诞生，是中国版的CDS。

我国第一笔贷款信用风险缓释合约的发行是在2010年11月5日，中债信用增进投资股份有限公司与中国工商银行股份有限公司签署贷款信用风险缓释合约交易确认书，正式达成了以银行贷款为标的的“信用风险缓释合约”交易，共7笔，合计名义本金5亿元人民币，期限小于等于1年。我国首批信用风险缓释凭证于2010年11月24日开始在全国银行间债券市场交易流通，是由中债信用增进投资股份有限公司、交通银行和民生银行等3家信用风险缓释凭证创设机构创设的4只CRMW共计4.8亿元组成。但随后信用风险缓释工具并没有大规模发展起来，总规模不大，存量不足百亿元。2015年之后，中国债券市场不再存在兑付刚性，债券违约数量不断增加，整个市场的信用违约风险不断扩张，中国对信用衍生类金融资产的金融需求日趋扩张。在这一背景下，2016年9月23日，交易商协会发布了修订后的《银行间市场信用风险缓释工具试点业务规则》和《中国场外信用衍生产品交易基本术语与适用规则(2016年版)》，通过新设产品(在原有的CRMA和CRMW产品基础上，推出信用违约互换CDS、信用联结票据CLN两项新产品)、降低市场门槛(在控制风险的前提下，放宽市场进入门槛)、简化流程(简化凭证类产品的创设流程)以及调整监管框架对整个中国版CDS的业务体系进行了重新梳理。2018年5月以来，受到经济下滑、金融去杠杆、债券到期量较大等因素的影响，发行人特别是民企债券违约频发，使得投资者对于民企风险偏好明显下降，而这又加剧了民企的再融资压力和信用风险。在此背景下，监管层在2018年下半年陆续出台支持民营企业融资的新政策，重启信用风险衍生工具发行即是作为重要举措之一。2018年9月起一大批以民企债券为标的的CRMW迅速发行，信用风险缓释工具规模得到快速扩容。截至2019年11月，CRMW已经公告发行106只，合计计划创设金额177.4亿元，其中98只已经完成发行，实际创设金额129.6亿元，占计划创设金额的73%。

为进一步发展信用衍生品市场，发挥信用衍生品风险管理作用，外汇交易中心和上海清算所自2021年4月底联合发布“CFETS-SHCH民企CDS指数”。“CFETS-SHCH民企CDS指数”是由外汇交易中心和上海清算所共同担任指数管理人，按照一定规则筛选出的一篮子具有较好流动性的 25 个民营企业 CDS 参考实体的集合。“CFETS-SHCH 民企 CDS 指数”的推出可以满足投资者多样化需求，为市场提供多元化信用风险定价基准。2021 年 5 月 7 日起，外汇交易中心和上海清算所开始为“CFETS-SHCH 民企 CDS 指数”提供交易及清算服务。

本章小结

(1) 远期利率协议(Forward Rate Agreement，FRA)是指买卖双方同意从未来的某一时刻开始的一定时期内按照协议利率借贷一笔数额确定、以具体货币表示的名义本金的协议。远期利率协议通常包含以下几个基本要素：合同金额、合同利率、参照利率、交易结算日和到期日等。我国于 2007 年 11 月 1 日起在银行间债券市场正式推出 FRA。

(2) 利率期货(Interest Rate Futures)，是指由交易双方签订的并约定在将来某一时间按双方事先商定的价格，交割一定数量的债券或者与利率相关的金融资产的标准化期货合约。利率期货的主要功能包括规避利率风险、反映未来利率走势(价格发现)、促进现货市场的发展以及资产配置。

按照合约标的期限长短，利率期货可以分为短期利率期货和长期利率期货两大类。①短期利率期货又称货币市场类利率期货，即以期限不超过 1 年的货币市场债务工具作为交易标的的利率期货均为短期利率期货，如短期国库券(Treasury Bill，TB)期货合约、欧洲美元(Euro-Dollar)期货合约、商业票据(Commercial Paper)期货合约、大额可转让存单(CDs)期货合约等。②长期利率期货又叫资本市场类利率期货，即凡以期限超过 1 年的资本市场债务工具作为交易标的的利率期货均为长期利率期货，如各种中期国债(Treasury Notes)期货合约、长期国债(Treasury Bonds)期货合约等。利率期货合约特有的基本要素主要有标准债券、转换因子和最便宜可交割债券等。

(3) 利率互换(Interest Rate Swaps)是指交易双方签订协议，同意在未来的一定期限内，以同种货币的一定名义本金(Notional Principal)为基础，交换按不同计息方式所产生的利息(现金流)。利率互换是典型的场外市场交易(OTC)工具。在一项标准利率互换中，支付固定利率利息的一方被称为固定利率支付方(Fixed-Rate-Payer)，支付浮动利率利息的一方被称为浮动利率支付方(Floating-Rate-Payer)，相应的固定利率被称为互换利率(Swap Rate)，通常参考固定收益资产的收益率(The Yields On Fixed-Income Assets)或是定期支付债息的债券(Coupon-Bearing Bonds)利率来决定。浮动利率则参照某种特定的市场利率，如伦敦同业拆借市场利率和上海银行间同业拆借利率(SHIBOR)等。利率互换的主要功能包括降低融资成本、规避利率风险和价格发现等。

(4) 利率期权是一项关于利率变化的权利。利率期权的买方向卖方支付一定金额的期权费后，就可以享有在到期日按预先约定利率和约定期限，借入或贷出一定金额货币的权利，由此可以在利率水平向其不利方向变化时得到保护，而在利率水平向其有利方向变化时获得收益。根据交易场所的不同，利率期权可分为场内交易期权和场外交易期权。场内交易期权又称交易所交易期权，是指所有的供求方集中在交易所进行竞价交易，交易所向交易参与者收取保证金，同时负责进行清算和承担履约担保责任。交易所交易的利率期权又可细分为基于利率期货的期权(Futures Options)和基于各类债券收益率的期权(Spot Options)。场外交易期权则主要包括利率上限、利率下限和利率上下限等。

(5) 信用违约互换是由寻求信用风险保护的当事人(CDS买方)，为避免参照实体发生信用事件，向信用风险保护提供人(CDS卖方)定期支付固定费用，由信用保护卖方在约定时期内，就参照实体的债务向买方提供信用风险保护，即一旦参照实体发生信用事件时，将由CDS的卖方向买方提供补偿。

复习思考题

1. 假设大华公司预计在6个月之后需要借入一笔金额为1000万元人民币的资金，期限为3个月，该公司财务经理担心届时市场利率将上涨，想通过远期利率协议锁定其借贷成本。目前，市场上某银行提供的远期利率报价如表6-14所示。

表6-14　某银行远期利率报价

期限	3×6 FRA	2×8 FRA	6×9 FRA	6×12 FRA
报价	5.02%～5.13%	5.05%～5.18%	5.0%～5.1%	5.15%～5.22%

(1) 大华公司应与银行签订哪种远期利率协议？

(2) 如果6个月后，市场利率并未上涨，而是下跌，3个月期市场利率为4.8%。试对大华公司签订远期利率协议的效果进行分析。

2. 什么是国债期货合约中的标准债券？如何理解标准债券、转换因子及最便宜可交割债券在国债期货交易中的作用？

3. 假设A、B公司都想借入1年期的1000万美元借款，A想借入与6个月期LIBOR相关的浮动利率借款，B想借入固定利率借款。两家公司信用等级不同，故市场向它们提供的利率也不同，如表6-15所示。简要说明两家公司应如何运用利率互换降低筹资成本。

表6-15　A公司和B公司的借贷成本

公司	A	B
借入固定利率	10.5%	12.0%
借入浮动利率	LIBOR+0.25%	LIBOR+0.65%

4. 2005年2月，申能(集团)有限公司发行总额10亿元，期限为10年的企业债券——05申能债。计息日为每年2月2日。该债券为浮动利率债券，票面利率为基准利率与基本利差之和。基准利率为发行首日和其他各计息年度起息日适用的中国人民银行公布的一年期整存整取定期储蓄存款利率，基本利差为2.70%，在本期债券存续期内固定不变。在本期债券存续期内，各计息年度的基准利率与基本利差之和若不高于5.05%，当期利率为5.05%；基准利率与基本利差之和若高于5.05%，当期利率为基准利率与基本利差之和。在2008—2012年，一年期存款利率的变化情况如表6-16所示。

大华公司在2009年1月购买了面值为1000万元的05申能债。试根据表6-16，计算大华公司在2009年至2012年6月获得的利息收入。该类债券属于哪一种利率衍生产品？

表 6-16　一年期存款利率的变化情况

单位：%

日期	2008 年 12 月 23 日	2010 年 10 月 20 日	2010 年 12 月 26 日	2011 年 2 月 9 日	2011 年 4 月 6 日	2011 年 7 月 7 日	2012 年 6 月 8 日
存款利率	2.25	2.5	2.75	3	3.25	3.5	3.25

第七章　固定收益衍生产品定价模型

【学习要点及目标】

- 掌握短期国债期货和中长期国债期货的定价原理；会计算国债期货合约的理论报价。
- 掌握利率互换定价的基本原理和方法；会运用两种处理方法给利率互换定价。
- 掌握利率期权定价一般公式；掌握利率上限(下限)的定价方法。

【核心概念】

IMM 指数　隐含远期国债利率　持有成本模型　布莱克-1976 模型　利率期权元

【引导案例】

固定收益衍生产品定价的特殊性

与我们熟悉的股票衍生产品相比，固定收益类衍生产品的分析和定价方法要复杂得多。例如，股票期权的标准定价公式是 Black-Scholes 模型(以下简称 B-S 模型)。

$$c = SN(d_1) - Xe^{-r(T-t)}N(d_2) \tag{7-1}$$

其中，

$$d_1 = \frac{\ln(S/X) + (r + \sigma^2/2)(T-t)}{\sigma\sqrt{T-t}},\quad d_2 = d_1 - \sigma\sqrt{T-t} \tag{7-2}$$

在上述公式中，σ 表示标的股票的波动率，r 为无风险利率。

上述 Black-Scholes 模型的一个重要假设是标的股票波动率 σ 在观察期内保持不变。这一点对于到期时间可看作无限的股票来说，可以成立。但对于一个债券期权而言，标的债券的价格在到期时必须等于其面值，这也就意味着标的债券价格的标准差依赖于到期时间的长短，债券价格的不确定性先上升后下降，如图 7-1 所示。

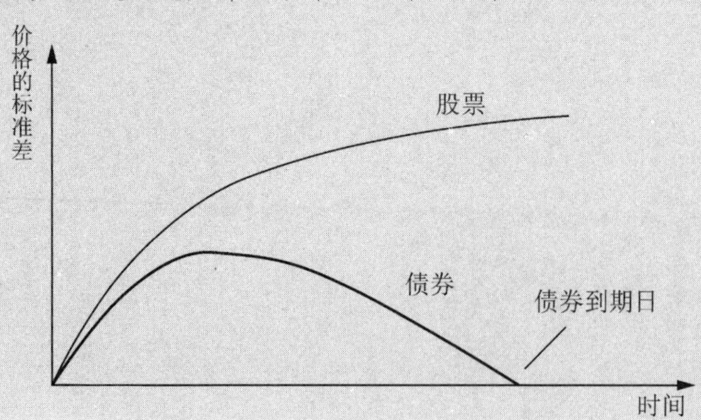

图 7-1　债券价格的标准差与时间的关系

对于短期债券期权，其价格变化特征与股票期权的变化特征相似，因而直接套用 B-S 模型是可以的，但长期债券期权就不适合直接用 B-S 模型。

另外，正如我们在第四章中所述，利率变动的随机过程比股票价格或是汇率的变化要复杂得多。更重要的是，在利率衍生产品中，利率作为标的指标本身，影响其衍生产品的到期回报，而同时又要充当到期回报的贴现率，这进一步加大了利率期权定价的复杂性。因而，本章只是对固定收益类衍生产品定价的基本思路进行简单介绍。

第一节　利率期货的定价

一、短期国债期货定价

我们以较为常见的 IMM 13 周国库券期货合约为例，说明短期国债期货的定价思想。IMM 13 周国库券期货的标的资产为价值 1 00 000 美元的 3 个月期的美国政府国库券，合约月份则为每年的 3 月、6 月、9 月和 12 月。合约到期时，可用于交割的既可以是新发行的 3 个月期(即 13 周)的国库券，也可以是尚有 90 天剩余期限的原来发行的 6 个月期或 1 年期的国库券。

作为短期国债期货的标的资产，美国政府的短期国库券通常采用贴现方式发行。短期国库券的报价则是指面值为$100 的短期国库券的标价。假定 P 是面值为$100，距到期日还有 n 天的短期国库券的现金价格，其报价 M 的公式为

$$M = \frac{360}{n}(100 - P) \tag{7 3}$$

因此，对于一个 90 天期的短期国库券来说，如果现货价格 P 为 98，则报价就为 8.00。也就是说该短期国库券的贴现率(Discount Rate)为 8%，它是短期国库券提供的以年来计算的美元收益，用占面值的百分比来表示。

而短期国库券期货的报价方式则不同于短期国库券本身的报价方式。IMM 90 天国库券期货通常采用 IMM 指数报价方式。“IMM 指数”(IMM Index)是指 100 与贴现率的分子的差。例如，上例中国库券的贴现率为 8%，该种国库券的期货报价就为 100−8=92，也就等于 100 减去相应的短期国库券的报价。采用这种报价方式的原因主要有两点：一是为了使期货报价与交易者习惯的低买高卖相一致；二是为了使“IMM 指数”的变动方向与短期金融债券的价格变动方向相一致。

由此，如果 Z 是短期国库券期货的报价，P 是未来交割时短期国库券现货的价格，这意味着

$$Z = 100 - \frac{360}{n}(100 - P) \tag{7-4}$$

或者可反推出

$$P = 100 - \frac{n}{360}(100 - Z) \tag{7-5}$$

由上式可知，市场在当前时点(比如 t 时刻)对未来合约到期交割时(即 t+n 时刻)国库券现货价格 P 的预期决定了当前时点的短期国库券期货的报价 Z;而预期未来国库券价格的形成基础实际上是隐含的远期国债利率。其原因是：当由国库券期货报价 Z 反推出预期国库券价格 P，进而所代表的远期利率水平与市场上实际的隐含远期国债利率不相等时，交易者就会在市场上进行大量的套购和套利交易，造成国库券期货价格与现货价格发生变动，最终使得国库券期货市场的利率水平与隐含远期国债利率趋于一致，从而形成国库券期货的

价格水平。

隐含远期国债利率是指依据目前的国债利率(或价格)体系计算未来国债利率(或价格)，这个未来国债利率(或价格)能使投资于长期国债的收益等于投资于短期国债并进行滚动投资取得的收益。我们以 90 天的国债和 180 天的国债为例进行说明。假设，180 天的国债利率为 10%，90 天的国债利率为 9.5%，设 90 天后的国债利率为 y。投资者既可以直接购买 180 天的国债，也可以先购买 90 天的国债，期满后连本带利再次购买 90 天的国债，在 181 天收回本金和利息。在完全理性的市场中，这两种投资方案的最终收益应该是相等的，即 $(1+10\%\times180/360)=(1+9.5\%\times90/360)\times(1+y\times90/360)$，求得 y 等于 10.26%。10.26%即是隐含远期国债利率。可见，隐含远期国债利率的实质是确定一个未来国债利率(或价格)，使在相同期限内，无论投资于长期国债还是投资于短期国债，投资者取得的收益都相等。

【案例 1】 假设在××××年 6 月 30 日，市场上发行一种年利率为 12%的半年期国债和年利率为 10%的 3 个月期的国债。同时，市场上还有一种 3 个月后(即 9 月 30 日)到期交割的 90 天期国库券期货合约。问该期货合约的理论价格应是多少？

首先，根据 6 月 30 日国债利率水平计算出隐含的 9 月 30 日的 3 个月期国债远期利率，列出等式 $(1+12\%\times180/360)=(1+10\%\times90/360)\times(1+y\times90/360)$，求出 $y=13.66\%$，即市场目前的利率期限结构显示 9 月 30 日的 3 个月期国债利率为 13.66%。根据这一数据，按照公式

$$\frac{100-P}{P}\times\frac{360}{90}=13.66\%$$

计算出票面值为 100 元的 3 个月期国债期初时的价格 P=96.698(元)。

再代入公式(7-4)

$$Z=100-\frac{360}{n}(100-P),\quad n=90$$

求出该国库券期货合约的理论价格 Z=86.791(元)。

二、中长期国债期货定价

中长期国债属于附息票债券，在进行定价时，其有效期内的现金收益是确定已知的，因此，可以直接利用由持有成本模型(Cost of Carry Model)推导出的期货定价公式来求得。但由于中长期国债期货报价和交割制度存在特殊性，使得这些公式的运用较为复杂。例如，中长期国债期货的报价是指标准券的期货价格，而在交割时采用的是实际债券，这就需要考虑通过转换因子在交割券期货的理论报价与标准券期货的理论报价之间进行转换；另外，在计算卖方交割时收取的现金价格还要考虑交割债券的应计利息。

具体的步骤如下。

(1) 根据当前时刻(估值日 t)最便宜可交割国债的报价，加上当前时刻该债券的应计利息，计算出该交割券的现金价格。计算公式为

交割券现金价格 S=交割券报价+该债券上一个付息日至估值日之间的累计利息　(7-6)

(2) 将期货有效期内交割券支付的所有利息流贴现至估值日，求出其现值 I。

(3) 运用期货定价公式

$$F=(S-I)e^{r(T-t)} \tag{7-7}$$

计算出交割券期货理论上的现金价格 F。其中，T 为该期货合约的交割日(终止日)。

(4) 根据交割券期货理论上的现金价格 F 算出交割券期货的理论报价，计算公式为

交割券期货理论报价=交割券期货理论现金价格 F−
该债券由估值日(t)至交割日(T)之间的累计利息　　(7-8)

(5) 用交割券期货的理论报价除以转换因子即为标准券期货的理论报价，也是标准券期货理论的现金价格。

【案例 2】假定我们已知某一国债期货合约最合算的交割券是息票利率为 14%，每年付息两次，转换因子为 1.3650 的国债，其现货报价为 118 美元，该国债期货的交割日为 270 天后。该交割券上一次付息是在 60 天前，下一次付息是在 122 天后，再下一次付息是在 305 天后，市场任何期限的无风险利率均为年利率 10%(连续复利)。请根据上述条件求出国债期货的理论价格。

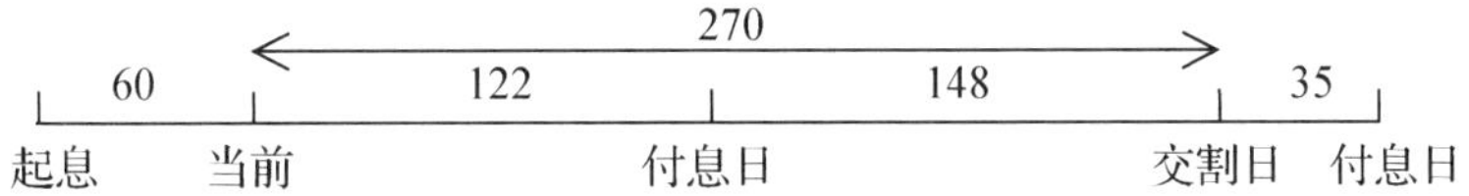

图 7-2　某国债期货合约关键日期

首先，我们可以运用公式(7-6)求出交割券的现金价格为

$$118+\frac{60}{182}\times 7\approx 120.308(\text{美元})$$

其次，我们要算出期货有效期内交割券支付利息的现值。由于期货有效期内只有一次付息，是在 122 天(0.3342 年)后支付 7 美元的利息，因此利息的现值为

$$7\mathrm{e}^{-0.3342\times 0.1}=6.770(\text{美元})$$

再次，由于该期货合约的有效期还有 270 天(即 0.7397 年)，我们可以运用公式(7-7)算出交割券期货理论上的现金价格为

$$(120.308-6.770)\times \mathrm{e}^{0.7397\times 0.1}=121.178(\text{美元})$$

进一步，我们要算出交割券期货的理论报价。由于交割时，交割券还有 148 天(即 270−122 天)的累计利息，而该次付息期总天数为 183 天(即 305−122 天)，根据公式(7-8)，我们可求出交割券期货的理论报价为

$$121.178-7\times\frac{148}{183}=115.5168(\text{美元})$$

最后，我们可以求出标准券的期货报价为

$$\frac{115.5168}{1.3650}=84.625(\text{美元})$$

第二节　利率互换的定价

利率互换是交易双方同种货币的固定利率与浮动利率之间的互换。在互换市场上，交易者往往针对不同浮动端利率的互换品种，就对应可接受的固定端利率水平进行报价。在选定某一浮动端利率后，交易双方会按报出的对应的固定利率水平协商成交。因此，利率互换的定价，就是要确定与浮动利率互换的固定利率的大小。其基本过程包括：首先，设互换利率报价为 k，将 k 作为互换的固定端利率，确定互换的价值；其次，求出使互换价值为 0 的 k 值。为确定互换合约的价值，通常需要将互换合约分解成更为简单的金融产品，因此利率互换的定价方法也可分为两类。

一、基于债券组合分解的利率互换定价公式

其基本思想是根据利率互换的现金流特征，将利率互换分解为固定利率债券和浮动利率债券的组合，分别计算每一种债券的净现值，其差额即为互换价值。然后根据互换价值为零，即浮动利率债券和固定利率债券现值相等，求出固定利率。

具体地，假设一个利率互换合约中的名义本金额为 L，对于利率互换合约的买方，在每一期支付固定利率 k(即互换利率)，而换回浮动利率 k_i^*，其有效期内的现金流可表示成图 7-3。

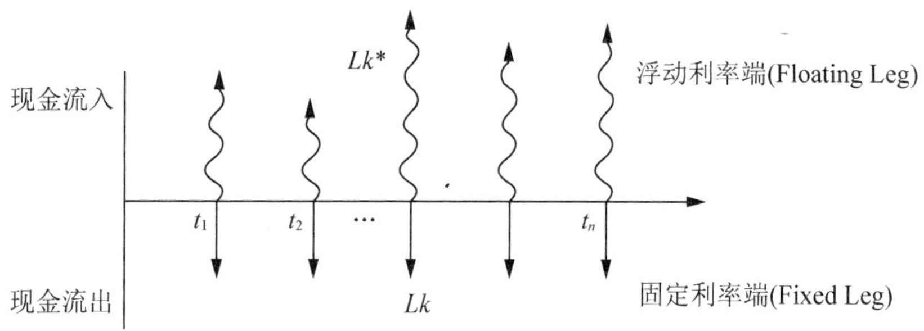

图 7-3 有效期内的现金流

从而，可将利率互换合约分解为一个浮动利率债券的多头与一个固定利率债券的空头，分别计算每一种债券的净现值，定义从互换合约中分解出的固定利率债券的净现值为 B_{fix}，浮动利率债券的净现值为 B_{fl}，互换价值 $V_{互换}=B_{fl}-B_{fix}$，由此求解出使 $V_{互换}=0$，即 $S_{1.5}\times\frac{1}{4}\times e^{-r^{1.5}\times 1.5}=B_{fl}$ 的固定利率 k。

在上述过程中，固定利率债券在期初的价值可按现金流贴现模型计算：

$$B_{fix}=\sum_{i=1}^{n}Lke^{-r_i t_i} \tag{7-9}$$

其中，t_i 是距第 i 次现金流交换的时间，贴现率 r_i 是到期日为 t_i 的零息票债券即期利率。

进一步计算浮动利率债券的期初价值。对于某一时点发生的浮动利率现金流，可按照金融工程的复制和组合技术，进行相应的转换，如图 7-4 所示。

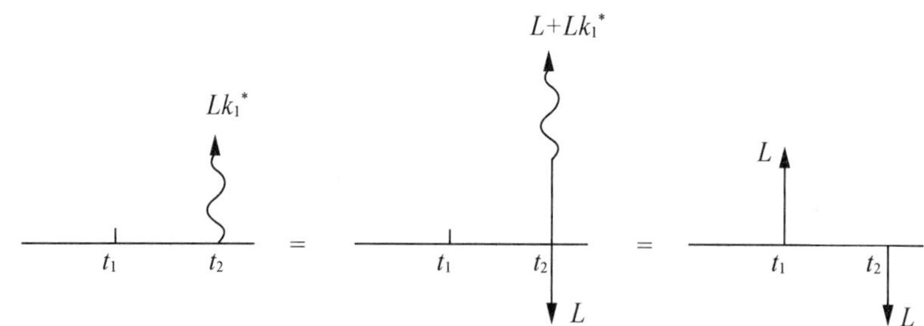

图 7-4 单时点浮动利率现金流的转换

由此，可将互换合约有效期内的浮动利率现金流转换为图 7-5。

由图 7-5 可知，在进行估值时，一系列浮动利率现金流量可以用下面两者来代替：①在第一个计息期开始时名义本金的流入；②在最后一个计息期终了时名义本金的流出。从而浮动利率现金流量的现值 $B_{fl}=L-Le^{-r_n t_n}$。

由 $B_{fix}=B_{fl}$，得到 $L-Le^{-r_nt_n}=\sum_{i=1}^{n}Lke^{-r_it_i}$

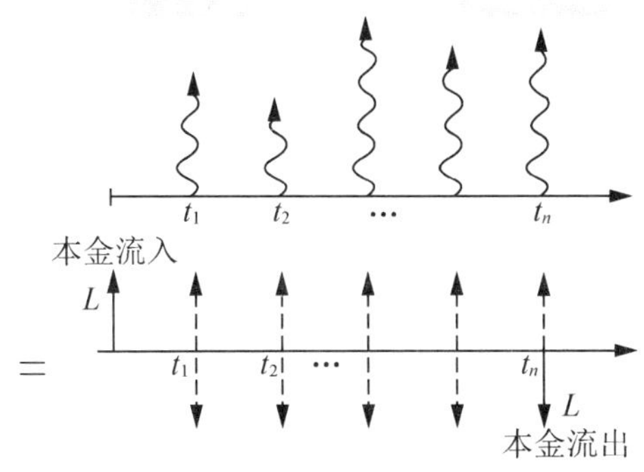

图 7-5　多时点浮动利率现金流的转换

从而解出固定利率为

$$k=\frac{1-e^{-r_nt_n}}{\sum_{i=1}^{n}e^{-r_it_i}} \tag{7-10}$$

值得注意的是，上述计算方法得到的固定利率 k 对应的时间周期为每两次互换发生的间隔 $t_{i+1}-t_i$，为此，如果要转化为年固定利率 k'，则要将 k 乘以每年发生的互换次数 m。其原因是对应于年化的固定利率 k'，每次发生的现金流为 $L\frac{k'}{m}$，因此最终求解为

$$k'=m\times\frac{1-e^{-r_nt_n}}{\sum_{i=1}^{n}e^{-r_it_i}} \tag{7-11}$$

【案例 3】 在一笔 2 年期的利率互换协议中，某一金融机构支付 3 个月期 LIBOR，同时每 3 个月收取固定利率(3 个月计息一次)，名义本金为 1 亿元。目前 3 个月、6 个月、9 个月、12 个月、15 个月、18 个月、21 个月与 2 年的利率期限结构(零息票债券即期利率)分别为 4.8%、5%、5.1%、5.2%、5.15%、5.3%、5.3%与 5.4%。试确定此笔利率互换的合理报价。

根据互换价值为 0 的条件，$B_{fl}=B_{fix}$，得到 $L-Le^{-r_nt_n}=\sum_{i=1}^{n}L\frac{k'}{4}e^{-r_it_i}$

从而有 $k'=4\times\frac{1-e^{-r_nt_n}}{\sum_{i=1}^{n}e^{-r_it_i}}$

其中，$\sum_{i=1}^{n}e^{-r_it_i}=e^{-0.048\times0.25}+e^{-0.05\times0.5}+e^{-0.051\times0.75}+e^{-0.052\times1}+e^{-0.0515\times1.25}+e^{-0.053\times1.5}+e^{-0.053\times1.75}+e^{-0.054\times2}$

$e^{-r_n\times t_n}=e^{-0.054\times2}$

代入可求得 $k'=5.427\%$，即利率互换报价应为 5.427%。

二、运用远期利率协议给利率互换定价

利率互换合约可以分解成一系列远期利率协议(FRA)的组合，计算每一个 FRA 的贴现值，再将各个 FRA 的贴现值相加，得到互换合约的贴现值，并且求出使其为 0 的固定利率，

即为互换合约的合理定价。

根据前面章节的内容，远期利率协议(FRA)合约事先确定将来某一时间一笔借款的利率，但在 FRA 执行的时候，支付的只是市场利率与合约协定利率的利差。如果市场利率高于协定利率，贷款人支付给借款人利差；反之，由借款人支付给贷款人利差。所以实际上 FRA 可以看成是一个用事先确定的固定利率交换市场利率的合约。而利率互换则可以看成是一系列支付固定利率与浮动利率利差的远期利率协议的组合。

具体地，根据利率互换合约的规定，在合约有效期内每次现金流互换日 t_i (i=2, 3, …, n) 时应支付或收到的浮动利息是按前一个互换日 t_{i-1} 时的浮动利率计算，因此，对于图 7-2 所示的互换合约，可将其做如图 7-6 所示的分解。

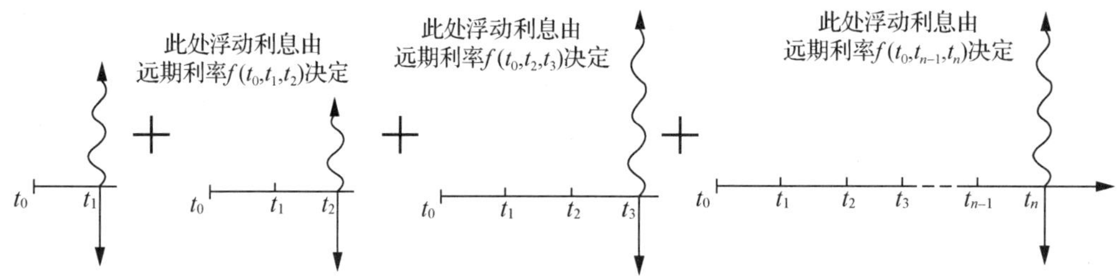

图 7-6　互换合约的分解

由此可见，按上述的分解方法，运用 FRA 给利率互换定价的步骤如下：①计算远期利率；②确定现金流；③将现金流贴现。其中关键是各个远期利率，进而确定每个互换发生日时的浮动利息现金流。而远期利率可以根据已知的利率期限结构加以推算。根据第三章的知识，我们知道在 t_0 时点，t_{n-1} 到 t_n 的远期利率的计算公式为

$$f(t_0,t_{n-1},\ t_n)=\frac{r_n(t_n-t_0)-r_{n-1}(t_{n-1}-t_0)}{t_0-t_{n-1}} \tag{7-12}$$

其中，r_n 和 r_{n-1} 分别为 t_0 时点，到期日为 t_{n-1} 和 t_n 的即期利率。

总之，利率互换定价的第一种方法是先将有效期内的现金流入和现金流出分别视为两种债券，再分别求其贴现值；而第二种方法，则是先将有效期每一时点的现金流入和现金流出综合为一种金融产品，再求该种产品的贴现值。无论采用哪一种方法，都需要估值日 t_0 时的各期限即期利率 $r_1, r_2, \cdots, r_{n-1}, r_n$，即第三章中讲到的利率期限结构，因而一个准确的、权威的利率期限结构是利率互换定价的关键。

利率互换报价的实践机制

第三节　利率期权的定价

债券的价格变化依赖于利率的变动，因此债券实际上可看作最基础的利率衍生产品。相应地，无论是以债券作为标的资产(如在 CBOE 中交易的品种)还是以债券期货(如在 CME 中交易的品种)为标的资产的债券期权，在定价时归根结底都可看作以利率为标的的资产，因而本节重点介绍以利率变量为标的资产的期权定价。由于内容较为复杂，本节只阐述其基本思想与一般过程。

一、利率期权定价的一般公式

1973 年，布莱克和舒尔斯提出基于股票为标的资产的期权定价模型，该模型最早在 1976 年由 Fischer Black 扩展到利率衍生证券的定价，即所谓的布莱克-1976 模型(Black-1976 Model)①。该模型与人们所熟知的布莱克——舒尔斯模型(Black-Scholes Model)的主要区别在于 B-S 模型中的标的资产的即期价格 S 被替换为未来远期价格 F 的贴现值。具体地，考虑一个基于利率变量 V 的欧式看涨期权，定义：

T——期权到期日。

F——在期限为 T 的合约中的 V 的未来值。

X——期权的执行价格。

r——期限为 T 的零息票收益。

σ——F 的波动率。

V_T——在时刻 T 时 V 的价值。

F_T——在时刻 T 时 F 的价值。

在时刻 T，欧式看涨期权的盈利状态是 $\max(V_T - X, 0)$，由于 $F_T = V_T$，所以我们可认为在 T 时刻的期权盈利状态为 $\max(F_T - X,\ 0)$，Black 模型给出 0 时刻该欧式看涨期权的价值 c 为

$$c = \mathrm{e}^{-rT}[FN(d_1) - XN(d_2)] \tag{7-13}$$

其中，

$$d_1 = \frac{\ln(F/X) + \sigma^2 T/2}{\sigma\sqrt{T}}$$

$$d_2 = \frac{\ln(F/X) + \sigma^2 T/2}{\sigma\sqrt{T}} = d_1 - \sigma\sqrt{T}$$

相应的欧式看跌期权的价值 p 为

$$p = \mathrm{e}^{-rT}[XN(-d_2) - FN(-d_1)] \tag{7-14}$$

利用上述公式对实际的利率期权产品定价时，关键是如何确定公式中各个参数或变量的取值，相应的处理方法可参见 Paul Willimot(2002)。

二、利率上限和利率下限的定价方法

利率上限和利率下限作为场外交易的主要利率期权品种，可根据其现金流特征将其分解为一系列基于市场利率的看涨期权和看跌期权的组合。

以利率上限为例，设计利率上限是为了提供某种保险，保证浮动利率借款的利息率不超过某一确定的利率水平。这个利率水平被称为上限利率(Caps Rate)。利率上限确保借款者(利率上限的买方)在任何给定时刻所支付的借款利率是市场当前利率与上限利率中的较小者。假如一家金融机构(利率上限的卖方)提供了一项本金为 10 万美元、按季度计息、年利率 10%的利率上限。为了履行利率上限协议规定的义务，该金融机构在每个季末必须向该利率上限的买方支付：

---

① FISCHER B. The pricing of commodity contracts[J]. Journal of Financial Economics, 1976(3): 167～179.

$$0.25\times 10\times \max(R-0.1, 0)$$

其中 R 是每季度开始时的 3 个月期 LIBOR 利率(按季度计复利来表示)。例如，当某个季度开始时的 3 个月期 LIBOR 利率是年率 11%时，金融机构在该季度末必须支付 0.25×10000000×0.01=\$25000。当 LIBOR 利率降低到年率 9%时，金融机构不必做任何支付。表达式 $\max(R-0.1, 0)$是基于 R 的看涨期权所得的收益。因此可把利率上限看成是一个基于 R 的看涨期权的组合，其收益是在期权发生后 3 个月才获得。包含在利率上限中的单独期权有时被称为利率期权元(Caplets)。

由此，给出一般化的表述，若利率上限为 R_x，本金为 L，从利率上限有效期开始在 τ，2τ，…，$n\tau$ 时刻支付利息，则利率上限的出售方在 $(k+1)\tau$ 时刻需支付的金额为

$$\tau L\max(R_k - R_x,\ 0) \tag{7-15}$$

其中，R_k 是 $k\tau$ 时刻，作为标的资产的市场利率。可见，这是一个在 $k\tau$ 时刻观察到的基于利率的看涨期权，其收益在 $(k+1)\tau$ 时刻实现。类似地，利率下限(Floor)则是对要支付的利率设置了一个下限，可以将其分解成一系列基于利率的看跌期权的组合。由此，当一个利率上限(下限)期权合约包括多个利率看涨(看跌)期权(利率期权元)时，我们只需要首先分别为每一个利率期权元定价，再将它们加总，即

$$\text{利率上限(下限)期权合约价值}=\sum_{i=1}^{n} q_i \tag{7-16}$$

其中，q_i 为每一个看涨或看跌的利率期权元的价值。

计算利率期权元价值的第一种方法是可以直接运用布莱克-1976 模型。如果假设 R_k 服从对数正态分布，其波动率测度是 σ_k，可以证明：由模型(7-13)出发，看涨的利率期权元的价值为

$$q=\tau L\mathrm{e}^{-r(k+1)\tau}[F_k N(d_1)-R_x N(d_2)] \tag{7-17}$$

其中，

$$d_1=\frac{\ln(F_k/R_x)+\sigma_k^2 k\tau/2}{\sigma_k\sqrt{k\tau}}$$

$$d_2=\frac{\ln(F_k/R_x)-\sigma_k^2 k\tau/2}{\sigma_k\sqrt{k\tau}}=d_1-\sigma\sqrt{k\tau} \tag{7-18}$$

F_k 为在 $k\tau$ 与 $(k+1)\tau$ 时刻之间的远期利率。

包含在利率下限中的一个单独的看跌期权估值的表达式为

$$q=\tau\cdot L\cdot \mathrm{e}^{-r\cdot(k+1)\tau}\cdot[R_x\cdot N(d_2)-F_k N(d_1)] \tag{7-19}$$

在这些表达式中，r 是到期日为 $(k+1)\tau$ 的按连续复利计息的零收益率曲线利率。R_x 和 F_k 都是按 τ 的频率计复利来表示的。

【案例 4】某利率上限的本金为\$10 000，上限利率为年利率 8%，每季计复利一次，利率重设期为 3 个月。假设 1 年后开始的 3 个月期远期利率是年率 7%(每季计复利一次)；该 3 个月期远期利率的波动率(年标准差)为 20%。所有期限的无风险连续复利为 6.5%(每季计复利一次)。计算在这个子期间的利率期权元的价值。

解：由于 F_k=0.07，τ=0.25，L=10000，R_x=0.08，r=0.065，σ=0.20，$k\tau$=1.0。

由于

$$d_1=\frac{\ln 0.875+0.02}{0.20}=-0.5677$$

$$d_2 = d_1 - 0.20 = -0.7677$$

所以在这一期间的利率上限期权元的价格为

$$q = 0.25 \times 10000 \times e^{-0.065 \times 1.25}[0.07N(-0.5677) - 0.08N(-0.7677)] = 5.19(\text{美元})$$

相应地，我们可以按上述公式计算每个付息时点的利率期权元的价值，并加总，得到整个利率上限的价值。

计算利率期权元价值的第二种方法是根据利率二叉树模型和利率上、下限合约的条款，在每个结算计息点分别计算出可能的支付额并贴现至期初，然后将合约有效期内所有可能的支付现值加在一起，得到利率上、下限合约的价值。

【案例 5】 一利率上限合约的名义本金为\$10000000，合约中规定的上限利率为 5.2%，每年结算支付一次。假设当前时点得到未来利率变化如图 7-7 所示的二叉树图。确定该利率上限合约当前的价值。

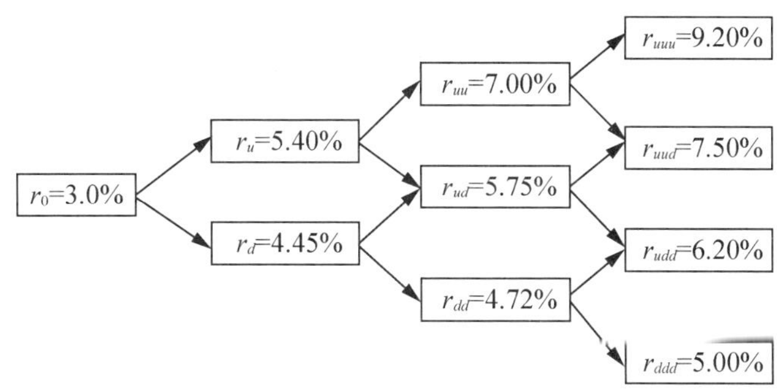

图 7-7　未来利率变化二叉树图

解： 在第一年年末，利率可能是 5.40%或 4.45%。根据利率上限合约，该利率上限可能支付 10000000(5.40%−5.2%)=20000 美元或者 0 美元。由此，该利率上限元的期初值为 0.5(22000+0)/1.03=10680 美元，如图 7-8 所示。

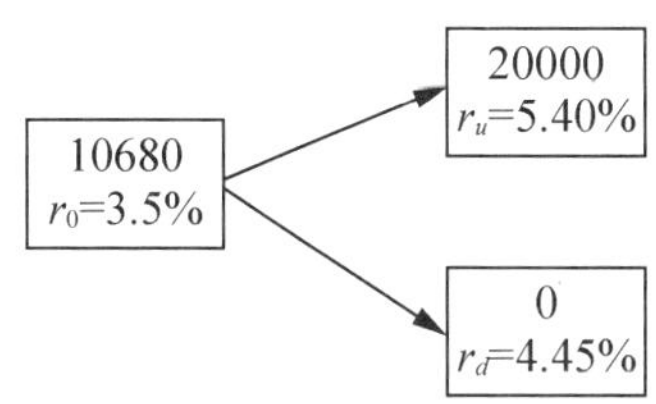

图 7-8　第一年年末利率上限元的期初值

在第二年年末，利率可能是 7.00%、5.75%或 4.72%。根据利率上限合约，该利率上限可能支付 10000000×(7.0%−5.2%) = 180000 美元，10000000×(5.75%−5.2%) = 55000 美元或者 0 美元。对于前两种情况，按风险中性定价方法，贴现到第一年年末的价值为：(0.5×180000 + 0.5×55000)/(1+0.054)=111480 美元。对于后两种情况，贴现到第一年年末的价值为：(0.5×0+0.5× 55000)/(1+0.0445)=26328 美元。同理，继续向前贴现，该利率上限元的期初价值为 66897 美元，如图 7-9 所示。

以此类推，第三年年末的利率上限元的期初价值为 151076 美元，过程如图 7-10 所示。

最终，整个利率上限合约在期初时的理论价值为这三个利率上限元的期初价值之和，即 10680+66897+151076=228653 美元。

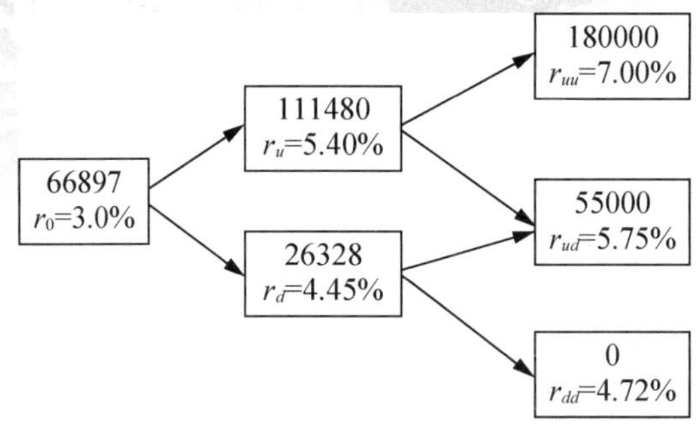

图 7-9　第二年年末利率上限元的期初值

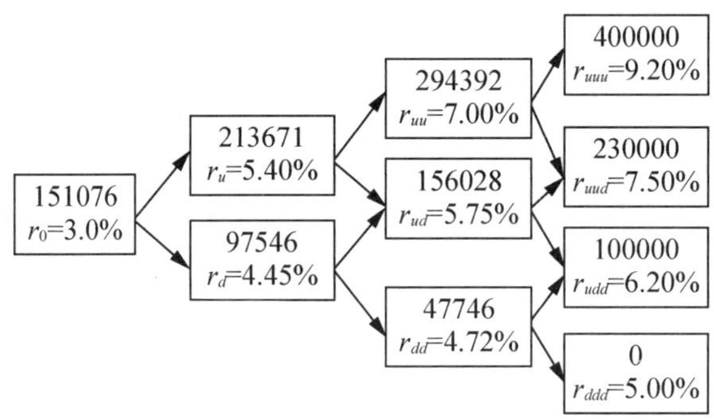

图 7-10　第三年年末利率上限元的期初值

本 章 小 结

(1) 短期国债期货定价首先要先计算隐含远期国债利率。隐含远期国债利率是指依据目前的国债利率(或价格)体系计算未来国债利率(或价格)，这个未来国债利率(或价格)能使投资于长期国债的收益等于投资于短期国债并进行滚动投资取得的收益。知道隐含远期国债利率后可以求得未来交割时短期国库券现货的价格，进而得出短期国库券期货的理论报价。中长期国债期货定价要依据持有成本模型推导出的期货定价公式来求得。具体步骤可参见第一节中的长期国债期货定价部分。

(2) 利率互换可分解为固定利率债券和浮动利率债券的组合。一种定价方法是分别计算每一种债券的净现值，其差额即为互换价值，然后根据互换价值为零求出固定利率。另一种定价方法是把利率互换合约分解成一系列远期利率协议(FRA)的组合，计算每一个 FRA 的贴现值，再将各个 FRA 的贴现值相加，得到互换合约的贴现值，并且求出使其为 0 的固定利率，即为互换合约的合理定价。

(3) 根据利率上限和利率下限的现金流特征，可以将其分解为一系列基于市场利率的看涨期权和看跌期权的组合，从而只需要首先分别为每一个利率期权元定价，再将它们加总，即可求得利率上限(下限)期权合约价值。对每一个利率期权元定价时，可运用布莱克-1976 模型，也可以运用利率二叉树模型。

复习思考题

1. 在中国金融期货交易所交易的TF1203国债期货合约的交割日为2012年3月14日。假设在当前日期为2011年11月16日时，市场上最合算的交割券是11附息国债21，其报价为100.5975元。该债券为2011年10月发行的7年期国债，到期日为2018年10月13日，息票利率为3.65%，每年付一次利息，最近的一次付息日是2011年10月13日。转换因子为1.0381。假设市场上任何期限的无风险利率均为年利率3.5%。请根据上述条件求出TF1203国债期货合约的理论价格。

2. 假设在一笔互换合约中，某一金融机构每半年支付6个月期的LIBOR，同时收取8%的年利率(半年计一次复利)，名义本金为1亿美元。互换还有1.25年的期限。3个月、9个月和15个月的LIBOR(连续复利率)分别为10%、10.5%和11%，上一次利息支付日的6个月LIBOR为10.2%(半年计一次复利)。试分别运用债券组合和FRA组合计算此笔利率互换对该金融机构的价值。

3. 已知一利率下限合约的名义本金为$10 000 000，合约中规定的上限利率为4.8%，每年结算支付一次。假设当前时点得到未来利率变化如图7-11所示。请确定该利率下限合约当前的价值。

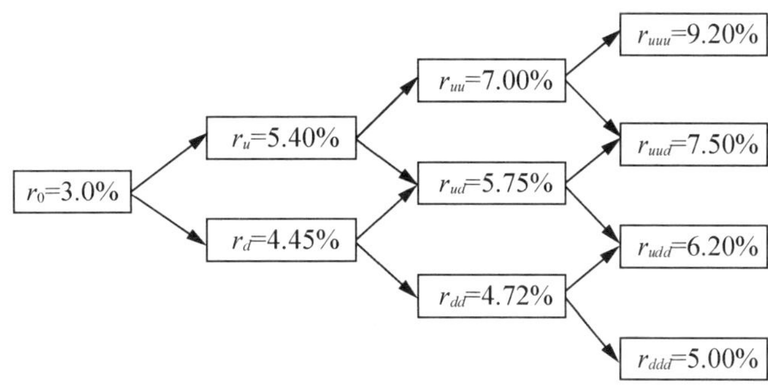

图7-11　未来利率变化二叉树图

第八章　内嵌期权固定收益类产品的价值分析

【学习要点及目标】

- 熟悉可赎回债券和可回售债券的概念和含义；理解含权债券的定价的基本原理；学会用 BDT 二叉树利率模型为含权债券定价。
- 熟悉可转换公司债券的概念及主要条款；了解可转换公司债券在我国的实践情况；理解可转换公司债券的定价原理。
- 熟悉利率挂钩型结构化产品的基本概念及分类；了解利率挂钩型结构化产品的发展状况；学会用 BDT 模型的二叉树方法对利率挂钩型结构化产品进行定价。

【核心概念】

可赎回债券　可回售债券　可转换公司债券　转股条款　利率挂钩型结构化产品

【引导案例】

“18 金地 03”利率大降意欲何为 监管及时关注

一次存续期利率选择权的行使，把金地集团推上风口浪尖。“18 金地 03”公司债券在最后一年大幅下调票面利率至 1.5%，触动了不少机构本已脆弱的神经。由于对利率调整条款认知存在分歧，所以此次调整充满了争议。

受此影响，“18 金地 03”昨日午盘后停牌。金地集团称，市场上投资者对条款有不同理解，公司正积极与相关投资人沟通。上交所也第一时间发出监管工作函，要求金地集团进一步核实此次调整是否符合条款约定，并说明理由。

2018 年 5 月 23 日，金地集团发行金地(集团)股份有限公司 2018 年公司债券(第二期)，规模 30 亿元。债券分为两个品种发行：品种一为 3 年期，附第 2 年年末发行人调整票面利率选择权及投资者回售选择权；品种二为 5 年期，附第 3 年年末发行人调整票面利率选择权及投资者回售选择权。品种一即是此次午后停牌的品种——“18 金地 03”。

金地集团发布公告称，此前公司发布了“18 金地 03”公司债券投资者回售实施办法及债券票面利率调整的两则公告。但市场上投资者对条款有不同理解，公司正积极与相关投资人沟通。为维护投资者利益，公司申请“18 金地 03”公司债券 21 日下午起停牌，待有关事项明确后再行复牌。

据了解，这两则公告一是调低“18 金地 03”票面利率，一是发布关于“18 金地 03”公司债券投资者回售实施办法。

真正对市场有冲击的是第一则公告。该公告表示，根据募集说明书约定，发行人有权决定是否在“18 金地 03”存续期的第 2 年年末调整本期债券后 1 年的票面利率。“18 金地 03”票面利率为 5.29%，在债券存续期内前 2 年固定不变。根据当前的市场环境，发行人选择下调票面利率，即在后 1 个计息年度，票面利率调整为 1.50%。

对于此次调整的焦点还体现在对条款的理解上。“从募集说明书看，按照前 2 年票面利率加公司提升基点的表述，第三年票面利率应该上调，如今如此大幅下调令人费解。”有机构人士表示。

按照规则，作为该债券投资者也拥有回售选择权，有权选择在公告的投资者回售登记期内进行登记，将债券按面值全部或部分回售给发行人。不少机构认为，从此次同时发布的回售公告看，公司意图较为明显，但实在很难接受。

上交所当日晚间发送监管工作函给金地集团，要求公司进一步核实此次利率调整是否符合条款约定，并请律师发表明确意见；此外，托管人也需要认真审核并发表专项意见。

(资料来源：新浪财经，2020 年 4 月 22 日)

第一节 可赎回债券与可回售债券

含权债券是指债券条款中带有回售或调价等特殊条款的债券品种。实际操作中特殊条款复杂繁多，可进一步划分为选择权条款和非选择权条款。目前，市场上含权债券中所含选择权主要有以下几项。

(1) 回售，投资者在回售期内将债券回售给发行人。

(2) 调整票面利率，发行人有权在行权日调整债券行权日后 K 年的票面利率，可能上调，也可能下调。

(3) 赎回，发行人有权在行权日选择提前赎回债券。

(4) 提前偿还，从存续期某一年起到最后债券到期，发行人每年等额偿还本金。

(5) 延期，债券在发行人赎回之前长期存续，并在发行人赎回时到期。

非选择权条款包括交叉违约、事先约束、控制权变更、持有人救济、承诺人代偿等投资者保护特殊条款。

2001 年，国家开发银行开始探索发行含权的政策性金融债，随后股份制银行发行含权次级债，部分企业发行含权企业债，含权债券市场的规模越来越大，近年来增长尤为迅速。含权债券的年发行规模从 2015 年的 17321 亿元增长至 2019 年的 30780 亿元，占整个信用债市场的比例由 27%上升至 34%，目前含权债券已经成为债券市场中不可或缺的一部分。本节重点介绍在我国银行间债券市场上交易的可赎回债券和可回售债券的发展状况及价值分析方法；第二节将介绍在交易所债券市场上市交易的可转换公司债券的投资价值分析方法；第三节则对在银行间柜台市场发行的利率挂钩型结构化产品的特征及定价进行讨论。

一、可赎回债券与可回售债券的基本特征和发展状况

可赎回债券是指在普通债券的基础上内嵌了可提前赎回条款，允许发行人根据一组预先设定的赎回价格(Callable Price)在债券到期前向投资人赎回债券。普通债券发行以后，如果利率上升，发行人将获利，因为他以相对偏低的利率借款；相反，如果利率下降，发行人将受损，因为他以相对偏高的利率借款。而可赎回债券则给予发行人在利率下降、债券价格上升时以事先规定的价格提前买回债券，并以较低的市场利率重新发行新债券的权利。而可回售债券则是在普通债券的基础上内嵌了可提前回售条款，允许投资者根据一组预先设定的回售价格(Puttable Price)在债券到期前卖还给发行人，从而有利于投资者避免在债券

持有期内因利率上升、债券价格下跌而遭受更大的损失。

国家开发银行在 2001 年发行了中国首只具有突破意义的含权债券——01 国开 20。该券发行时，我国正处于严重的通货紧缩时期，债券发行利率逐渐走低，但无论是发行人，还是投资者都面临着市场利率未来走势极大的不确定性。对于投资者而言，由于当时利率的绝对水平较低，如果未来利率水平走高，那么前期所认购的中长期债券将蒙受较大的资本损失。为了增加中长期债券发行的吸引力，降低投资者的利率风险，国开行选择了发行所谓的“5P+5”结构的内嵌可回售权的债券，即允许债券持有人在债券持有的第 5 年年末，即 2006 年 12 月 21 日按面值向发行人全部或部分回售债券。通过这一条款，降低了投资者因未来利率上升而导致债券价格下降的风险，得到了投资者的热烈追捧，发行时的认购倍数达到了 2.34 倍，最后中标利率为 3.00%，而同期市场上不含权的普通国债收益率为 3.20%左右。因此，内嵌了可回售权的 01 国开 20 债券实际上也降低了发行方——国家开发银行的筹资成本。在 01 国开 20 成功发行的基础上，国开行从 2002 年开始在含权债券发行方面进行了大量的创新实践。从权利选择的主体来看，不仅发行了投资人可回售权债券，也发行了发行人可赎回权债券。从权利选择的次数来看，不仅发行了投资者在特定的某个行权日可回售的欧式含权债券，而且发行了投资者可在未来几个特定时点行使回售权的百慕大式含权债券。从票面利率的设计来看，不仅发行了固定利率含权债券，也发行了浮动利率含权债券，以及如果不行权则后期的票面利率在前期票面利率的基础上加点的所谓“累进利率”含权债券。中国农业发展银行在 2005 年 9 月 9 日也发行了首只“4P+3”结构的投资人可回售债券。

商业银行含权次级债券的发行源于商业银行的股份制改造及资本充足率提高的要求。从次级债券条款安排来看，均采用了“5C+5”或“10C+5”的结构，即在债券到期前 5 年时点，发行人有权选择赎回该部分债务。这一安排的主要原因是基于次级债券在附属资本计量方面的特殊规定，即在次级债券到期前的 5 年存续期内，其资本额须每年累计折扣(或摊提)20%，已摊销部分用于反映资本价值缩减情况且不能再作为银行资本金，其作用只相当于银行的高级负债，但高级负债的融资成本却低于次级债券，这就产生了一个所谓的利差支出，对于银行来说，可能会是一笔相当大的费用。为消除(部分消除)次级债券非资本处理带来的额外成本，发行银行可以在次级债券到期时的前 5 年行使赎回权，以避免在剩余 5 年内资本摊销的发生，进而消除由此产生的利差成本。但如果届时市场融资成本高于此类资本工具的发行成本，或银行难以在市场上筹集资本金，则银行也可选择不赎回该次级债券。在 2004 年，中国银行率先发行商业银行次级债券后，相继又有中国建设银行、中国工商银行以及其他股份制银行发行了次级债券。

从 2003 年第四季度开始，综合考察国内、国际的宏观经济形势，市场预期中国经济将进入一个持续的加息周期。在强烈升息预期的背景下，传统的企业债券发行受到极大的挑战：一方面，发行期限较短的债券(如期限小于 5 年)，由于相关法律法规的限制，企业债券发行不能超过同期银行定期存款利率的 40%，即使达到了相关规定的上限，也不能跟上市场利率上升的步伐；另一方面，如果发行长期债券(期限大于 5 年)，发债方将承受较高的发债成本，一旦面临一个较长的利率下行周期，成本将显得非常高昂。在这一背景下，中国通用技术(集团)控股有限责任公司在 2004 年 3 月 31 日发行了我国第一只含权企业债券——10 年期的 04 通用浮动利率债券，在该期企业债券的发行过程中，首次采用了“5C+5”的发行人可赎回权方式，规定在该债券期满 5 年时，发行人有权以面值全部赎回债券。随后几年里发行的含权企业债券基本上均为可回售债券。

综观含权债券的发行实践，尽管从理论上讲，无论是发行可赎回债券还是发行可出售债券主要取决于对未来利率的预期，但如果预期未来利率逐步走低，则发行人倾向于发行可赎回债券；而预期未来利率水平逐步升高时，为增加对投资者的吸引力，发行人倾向于发行投资者可回售的债券。

可赎回债券和可回售债券的一些具体例子，如表 8-1 所示。

表 8-1　可赎回债券和可回售债券举例

债券名称	债券种类	内嵌期权结构	期权条款描述
05 农发 11	可回售政策性金融债	4P+3	起息日为 2005 年 9 月 9 日，到期兑付日为 2012 年 9 月 9 日，投资人可以在 2009 年 9 月 9 日向发行人全部或部分回售该债券
04 国开 20	可回售政策性金融债	1P+2P+3P+4P	起息日为 2004 年 12 月 14 日，到期兑付日为 2009 年 12 月 14 日，投资人可以选择在 2005 年 12 月 14 日、2006 年 12 月 14 日、2007 年 12 月 14 日和 2008 年 12 月 14 日向发行人全部或部分回售该债券
02 国开 06	可赎回政策性金融债	5C+5	起息日为2002年6月16日，兑付日为2012年 6 月 16 日，发行人可选择在 2007 年 6 月 16 日以面值赎回债券
04 蒙电债	可回售企业债	5P+5	起息日为 2004 年 12 月 20 日，到期兑付日为 2014 年 12 月 20 日，投资人可以在 2009 年 12 月 20 日向发行人全部或部分回售该债券
05 工行 01	商业银行次级债	5C+5	起息日为2005年8月29日，兑付日为2015年 8 月 29 日，发行人可选择在 2010 年 8 月 29 日以面值赎回债券

二、可赎回债券与可回售债券的价值分析

由于可赎回债券给予发行人以事先规定的价格提前买回债券的权利，进而限制了投资者因债券价格上涨而获得的利润，因此可赎回债券的价格应该低于对应的普通债券的价格。“对应”是指除了赎回条款之外，两种债券的其他性质完全相同。发行人持有的赎回权是一个在标的价格上升的时候购买标的资产的权利，所以它是一个看涨期权。设 P_C 和 P_{NC} 分别代表可赎回债券和对应的普通债券的价格，V_C 代表赎回权的价值，则理论上应该有

$$P_C = P_{NC} - V_C \tag{8-1}$$

而可回售债券则给予投资人以事先规定的价格将债券提前卖还给发行人的权利，这有利于投资者避免在债券持有期内因利率上升、债券价格下跌而遭受更大的损失。投资者持有的可回售权是一个在标的价格下跌的时候出售标的资产的权利，所以它是一个看跌期权。因此可回售债券的价格应高于对应的普通债券的价格。设 P_P 和 P_{NP} 分别代表可回售债券和普

通债券的价格，V_{P}代表投资者持有的回售权的价值，则

$$P_{\mathrm{P}}=P_{\mathrm{NP}}+V_{\mathrm{P}} \tag{8-2}$$

由此，含权债券的定价过程从理论上看主要分为四步：第一步是根据对利率变化特征所做出的假设(也就是所假定的利率模型)及有关输入变量，得到利率的变化过程(通常可以用利率变化的树形图来表示)；第二步是根据利率变化的树形图，以及含权债券的有关票息条款，求出在不考虑含权条款下的债券价格变化的树形图；第三步是根据含权条款，计算附加期权在标的债券期限内的价值变化过程；第四步是综合第二步和第三步得到的结果，根据公式(8-1)和公式(8-2)，得到含权债券的理论价格。上述计算过程的第一步，即假设利率变化服从何种特征，或者说选择何种利率模型是含权债券定价的关键。从国际经验来看，确定含权债券价值的一个标准模式是采用 BDT 二叉树利率模型进行分析。下面我们以一个实例来加以说明。

【案例 1】可赎回债券的估值

假设一含有可赎回条款的 3 年期附息债券，票面值为 100 元，票息率为 6%，每半年付息一次。赎回条款的安排如表 8-2 所示。

表 8-2　可赎回债券赎回条款安排

时点	第 0.5 年	第 1 年年末	第 1.5 年	第 2 年年末	第 2.5 年	第 3 年年末
本金及付息/元	3	3	3	3	3	103
是否可赎回	否	是	是	是	是	是
赎回价格/元	—	103	102	101.5	101	103

第一步：假设已经按照第四章介绍的 BDT 模型求解方法，得到利率二叉树图(见图 8-1)。

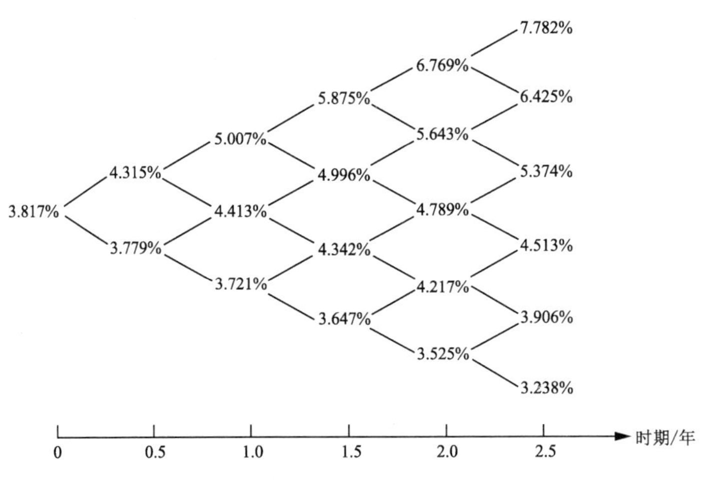

图 8-1　BDT 模型利率二叉树图

第二步：根据上述利率二叉树图以及含权债券的付息条款，求出在不考虑含权条款下债券理论价格变化的二叉树图。计算方法是：债券在每一个时点的理论价格等于下一时点理论价格的平均值，按照当期的利率从后向前进行贴现。例如，在 2.5 年时，如果年利率为 7.782%(相当于半年为 7.782%/2)，按照这一贴现率，可求出该时点的债券理论价格，计算公式为

$$P_{NP}=\frac{0.5\times103+0.5\times103}{1+\frac{0.07782}{2}}\approx99.142(\text{元})$$

类似地，可得到 t=2.5 年时所有利率可能情况下的债券理论价格，并进一步求 t=2 年时，各节点对应的债券理论价格。例如，在 t=2 时，如果利率二叉树显示当期利率为 6.769%，而其下一个时点可能的债券价格分别为 99.142 + 3.0 ≈ 102.142 和 99.794 + 3.0 ≈ 102.794，在这种情况下对应的债券理论价格可计算为

$$P_{NP}=\frac{0.5\times102.142+0.5\times102.794}{1+\frac{0.06769}{2}}\approx99.113(\text{元})$$

重复这一过程，得到不含权的普通债券价格 P_{NP} 变化的二叉树图(见图 8-2)。

第三步：计算内嵌的期权(可赎回权)价值。在债券到期日(t=3 年时)，由于设定的赎回价格为 103 元，而债券理论价格也为 103 元，因此此时期权的价值为 0。在债券有效期内的其他每一个时点，发行人有两个选择：立即执行期权或者持有期权至下一个时点。如果立即执行期权所依据的行权价 S_t 小于不执行期权时的债券理论价格 P_t，则意味着发行人可以按低于理论价格的行权价格将债券赎回，即在该时点选择行使赎回权，该时点所内嵌的期权价值 $V_t=P_t-S_t$；反之，如果立即执行期权所依据的行权价 S_t 大于不执行期权时的债券理论价格 P_t，发行人不会以高于理论价格的行权价格将债券赎回，即在该时点选择继续保持赎回权，该时点所内嵌的期权价值 V_t^* 由其下一时点可能的期权价值(分别是较高水平 V_H 和较低水平 V_L)按照当期的贴现率(半年为 r/2)由后向前贴现，即

$$V_t^*=\frac{0.5\times V_H+0.5\times V_L}{1+\frac{1}{2}r}$$

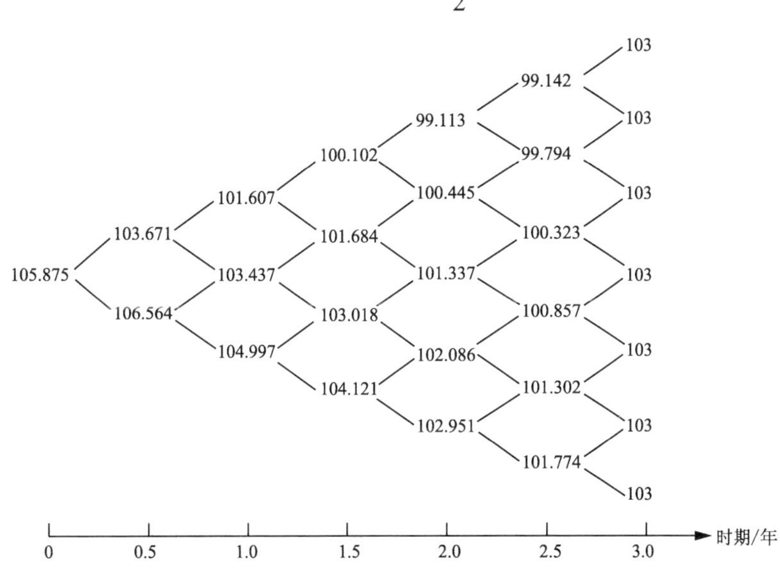

图 8-2　不含权债券理论价格变化的二叉树图

综合而言，每一时点的内嵌期权价值实际上可表示为

$$V=\max(V_t,V_t^*)$$

按照上述规则，并根据表 8-2 和图 8-2 中相应的数据，由债券到期日向前倒推，得到内嵌期权价值变化的二叉树图(见图 8-3)。

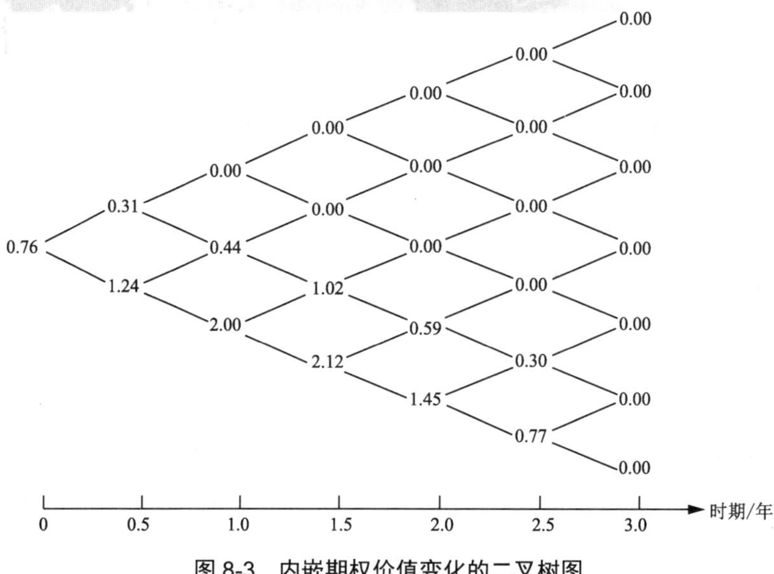

图 8-3　内嵌期权价值变化的二叉树图

按照公式(8-1)，综合图 8-2 所示的不含权债券理论价格变化的二叉树图与图 8-3 所示的内嵌期权价值变化的二叉树图，得到可赎回权债券价格变化的二叉树图(见图 8-4)。

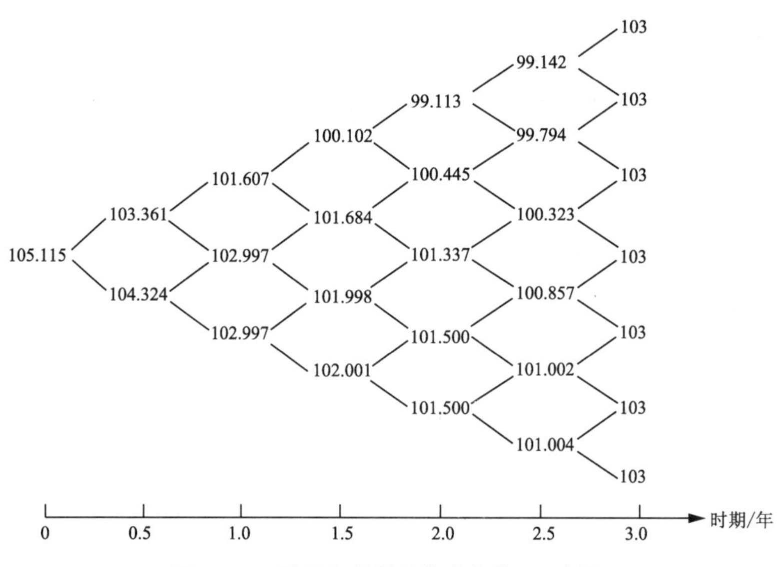

图 8-4　可赎回权债券价格变化的二叉树图

可见，该可赎回债券在期初时点的理论价格为 105.875−0.76 = 105.115(元)。

类似地，可按上述思路，对于可回售债券进行定价。

如前文所述，以 BDT 利率模型二叉树为出发点进行含权债券的价值分析，过程较为复杂，而且 BDT 模型的输入变量除了同大多数利率模型一样需要已知债券定价时的利率期限结构之外，还需要知道债券定价时的利率波动率结构(即在当前时刻，各期限利率的波动率)。在国外市场上，这一数据可以根据一些与利率波动率有关的利率衍生产品(如利率上限、利率下限)的实际市场价格，利用定价公式(如 B-S 期权定价模型等)反推出来。许多数据商(如 Bloomberg、Reuters 等)都会提供利率波动率数据。但由于我国缺乏广泛的、活跃的利率衍生品市场，难以形成有效的利率波动率结构，因而在无法获得不同期限的利率波动率数据的情况下，对于我国含权债券定价的研究，有的学者采用了固定的利率波动率水平，而有的学者则以各期限利率的历史波动率数据来代替。与这些以复杂的利率模型为出发点对含权债券进行定价的做法不同，在实践中我们可以选择与所分析含权债券特征(期限、票面利率等)相似的普通债券或者市场的平均收益率水平作为比较基准，对含权债券的投资价值作出初步的判断。

例如，国开行在2008年8月发行了 08 国开 14 政策性金融债，该债券内嵌了“3P+7”形式的可回售权，即债券的期限为10年，但赋予投资者在3年后可回售的权利，主要条款如表8-3所示。该债券是否值得投资者在发行时认购呢？

表 8-3　08 国开 14 的主要条款

期限	10 年
票面利率	前 3 年 4.75%，后 7 年 5.5%
起息日	2008 年 8 月 21 日
回售日	2011 年 8 月 20 日
回售价	100 元

08 国开 14 含有回售权，因此 08 国开 14 的期限可长可短，既可看作 3 年期金融债，也可看作 10 年期金融债，其价值也与 3 年期和 10 年期金融债具有直接可比性。首先，与 3 年期金融债比较。08 国开 14 比一般的 3 年期金融债多一个选择权，即在 3 年后可提前将债券按 100 元面值回售给发行方；或者放弃回售权，继续持有 7 年，相当于持有高出原票面利率 75bp 的 7 年期金融债。由于存在这一选择权，08 国开 14 的招标利率(前 3 年的票面利率)不应高于当时的 3 年期普通金融债的票面利率，而在发行日招标时市场上 3 年期不含权金融债的到期收益率为 4.8%左右，这也就意味着 08 国开 14 的招标利率应该不超过 4.8%。其次，如果不考虑回售权，08 国开 14 的投资价值应该和普通的 10 年期国开行金融债一样。假定其招标后的票面利率定为 C，则投资于 08 国开 14 与投资于市场上当期的 10 年期金融债的现金流如表 8-4 所示。

表 8-4　08 国开 14 与当时 10 年期不含权国开债的现金流状况

年限	1 年	2 年	3 年	4 年	5 年	6 年	7 年	8 年	9 年	10 年
08 国开 14	C	C	C	C+75bp	C+75 bp	C+75 bp	C+75 bp	C+75 bp	C+75 bp	C+75 bp
10 年期金融债/%	5.17	5.17	5.17	5.17	5.17	5.17	5.17	5.17	5.17	5.17

简单的测算表明，只要 C 高于 4.69%，投资该政策性金融债的收益就将高于投资普通的 10 年期金融债的收益。而若考虑到其含有的回售权，则 08 国开 14 的票面利率不应高于 4.69%。综合以上情况，08 国开 14 的合理票面利率应在 4.69%以下，而 08 国开 14 实际的招标利率为 4.75%。这也就意味着该债券确定的票面利率偏高，值得投资者在发行市场上认购。

在上市之后，我们可以通过将含权金融债的到期收益率与市场基准到期收益率相比，来判断是否仍存在低估或高估的现象。例如，我们以 08 国开 14、08 国开 16、08 国开 18、08 国开 19、08 国开 23、08 国开 25 这 6 只含回售权的金融债为研究对象，分别收集各只含权债券在上市交易日开始至 2009 年 2 月底期间，每一个交易日收盘时的含权到期收益率数据，比较基准选择相同期限(除 08 国开 25 选择 7 年期之外，其余均选择 10 年期)的银行间固定利率政策性金融债的到期收益率。每只含权债及市场基准的到期收益率的变化情况如图 8-5 所示。

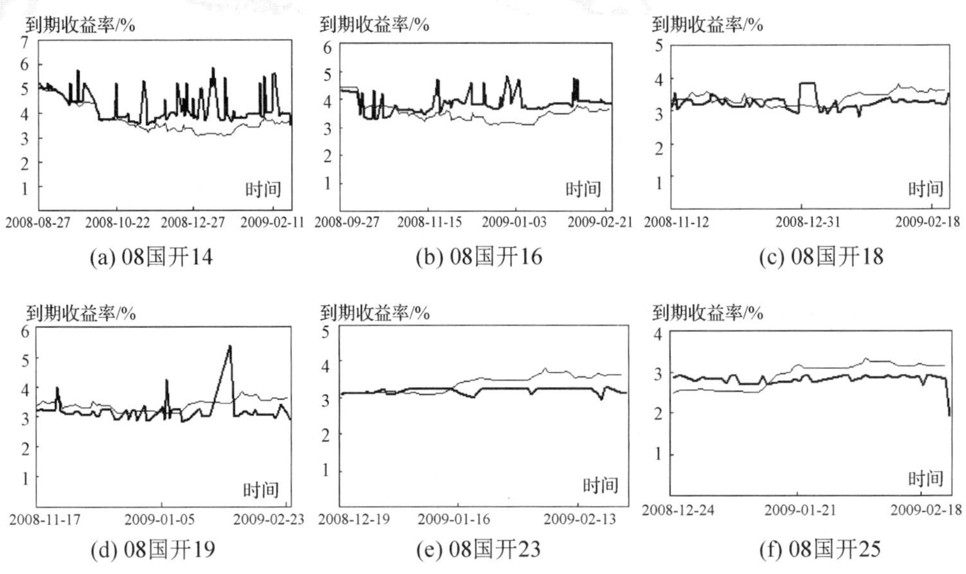

图 8-5　含权债券与市场基准到期收益率的日变化[①]

说明：在各子图中，横轴为时间，纵轴为到期收益率(单位：%)。粗线表示各含权债券到期收益率，细线表示市场基准的到期收益率。

由于图 8-5 所示的 6 只含权债券均为可回售债券，其到期收益率的变化曲线均应在市场基准的到期收益率曲线之下。但显然某些可回售债券，如 08 国开 14 和 08 国开 16，自上市以来的各个交易日，其到期收益率长时间高于对应的市场基准到期收益率，其他可回售债券，在少数时段也存在着含权债券到期收益率高于市场基准到期收益率的现象，这都说明部分可回售债券的投资价值在某些时段被明显低估。

第二节　可转换公司债券

一、可转换公司债券的基本概念

可转换公司债券简称“可转债”，是公司债券的一种，它赋予持有人在发债后一定时间内，可依据本身的自由意志，在特定时间、按特定条件将持有的债券转换为发行公司的股票或者另外一家公司股票的权利。换言之，可转换公司债券持有人可以选择持有至债券到期，要求公司还本付息；也可选择在约定的时间内将债券转换成股票，享受股利分配或资本增值。

从可转换公司债券的概念可以看出，可转换公司债券具有债权性和股票期权性的双重属性。

1. 债权性

可转换公司债券首先是一种公司债券，是固定收益证券，具有确定的债券期限和定期

① 资料来源于 Wind 数据库。

息率，并为可转换公司债券投资者提供了稳定利息收入和还本保证，因此可转换公司债券具有较充分的债权性质，这就意味着可转换公司债券持有人虽可以享有还本付息的保障，但与股票投资者不同，他不是企业的拥有者，不能获取股票红利，不能参与企业决策。

2. 股票期权性

可转换公司债券为投资者提供了将其转换成股票的权利，这一权利实际上是股票买入期权，即投资者通过持有可转换公司债券，就可以在未来按照事先锁定的换股价格换成相应公司的股票，从而获得股票上涨的收益。也正因为可转换公司债券赋予投资人这一选择权，作为对发债企业的补偿，可转换公司债券的票面利率一般低于同等条件和同等资信的普通公司债券利率，从而企业发行可转换债券可以降低筹资成本。

二、可转换公司债券的基本要素

可转换公司债券一般包括以下主要条款：票面利率、面值、发行规模、期限、转股条款、转股价格调整条款、转股价格修正和保护条款、存续期限、偿还方式、赎回条款等。与普通债券相同的条款不再介绍，我们重点介绍可转换公司债券合约中所特有的转股条款、转股价格调整条款和转股价格修正条款。

(一)转股条款

转股条款包括四个要素：转股权、转股期限、转股价格和转股比例。

转股权是指可转换公司债券持有人在规定的期限内有权将其转换为公司股份的权利，是可转换公司债券持有人拥有的对公司股票的一个美式看涨期权，与股票的认股权证较为类似。它是可转换公司债券的核心条款，也是区别于其他债券的标志。

转股权的有效期限即转股期限，是指允许投资者将可转换债券转换公司为普通股票的起始日期至结束日期。转股期限可以与债券的期限相同，也可以短于债券的期限。由于可转债所含的转股权在本质上属于美式看涨期权，所以，转股期限越长，可转债的转股权价值就越大。

转股权的执行价格就是转股价格，即事先约定的可转换公司债券转换为每股股份所支付的价格。显然，转股价格越低，转股权的价值就越大。上市公司发行可转换公司债券，其转股价格的确定是以公布募集说明书前三十个交易日公司股票的平均收盘价为基础，并上浮一定幅度。从市场的实际操作来看，可转换公司债券的初始转股价超过股票现价的溢价率一般在1%～3%。与转股价格相关的另一个概念是转股比例，是指单位债券可转换成股票的数量，它与转股价格之间的关系可用式(8-3)表示。

$$\text{转股比例}=\frac{\text{可转换债券面额}}{\text{转股价格}} \tag{8-3}$$

(二)转股价格调整条款

转股价格调整条款约定了转股价格调整的原则及方式。我国《上市公司发行可转换公司债券实施办法》第二十七条规定：发行可转换公司债券后，因配股、增发、送股、分立及其他原因引起发行人股份变动的，应同时调整转股价格，并予以公告。转股价格调整的原则及方式应事先约定。一般而言，如果设初始转股价为 X_0，送股率为 n，增发新股或配

股率为 m，增发新股价或配股价为 S_1，每股派息为 D，调整后的转股价为 X_1，则以上集中情况下调整后的转股价分别为

送股或转赠股本时，$X_1=\dfrac{X_0}{1+n}$

增发新股或配股时，$X_1=\dfrac{X_0+mS_1}{1+m}$

送赠股本和增发或配股同时进行时，$X_1=\dfrac{X_0+mS_1}{1+n+m}$

(三)转股价格修正条款

转股价格修正条款是指在可转债对应的基础股票价格持续上涨或下跌时，发行人是否有权利有条件或无条件地对转股价格向上或向下进行调整的条款。目前，国内发行的可转债大多设有向下修正的条款，一般规定当公司股票价格连续低于转股价的一定比例(比如85%)达到规定的时间后，公司董事会有权在一定的幅度内向下调整转股价格。向下调整转股价格一方面可以使投资者持有的可转换公司债券中的转股期权的价值上升，另一方面投资者也可以因换取更多的公司股票而获益。因此向下修正条款的存在能够在一定程度上保护投资者的利益。

【案例2】生益科技股份有限公司可转换公司债券的条款

生益科技股份有限公司可转换公司债券的条款，如表8-5所示。

表8-5 生益转债主要条款

债券简称	生益转债
标的股票简称	生益科技
年限	6年
发行日期	2017年11月24日
止息日期	2023年11月23日
发行总额	18亿元
发行数量	1800万张
发行价格	按面值100元/张发行
转股期	自2018年5月30日至2023年11月23日
票面利率	6年依次为0.3%，0.5%，1.0%，1.3%，1.5%，1.8%
初始转股价	17.34元/股
到期赎回	期满后五个交易日内，公司将以票面面值的106%(含最后一期年度利息)向投资者兑付全部未转股的可转债
向下修正条款	在生益转债的存续期间，当公司股票在任意连续30个交易日内至少有15个交易日的收盘价格低于当期转股价格的85%时，公司董事会有权提出转股价格向下修正方案并提交公司股东大会表决
有条件赎回条款	在本次发行的可转换公司债券转股期内，如果公司A股股票连续30个交易日中至少有15个交易日的收盘价不低于当期转股价格的130%(含130%)时，或本次发行的可转换公司债券未转股余额不足人民币3000万元时，公司董事会有权按照债券面值加当期应计利息的价格赎回全部或部分未转股的可转换公司债券
资信等级	AA+

(资料来源：生益科技公开发行可转换公司债券上市公告书)

三、可转换公司债券在我国的实践情况

1843 年，在不稀释公司股权的前提下，为了获取更低成本的债权融资，美国纽约 Erie Railway 公司发行了全球第一只可转换公司债券，其后这种介于股票和债券之间的新型可转换融资工具迅速发展。

从 1991 年 8 月起，我国先后有琼能源、成都工益、深宝安、中纺机、深南玻等企业在境内外发行了可转换公司债券。1997 年 3 月 25 日，国务院证券委员会发布了《可转换公司债券管理暂行办法》，同时国务院决定在 500 家重点国有未上市公司中进行可转换公司债券的试点工作，发行总规模暂定为 40 亿元。1998 年两家试点国有非上市企业可转换公司债券南化转债和丝绸转债在《可转换公司债券管理暂行办法》出台一年多后入市，标志着可转换公司债券的发行终于正式拉开序幕。随后，1999 年重点国企——茂名石化也发行了可转换公司债券。但由于是非上市公司发行可转换公司债券，其转股标的的股票是未来上市的股票，所以在某些方面也显示出特殊的性质。首先，这三只可转换公司债券的转股价都是以未来股票的发行价来确定的，在这种情况下可转换公司债券的合理价位根本无法确定，价格波动区间很大，可转换公司债券价格将会因为未来公司的盈利、股本结构、二级市场市盈率、上市时间等条件的变动而发生大幅波动，具有很大的不确定性和投机性。其次，这三只可转换公司债券都设置了“到期无条件强制性转股条款”，因而这三只可转换公司债券其实是“必转”债券而非“可转”债券，即南化、丝绸和茂炼这三只可转换公司债券尽管有“可转换公司债券”之名，却不具备这种可转可不转的选择权，除非这三家公司的 A 股无法在规定的期限内发行上市，否则，一旦其股票上市，转股也就成为必然。

2001 年 4 月底出台的《上市公司发行可转换公司债券实施办法》及相关配套文件推动了上市公司发行可转换公司债券的热潮。在 2003 年和 2004 年达到高潮。2003 年全年共发行 16 只可转债，发行量超过过去 12 年的总和，上市公司通过可转债募集的资金达到了 185 亿元，占再融资总额的 49.87%；2004 年共发行 12 只可转债，累计规模 209.03 亿元，占再融资总额的 46.54%，可转债超过增发和配股，成为上市公司最主要的再融资品种。与此同时，中国市场首只专门投资于可转债的基金——兴业可转债混合型证券投资基金也在 2004 年 5 月 11 日诞生。

2005 年，由于股权分置改革，再融资停止，一级市场没有新的可转债发行，二级市场交易清淡，集中转股使可转债市场进入低迷时期。2006 年 5 月 8 日，中国证监会正式发布实施我国上市公司证券管理办法，其中对可转换公司债券的规定更为合理和完善，明确规定了上市公司可以公开发行可分离交易的可转换公司债券，改变了可转债品种的单一性。之后到 2017 年长达 12 年的时间里，尽管政策层面一直给予鼓励，但可转债市场始终没有发展起来。特别是 2015—2016 年股灾期间可转债的数量甚至降到了个位数，规模也相应降至百亿元附近。2017 年证监会发布了修订后的《证券发行与承销管理办法》，将可转债和可交换债的申购方式由资金申购转为信用申购，极大提升了投资者的参与热情，同时借助于 2018 年以来的一波债牛行情，可转债市场开始放量增长。存量从 2017 年的 66 只(规模合计为 1200.74 亿元)大幅增至 2020 年年底的 396 只(规模合计为 5332.05 亿元)。

总体看来，可转换公司债券的兴起受市场方面的影响较大。由于市场对上市公司增发、配股等“圈钱”行为的抵触情绪，加上行情的回落，上市公司进行再融资遇到了相当大的困难，所以上市公司期望有着固定收益保障的可转换公司债券能得到投资者的积极反应，

这也从另一个方面说明了一些上市公司放弃了增发新股计划，而将发行可转换公司债券放在了融资计划首位的原因。作为一种成熟的国际金融产品，可转换公司债券无疑为企业筹资提供了一条新的渠道，它的引入和发展，给我国证券市场带来了新的活力。

四、可转换公司债券的价值分析方法

可转换公司债券是一种兼有债权性和股票期权性的混合型金融产品。它的债权性体现在其转换为普通股之前，可转换公司债券的持有人是发行企业的债权人，享有定期获得固定利息的权利。如果可转换公司债券在到期后仍未被转换成普通股，则投资者有权收回债券的本金。它的股票期权性体现在它赋予投资者一种选择的权利，即在规定的时期内，投资者具有选择是否将债券转换为普通股的权利，这样的选择权实际上是一种买入期权。因此，可转换公司债券价值 P 由对应的不含可转换条款的普通债券价值 P_S 和买入期权的价值 V_C 两部分构成，即有

$$P = P_{\mathrm{S}} + V_{\mathrm{C}} \tag{8-4}$$

上式中的第一项也称为纯债券(Straight Bond)价值。它可以按第二章讲述的普通债券的定价方法，即用投资者持有债券期间能够获得的现金流量的贴现值来表示，计算公式为

$$P = \frac{C_1}{(1+y)^1} + \frac{C_2}{(1+y)^2} + \cdots + \frac{C_T}{(1+y)^T} \tag{8-5}$$

其中，y 为到期收益率。

或者更加准确地采用即期利率期限结构计算，即

$$B(t,T) = \frac{C_1}{(1+R_1)^1} + \frac{C_2}{(1+R_2)^2} + \cdots + \frac{C_T}{(1+R_T)^T} \tag{8-6}$$

无论采用哪一种计算方法，在贴现率的选择上，都可以将可转债视为一个企业债，采用与该企业相同业绩水平、相同风险等级的普通公司债券收益率或者市场平均收益率来确定，或者在相同期限的国债到期收益率或国债即期利率期限结构的基础上增加一定幅度的信用风险溢价。

式(8-4)中的第二项为可转换公司债券内嵌的期权价值。由于一般为美式看涨期权，所以其计算方法通常也有两大类：一是直接利用 Black-Scholes 期权定价模型给出的无收益资产美式看涨期权的定价公式；二是利用蒙特卡罗方法，模拟标的股票价格的变化路径，进而按可转换公司债券的条款确定可转债的价值。这一方法适用于条款设定较为复杂的可转债的定价。本书只介绍前一类方法，具体地，无收益资产美式看涨期权的定价公式与欧式看涨期权相同。

$$V_{\mathrm{C}} = SN(d_1) - X\mathrm{e}^{-r(T-t)}N(d_2) \tag{8-7}$$

其中，

$$d_1 = \frac{\ln(S/X) + (r+\sigma^2/2)(T-t)}{\sigma\sqrt{T-t}}$$

$$d_2 = \frac{\ln(S/X) + (r-\sigma^2/2)(T-t)}{\sigma\sqrt{T-t}} = d_1 - \sigma\sqrt{T-t}$$

而 $N(x)$为标准正态分布变量的累计概率分布函数(即这个变量小于 x 的概率)；S 是基础股票的当前价格，σ 是股票价格的波动率，X 为执行价格(即可转债条款中规定的转股价格)，t 和 T 分别为当前时刻和到期时刻，r 为无风险利率。在计算时，波动率 σ 可按股票交易价

格的历史数据求得，r 可选择同期限的国债利率。

【案例 3】生益科技可转债的价值分析

以 2017 年 12 月 11 日为例，对于表 8-5 所示的生益科技可转债，计算其理论价值。

首先，计算纯债券价值。由生益转债的资料可知，面值为 100 元，票面利率依次为 0.3%、0.5%、1.0%、1.3%、1.5%、1.8%。前五年现金流等于面值乘以利率，第六年(最后一年)还本付息，现金流为面值加利息。因此六年现金流如表 8-6 所示：

表 8-6 生益转债债券部分现金流

持有年份	第一年	第二年	第三年	第四年	第五年	第六年
现金流	0.3	0.5	1.0	1.3	1.5	101.8

折现法求值法公式为

$$P_0=\sum_{t=1}^{n}\frac{I_t}{(1+r)^t}+\frac{P_t}{(1+r)^t}$$

其中，I_t 为每年现金流，P_0 为 0 时刻(贴现所得)债券的现值，P_t 为债券面值，r 为对应期限的贴现率。根据中债企业收益率曲线(AA+)，按照现金流的支付时点，选取同期限的利率作为贴现率，比如还本付息(第六年)时选取 $r=5.62\%$为贴现率进行贴现。代入数据得：债券部分的价值为 77.35 元。

其次，用 Black Scholes 期权定价模型对生益科技可转债内嵌的期权价值进行估值。为简化起见，暂不考虑转股修正条款、赎回条款以及回售条款的影响，并忽略交易成本和税收因素。将生益科技可转债的相关数据代入公式(8-7)。具体地，以 2017 年 12 月 11 日的收盘价 9.59 元为当前市场价格，以发行时规定的转股价格 17.34 元为执行价格，以目前 7 年期国债到期收益率 3.28%为无风险利率。对于上式中的波动率，我们以历史的波动率进行估计，选取 2017 年 12 月 11 日之前一年(2016 年 12 月 11 日至 2017 年 12 月 11 日)的股票收盘价得出生益科技股票近一年以来的平均年波动率为 38.87%。代入公式(8-7)后，可得 $V_C=5.52$ 元。由于转股价格为 $K=17.34$元，因此每张面值 100 元的可转债所包含的期权价值为 100/17.34×5.52=31.81 元。

最后，根据 B-S 模型所计算出的可转债的理论价值=债券部分的价值+期权部分的价值=77.35+31.81=109.16 元。

第三节 利率挂钩型结构化产品及其定价

一、利率挂钩型结构化产品的基本概念及分类

利率挂钩型结构化产品(Interest Rate Linked Structured Products)是一种常见的、在银行柜台市场交易的、内嵌期权的固定收益类产品，到期时向投资者支付的收益与某种标的参考利率相挂钩，从而将投资者对未来利率走势的预期产品化。与其他挂钩型结构化产品一样，也可将利率挂钩型结构化产品分解为固定收益证券和期权两个部分。固定收益证券部分以保证本金或利息收入等形式向客户提供确定收益，而期权部分则提供与挂钩利率走势相联系的不确定收益，如图 8-6 所示。

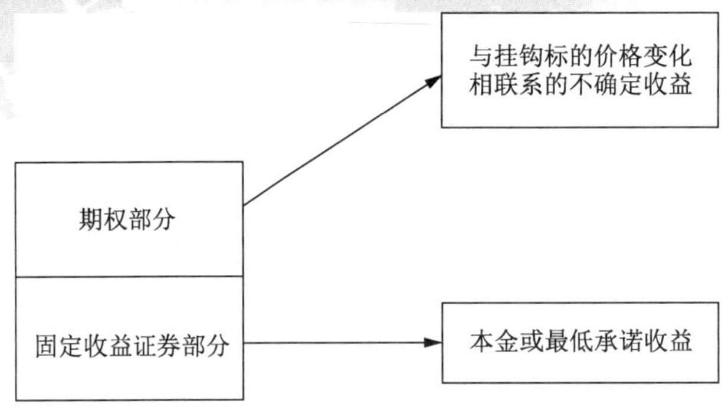

图 8-6　利率挂钩型结构化产品的组成分解

市场上大部分利率挂钩型结构化产品是与同业拆借利率(例如，3 个月或 6 个月美元 LIBOR)挂钩的，还有少部分产品与欧元 LIBOR 和港币 HIBOR 等挂钩。利率挂钩型结构化产品的主要风险是挂钩利率走势与投资者预期出现较大的偏差，投资者的到期收益率可能低于同期定期存款利率，甚至收益率为 0。

按照产品收益受标的参考利率变动的影响方式，常见的利率挂钩型结构化产品主要有以下几种。

(一)区间累积型产品

区间累积型产品通常预先设定某一参考区间和基准年收益率 R，产品的不确定收益部分与有效期内挂钩利率落在参考区间内的天数有关。如果当天的挂钩利率落入参考区间，则当日可按基准年收益率 R 计息，否则收益率为 0。如此每日累计，按年计息。由此，到期时投资者的实际收益可表示为 Rn/N(n 为产品有效期内挂钩利率处于参考区间内的实际天数，N 为产品有效期的实际天数)。同时投资人的投资本金将会受到全额保障，有的产品还规定了保底收益率。

【案例 4】区间累积型产品实例

中国民生银行 2018 年 6 月 29 日发售的聚赢系列挂钩中债 10 年期国债收益率结构性存款产品，其产品基本要素如表 8-7 所示。

表 8-7　中国民生银行利率挂钩结构性存款

产品名称	聚赢系列挂钩中债 10 年期国债收益率结构性存款产品
发行银行	中国民生银行
产品期限	2018 年 6 月 29 日至 2018 年 10 月 29 日，4 个月
挂钩标的	中国债券信息网(http://www.chinabond.com.cn/)公布的 10 年期国债到期收益率
投资币种	人民币
收益决定条款	产品年化收益率=1.5%+2.5%×n_1/N+2%×n_2/N，其中 N 为观察期内观察日总天数，n_1 为观察期内标的估值收益率落在参考区间[2.5%，4.5%]的观察日天数，n_2 为观察期内标的估值收益率落在参考区间[3.5%，3.65%]的观察日天数

自成立日以来，该产品所挂钩的中债 10 年期国债到期收益率在观察期内共有 79 个估值观察日，估值收益率在[2.5%，4.5%]的天数为 79 天，估值收益率在[3.5%，3.65%]的天数为 55 天，根据合约约定，产品年化收益率为 1.5%+2.5%×79/79+2%×55/79 =5.3924%。到期

分配资金=理财本金+理财本金×5.3924%×122 天/365 天。

(二)单向浮动型挂钩产品

单向浮动型挂钩产品的实际收益与产品有效期内每一天的参考利率走势呈正(反)向变动，即挂钩利率越高(低)，该产品收益率越高。例如，中国银行在发行过的“汇聚宝”外汇理财产品——美元聚宝盆，投资者第一年获得 6%的高收益，第二年以后投资收益的计算公式为：12%−2×6 个月美元 LIBOR 利率。可见，对于这一产品，当市场参考利率(美元 LIBOR 利率)下降时，反向浮动型产品投资人的收入会因此而增加。

【案例 5】 单向浮动型挂钩产品实例

荷兰银行中国有限公司曾发行的一款反向浮动型利率挂钩产品，主要条款如表 8-8 所示。

表 8-8　荷兰银行反向浮动型利率挂钩产品主要条款

产品名称	“梵高贵宾理财”2009 年第 2 期美元全球宏观利率反向挂钩产品
发行银行	荷兰银行中国有限公司
产品期限	5 年
挂钩标的	3 个月美元 LIBOR
投资币种	美元
收益决定条款	每 3 个月付息一次，客户到期总收益=100%本金+第一年度固定票息之和+第二年至第五年度浮动票息之和。其中，第一年度固定票息(共 4 期)为 1.125%×本金金额；第二年至第五年度浮动票息(共 16 期)为 0.25×3×[2.95%−3 个月美元 LIBOR]×本金金额，浮动票息率上限为 2%(美元)，下限为 0

(三)固定期限利率互换挂钩型产品

固定期限利率互换挂钩型产品是近年来出现的一种利率挂钩型结构化产品。其特征是：产品到期时向投资者支付的收益与一种或几种货币固定期限互换利率(Constant Maturity Swap，CMS)①挂钩，从而将投资者对未来互换利率走势的预期产品化。其中，基于欧元或美元互换利率的挂钩产品最为盛行。其形式又可细分为以下几种。

(1) 直接规定产品定期所获得的利息收入为某一期限货币互换利率(如 EURCMS10Y，即欧元 10 年期互换利率)的一定比例(如×%等)。显然，当该期限互换利率上涨时，该产品的收益将增加。

(2) 挂钩产品各期所获得的利息收入取决于长期和短期互换利率之差，这类产品被称为 CMS 价差型票据(CMS Spread Note)。例如，合约中规定，产品的票息收入为欧元 10 年期互换利率和 2 年期互换利率之差的某个比例，如×%，即(EURCMS10Y−EURCMS2Y)××%。这一产品适合于那些预期长短期利差将增加的投资者。

(3) 挂钩产品各期所获得的利息收入取决于长期和短期互换利率之差落在某一事先设

① 所谓固定期限互换利率(CMS)，是由国际互换和衍生品协会(International Swaps and Derivatives Association, ISDA)所定义的利率互换报价。CMS 以纽约时间 11:00 的多家参考银行所报出的利率互换(Interest Rate Swap)中间价，剔除极端值后的平均报价作为订价基准。CMS 固定年期最短为 1 年，最长为 30 年，为市场广泛使用的利率参考指标。在实务操作过程中，CMS-n 表示 n 年期限的互换利率。

定区间的天数。在整个投资期内的每一天，只要长短期互换利率之差落在设定的区间内，则投资人当日可按某一事先确定的利率水平计算投资收益，反之则当日无收益；如此每日累计，定期结算付息。这一产品被称为CMS价差区间累积型(CMS Spread Range Accrual)产品。例如，2008年下半年以来，引起国内部分中资银行和企业出现较大损失的CMS挂钩产品，就是规定购买者所获得的利息收入为某一利率水平 R 乘以 n/N，其中，n 为计息期 N 内欧元30年期互换利率高于2年期互换利率水平(即长短期互换利率之差大于0)的天数。

【案例6】 利率互换型产品实例

瑞士银行(UBS AG)发行的一款CMS挂钩产品，主要条款如表8-9所示。

表8-9 瑞士银行结构性债券主要条款

产品名称	六年期美元结构性债券USDSN14101
发行银行	瑞士银行(UBS AG)
产品期限	6年
挂钩标的	30年期美元互换利率(USD-CMS30Y)和10年期美元互换利率(USD-CMS10Y)
投资币种	美元
收益决定条款	第1年固定计息：4.75%。第2～6年计息情况：5.25%×n/m，n 为30Y USD CMS-10Y USD CMS≥0的天数，m 为观察期总天数；到期100%还本付息

(四)触发型利率挂钩产品

触发型利率挂钩产品的特点是：产品到期时，投资者取得的收益取决于挂钩利率在产品到期日或者整个投资期内的取值是否触及某一事先设定的利率水平或区间。

利率挂钩理财产品中的“黑天鹅”——欧元CMS挂钩产品

【案例7】触发型利率挂钩产品实例

某银行2018年3月1日发行一款结构性投资产品，产品基本要素如表8-10所示。

表8-10 ××银行利率挂钩结构性投资产品主要条款

产品期限	92天
挂钩标的	3个月期 SHIBOR
投资币种	人民币
收益决定条款	如果投资期间内的3个月期 SHIBOR≤0，产品的年化收益率为3.5%；如果投资期间内3个月期SHIBOR大于0，但不超过0.4%，产品的年化收益率为3.5%+(SHIBOR-0)×10；如果投资期间内任意时刻3个月期SHIBOR大于0.4%，则产品的年化收益率为4.5%

二、利率挂钩型结构化产品的发展状况

利率挂钩型结构化产品在国外首次出现于1992年至1993年，当时美国正处在从1989年开始的五年降息周期中，华尔街设计出了首款利率挂钩型结构化存款产品。产品的推出

满足了投资者在低利率时代渴望高收益的愿望。其后，发行规模不断扩大，产品种类也日益丰富。利率挂钩型结构化产品在所有挂钩型结构化产品中一直占据领先地位。2007 年全球经济处于上升周期，各国为应对可能出现的通货膨胀，市场利率已经处于较高的水平，上调的空间已经较小，通过挂钩利率来增加理财产品收益的空间已经不大，因此利率挂钩型结构化产品的吸引力和市场份额都有所下降。但是自 2008 年以来，随着美国次贷危机的不断深化并演变成全球性金融危机和经济衰退，国际股市、原油、黄金等大宗商品期货价格都不同程度地出现暴跌，结构性理财产品市场也受到巨大冲击，股票挂钩型产品和商品挂钩型产品出现大幅亏损，销售量下降。出于安全性的考虑，投资者转向风险较低的利率挂钩型产品。另外，由于利率走势的预见性较强，相对于震荡剧烈的其他金融市场，发行银行相对较为容易地判断利率的走势，所以一些银行，特别是外资银行，仍持续发行利率挂钩型结构性理财产品。进入 2009 年后，随着股票市场和大宗商品市场的转暖，股权挂钩型产品和商品挂钩型产品的发行数量有所增加，但利率挂钩型理财产品仍占较大比例。

在我国，一些外资银行，如花旗银行、荷兰银行等凭借其丰富的开发管理经验、先进产品结构设计、功能创新及产品定价等优势，根据投资者的产品需求及风险偏好，较早地开发出利率挂钩型理财产品。中资银行以工、农、中、建四大国有商业银行为发起者，分别推出了“汇聚宝”“汇得盈”“汇利通”“汇利丰”等利率挂钩型理财产品，其形式以区间累积型(Range Accrual)为主，挂钩利率也仍是以美元 LIBOR 利率为主。但总的来看，我国利率挂钩型理财产品发行仍集中在外资银行。例如，据不完全统计，自 2007 年 1 月至 2009 年 12 月，发行利率挂钩型理财产品约 320 款，仅外资银行中的渣打银行一家，其发行的“市场联动系列”保本利率挂钩投资产品就达 196 款，约占利率理财市场产品的 61.3%；另外，荷兰银行的“梵高贵宾理财”系列、渣打银行的“动态回报投资利率挂钩投资账户”、厦门国际银行发行的“飞越理财计划外汇理财”系列等也都持续地发行利率挂钩型理财产品。进入 2009 年之后，渣打银行和荷兰银行等外资银行发行的利率挂钩型产品已经占全部利率挂钩型产品的 95%以上。2017 年 11 月，“资管新规”征求意见稿发布，保本理财有望被取消，结构性存款作为表内理财的替代品开始受到重视，并在 2018 年“资管新规”落地后，迎来井喷式增长。据统计[①]，截至 2019 年年末，结构性存款总额达到 9.60 万亿元，较“资管新规”发布之前的 2017 年年末增长 38.00%。2019 年全年发行 21133 款结构性产品，其中挂钩对象数量排名前三的分别是 LIBOR、黄金和 SHIBOR，数量合计占总量的 40.45%。

三、利率挂钩型结构化产品的价值分析

与股票挂钩型、汇率挂钩型、商品挂钩型产品的定价过程相比，以利率作为挂钩标的的结构化产品的定价要复杂得多。其原因：一是利率变化的随机过程比股票、汇率、商品的变化复杂，简单的几何布朗运动难以较好地捕捉利率的随机运动规律；二是特定时刻的利率不是一个单一的数值，而是不同期限对应的多个利率水平，即整条利率期限结构，所以我们用以描述利率随机运动规律的模型必须能捕捉整条利率曲线的特征；三是整条利率期限结构上不同到期时刻的利率的波动率都互不相同，而且在利率挂钩型产品中，挂钩利率本身影响产品的到期回报，同时又要充当回报的贴现率，这进一步加大了利率挂钩型产品定价的复杂性。由此，直接得到利率挂钩型产品价格的直接表达式比较困难，而只能根

① 普益标准：2019 年结构性存款产品分析。

据所设定的利率模型，通过蒙特卡罗模拟方法计算产品的理论价值。在实践中，通常选择 BDT 利率模型来模拟利率在未来时点的变化路径，并进一步根据理财产品的收益支付条款，确定未来产品到期时的现金流，再加以贴现，得到初始时刻的理财产品的理论价值。在利用 BDT 模型模拟未来短期利率的走势时，期初时刻观察到的实际利率期限结构(即 t=0 时，各期限的即期利率 $R_0^1, R_0^2, \cdots, R_0^T$)以及波动率期限结构(各期限即期利率的波动率 $\sigma_1, \sigma_2, \cdots, \sigma_T$)①是主要的输入变量。

我们以前文案例中介绍的“梵高贵宾理财”美元全球宏观利率反向挂钩产品为例，利用 BDT 模型分析利率挂钩型产品的价值。该产品由荷兰银行发行，是典型的反向浮动型利率挂钩产品。产品的设计理念为看跌未来 5 年的 3 个月美元 LIBOR。若全球各国持续保持低利率环境以刺激增长，且金融市场流动性逐步改善，则产品有望取得稳定的年回报。产品第一年固定年票息率为 4.5%，每季度付息一次，付息额为 1.125%(美元)×本金金额；第二至第五年中每季度付息金额为 0.75×[2.95%−当季期初的 3 个月美元 LIBOR]×本金金额，且上限为 2%，下限为 0。产品的收益起始日为 2009 年 4 月 22 日，到期日为 2014 年 4 月 22 日。

由图 8-7 所示的美元 3 个月 LIBOR 的历史数据可以看出：从 2007 年 8 月到起息日前，美元 3 个月 LIBOR 利率总体呈下降趋势，并且在 2008 年 2 月至起息日，LIBOR 值绝大部分时间小于 2.95%；在全球金融危机和刺激经济的大背景下，美元利率持续走低的可能性比较大，这有利于产品收益，但同时该产品投资期限为五年，这也加大了产品的投资风险。

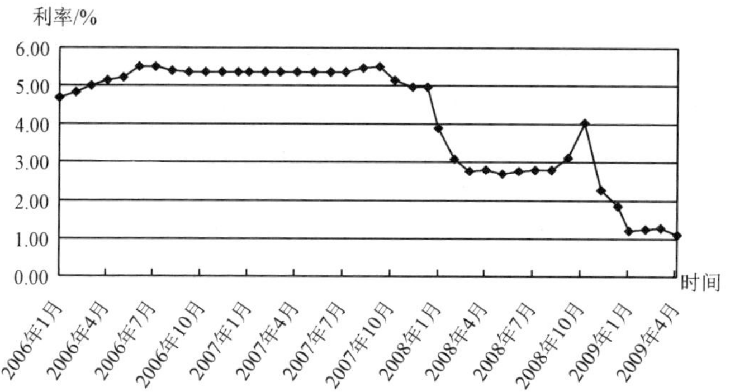

图 8-7　3 个月美元 LIBOR 的历史走势②

我们采用 BDT 模型的二叉树方法对上述产品进行定价。由于本理财产品为 5 年期，且每个季度付息一次，所以最终需要利用 BDT 模型求出每隔一个季度的利率值，即需要将市场所观察到的期初时刻的美元利率期限结构、利率波动率期限结构作为输入变量，得到短期利率(3 个月期美元 LIBOR)未来变化的二叉树。其中，利率期限结构通常根据美元各期限 LIBOR 市场报价及由交换利率(Interest Swap Rates)市场报价得到即期收益率来构造，并利用历史数据求得各期限即期利率的波动率，即波动率期限结构；再根据理财产品规定的计息方式，得到每一季度末应付出的利息，并进一步计算出整个投资期的收益水平。具体步骤如下。

① 可由历史数据求得或者根据一些价格与利率波动率有关的利率衍生品(如利率上限、利率下限)的实际市场价格，利用 B-S 期权定价模型反推出来。

② 资料来源：http://www.liborated.com/historic_libor_rates.asp#1。

1. 估计期初的利率期限结构

为求出每隔 3 个月的利率期限结构以作为 BDT 模型的输入变量，我们首先找出产品收益起始日(2009 年 4 月 22 日)当天的各期限美元 LIBOR 报价，如表 8-11 所示。而表 8-12 为一年期以上的，浮动端为 3 个月付息一次的美元 LIBOR 的利率互换(Swap)报价。

表 8-11　2009 年 4 月 22 日 LIBOR 市场报价

LIBOR 种类	报价/%
USD 3M LIBOR	1.1018
USD 6M LIBOR	1.6362
USD 9M LIBOR	1.7812
USD 12M LIBOR	1.9150

表 8-12　2009 年 4 月 22 日利率互换报价

期限/年	利率报价/%	期限/年	利率报价/%
1	1.85	5	2.52
2	1.94	7	2.84
3	2.17	10	3.09
4	2.28	30	3.43

利用 USD LIBOR 市场报价以及各年期的互换利率，通过拔靴法(Bootstrapping)求出每隔 3 个月的零息债券收益率是目前实务界最常用来估计利率期限结构的方法。在具体操作时，首先要利用三次样条插值法，得到每隔三个月的互换利率，如表 8-13 所示。

表 8-13　每隔 3 个月的插值后的互换利率①

期限/年	利率/%	期限/年	利率/%	期限/年	利率/%
1	1.85	2.5	2.12	4	2.38
1.25	1.84	2.75	2.17	4.25	2.42
1.5	1.86	3	2.22	4.5	2.47
1.75	1.94	3.25	2.26	4.75	2.51
2	2.00	3.5	2.30	5	2.55
2.25	2.06	3.75	2.33	…	…

然后，借助于拔靴法，相当于一年付息 4 次，每次间隔 1/4 年，求出 1.25 年期的零息债券利率 $r_{1.25}$，其现金流如图 8-8 所示。

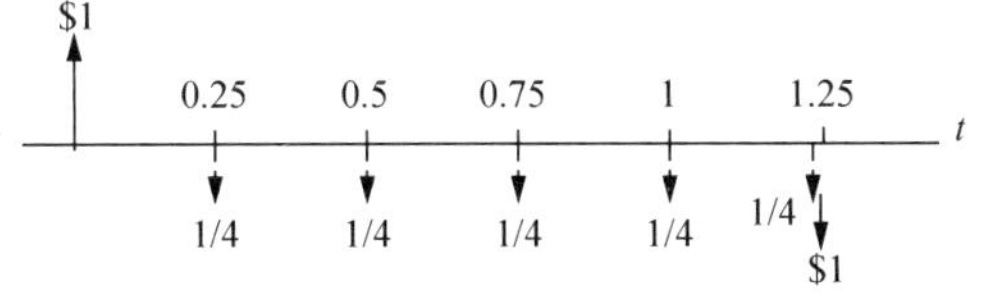

图 8-8　拔靴法示意

① 资料由 Matlab 三次样条函数插值得到。

由此，有如下反映现金流贴现关系的等式成立。

$$S_{1.25}\times\frac{1}{4}\times e^{-r_{0.25}\times0.25}+S_{1.25}\times\frac{1}{4}\times e^{-r_{0.5}\times0.5}+S_{1.25}\times\frac{1}{4}\times e^{-r_{0.75}\times0.75}+S_{1.25}\times\frac{1}{4}\times e^{-r_{1}\times1}+S_{1.25}\times\frac{1}{4}\times e^{-r_{1.25}\times1.25}+1\times e^{-r_{1.25}\times1.25}=1$$

在上式中，$S_{1.25}$代表1.25年期的交换利率，$r_{0.25}$、$r_{0.5}$、$r_{0.75}$、r_1分别代表市场上3个月、6个月、9个月、12个月的零息利率(即是当日3M LIBOR、6M LIBOR、9M LIBOR、12M LIBOR的市场报价)，从而可求出1.25年期的零息利率$r_{1.25}$。然后，再利用该数值及其他数值，求下一个期限如1.5年期的零息利率，此时贴现公式变为：

$$S_{1.5}\times\frac{1}{4}\times e^{-r_{0.25}\times0.25}+S_{1.5}\times\frac{1}{4}\times e^{-r_{0.5}\times0.5}+S_{1.5}\times\frac{1}{4}\times e^{-r_{0.75}\times0.75}+S_{1.5}\times\frac{1}{4}\times e^{-r_{1}\times1}+S_{1.5}\times\frac{1}{4}\times e^{-r_{1.25}\times1.25}+S_{1.5}\times\frac{1}{4}\times e^{-r_{1.5}\times1.5}+1\times e^{-r_{1.5}\times1.5}=1$$

以此类推，可以求出5年内间隔3个月的各期限零息债券利率，即利率期限结构，如表8-14所示。

表8-14　每隔3个月的零息债券收益率估计值　　单位：%

零息利率	估计值	零息利率	估计值
$r_{0.25}$	1.10	$r_{2.75}$	2.12
$r_{0.5}$	1.64	$r_{3.0}$	2.17
$r_{0.75}$	1.78	$r_{3.25}$	2.22
$r_{1.0}$	1.91	$r_{3.5}$	2.26
$r_{1.25}$	1.85	$r_{3.75}$	2.30
$r_{1.5}$	1.87	$r_{4.0}$	2.34
$r_{1.75}$	1.90	$r_{4.25}$	2.39
$r_{2.0}$	1.95	$r_{4.5}$	2.43
$r_{2.25}$	2.00	$r_{4.75}$	2.47
$r_{2.5}$	2.06	$r_{5.0}$	2.51

由此，在2009年4月22日，各期限美元LIBOR利率期限结构如图8-9所示。

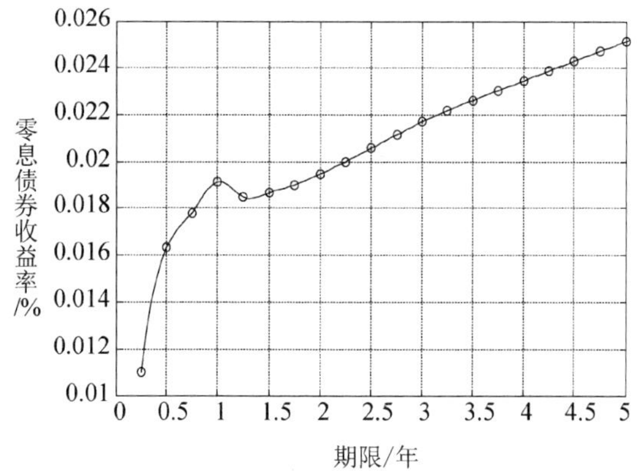

图8-9　USD LIBOR利率期限结构

2. 根据历史数据估计波动率期限结构、各期限利率的波动率

选取前期的历史波动率作为期初的利率波动率，根据上面利率期限结构的估计方法，估计出 2009 年 3 月 20 日到 2009 年 4 月 21 日每天的利率期限结构(见表 8-15)。然后计算每个期限利率的日波动率，并将日波动率年化得到年波动率，即零息债券收益率的波动率期限结构，从而得到 BDT 模型中的利率波动率期限结构这一输入变量。

表 8-15　每隔 3 个月的利率年化波动率期限结构

波动率	数值	波动率	数值
$\sigma_{0.25}$	0.009445	$\sigma_{2.75}$	0.013809
$\sigma_{0.5}$	0.009678	$\sigma_{3.0}$	0.014282
$\sigma_{0.75}$	0.007164	$\sigma_{3.25}$	0.014612
$\sigma_{1.0}$	0.008025	$\sigma_{3.5}$	0.014826
$\sigma_{1.25}$	0.008675	$\sigma_{3.75}$	0.014961
$\sigma_{1.5}$	0.009430	$\sigma_{4.0}$	0.015053
$\sigma_{1.75}$	0.010438	$\sigma_{4.25}$	0.015139
$\sigma_{2.0}$	0.011461	$\sigma_{4.5}$	0.015239
$\sigma_{2.25}$	0.012390	$\sigma_{4.75}$	0.015355
$\sigma_{2.5}$	0.013177	$\sigma_{5.0}$	0.015470

3. 构造 BDT 模型利率二叉树

将表 8-14 和表 8-15 中的数据作为输入变量，利用 Matlab 计算机语言中的 bdttree 函数命令创建一个 BDT 模型利率二叉树(见图 8-10)。

0y	0.25y	0.5y	0.75y	1.0y	1.25y	1.5y	1.75y	2.0y	2.25y	2.5y	2.75y	3.0y	3.25y	3.5y	3.75y	4.0y	4.25y	4.5y	4.75y	5.0y
1.1	2.20	2.39	2.39	1.54	2.00	2.26	2.55	2.85	3.13	3.33	3.47	3.47	3.49	3.54	3.70	3.93	4.22	4.49	4.75	4.92
	2.16	2.07	2.34	1.51	1.95	2.19	2.47	2.75	3.02	3.21	3.34	3.35	3.38	3.43	3.58	3.81	4.09	4.34	4.60	4.76
		2.05	2.30	1.47	1.90	2.12	2.39	2.65	2.91	3.10	3.22	3.24	3.26	3.32	3.47	3.68	3.95	4.20	4.44	4.60
			2.25	1.44	1.85	2.06	2.31	2.56	2.80	2.99	3.11	3.12	3.16	3.21	3.36	3.57	3.82	4.06	4.29	4.45
				1.41	1.81	2.00	2.23	2.47	2.70	2.88	3.00	3.02	3.05	3.11	3.25	3.45	3.70	3.92	4.15	4.31
					1.76	1.94	2.16	2.38	2.61	2.78	2.89	2.91	2.95	3.01	3.15	3.34	3.58	3.79	4.01	4.16
						1.88	2.08	2.30	2.51	2.68	2.79	2.81	2.85	2.91	3.05	3.24	3.46	3.67	3.87	4.03
							2.01	2.22	2.42	2.58	2.69	2.71	2.75	2.81	2.95	3.13	3.35	3.54	3.74	3.90
								2.14	2.34	2.49	2.60	2.62	2.66	2.72	2.85	3.03	3.24	3.43	3.62	3.77
									2.25	2.40	2.50	2.53	2.57	2.64	2.76	2.94	3.14	3.31	3.50	3.64
										2.31	2.42	2.44	2.49	2.55	2.68	2.84	3.03	3.20	3.38	3.52
											2.33	2.36	2.40	2.47	2.59	2.75	2.94	3.10	3.27	3.41
												2.25	2.32	2.39	2.51	2.66	2.84	2.99	3.16	3.30
													2.25	2.31	2.43	2.58	2.75	2.89	3.05	3.19
														2.23	2.35	2.50	2.66	2.80	2.95	3.08
															2.28	2.42	2.57	2.70	2.85	2.98
																2.34	2.49	2.61	2.75	2.88
																	2.41	2.54	2.66	2.79
																		2.44	2.47	2.70
																			2.49	2.61
																				2.52

图 8-10　BDT 模型下 3 个月 LIBOR 利率二叉树(单位：%)

4. 根据理财产品条款，确定每期实际支付的利率

根据理财产品条款中的收益说明：第一年每季度：4.5×3/12；第二年至第五年每季度：0.25×3×(2.95−3LIBOR)，上限 2%，下限 0；再由上边得到的利率二叉树，可以得到该理财产品的利率二叉树(见图 8-11)。其中，第一年即利息二叉树的前 4 期每个节点利息值都是 1.125%，第二年至第五年各节点的实际支付的利率可结合图 8-11 所示的利率二叉树和产品收益条款获得。

0y	0.25y	0.5y	0.75y	1.0y	1.25y	1.5y	1.75y	2.0y	2.25y	2.5y	2.75y	3.0y	3.25y	3.5y	3.75y	4.0y	4.25y	4.5y	4.75y	5.0y
0	1.13	1.13	1.13	1.13	0.71	0.52	0.30	0.08	0	0	0	0	0	0	0	0	0	0	0	0
	1.13	1.13	1.13	1.13	0.75	0.57	0.36	0.15	0	0	0	0	0	0	0	0	0	0	0	0
		1.13	1.13	1.13	0.79	0.62	0.42	0.23	0.03	0	0	0	0	0	0	0	0	0	0	0
			1.13	1.13	0.82	0.67	0.48	0.29	0.11	0	0	0	0	0	0	0	0	0	0	0
				1.13	0.86	0.71	0.54	0.36	0.18	0.05	0	0	0	0	0	0	0	0	0	0
					0.89	0.76	0.60	0.43	0.26	0.13	0.04	0.03	0.01	0	0	0	0	0	0	0
						0.80	0.65	0.49	0.33	0.20	0.12	0.10	0.08	0.03	0	0	0	0	0	0
							0.70	0.55	0.39	0.28	0.19	0.18	0.15	0.10	0.01	0	0	0	0	0
								0.61	0.46	0.35	0.26	0.25	0.22	0.17	0.07	0	0	0	0	0
									0.52	0.41	0.33	0.31	0.28	0.24	0.14	0.01	0	0	0	0
										0.48	0.40	0.38	0.38	0.30	0.21	0.08	0	0	0	0
											0.46	0.44	0.41	0.36	0.27	0.15	0.01	0	0	0
												0.50	0.47	0.42	0.33	0.21	0.08	0	0	0
													0.53	0.48	0.39	0.28	0.15	0.04	0	0
														0.54	0.45	0.34	0.22	0.11	0.01	0
															0.51	0.40	0.28	0.18	0.08	0
																0.46	0.35	0.25	0.15	0.05
																	0.41	0.32	0.22	0.12
																		0.38	0.28	0.19
																			0.35	0.26
																				0.32

图 8-11 “梵高贵宾理财”产品的 BDT 模型利率二叉树(单位：%)

5. 确定每期支付的现金流，进行定价分析

假设期初购买 10000 元的该理财产品，根据上述利率二叉树，可得到每季度末实际获得的现金流，如表 8-16 所示。

表 8-16 每一个付息日的现金流量①

付息期	现金流/元	付息期	现金流/元	付息期	现金流/元
起息日	−10000	第 7 期	50.62	第 14 期	17.60
第 1 期	112.5	第 8 期	35.36	第 15 期	14.78
第 2 期	112.5	第 9 期	22.89	第 16 期	11.34
第 3 期	112.5	第 10 期	17.25	第 17 期	8.35
第 4 期	112.5	第 11 期	15.16	第 18 期	6.79
第 5 期	80.24	第 12 期	16.92	第 19 期	5.37
第 6 期	66.52	第 13 期	17.72	结束日	10004.48

① 数据根据利率二叉树计算得到。

我们可以根据贴现公式，求出投资者购买这一理财产品并持有到期时的收益率。计算公式为

$$P=\frac{C_1}{(1+r)^1}+\frac{C_2}{(1+r)^2}+\cdots+\frac{C_n}{(1+r)^n} \tag{8-8}$$

其中，C_n 为第 n 年现金流，P 为期初投资额，n 为年数，r 为内部收益率。

根据得到的利息二叉树和收益率计算公式得到该理财产品的收益率为 1.72%，而同期的美国五年期国债收益率为 1.88%[①]，投资收益率偏低；而对于发行银行而言，商业银行可以按较低的成本(1.72%)吸引美元资金，即使将这部分理财产品资金直接投资美国国债，也可赚取一定利差，甚至可以将吸引的资金用于信贷，赚取更高的存贷利差。

除了上述方法之外，近年来出现了许多挂钩 LIBOR 的理财产品，其收益的大小依赖于某一固定期限的即期 LIBOR 利率。由此，需要对产品有效期内 LIBOR 利率每日变化的轨迹进行模拟，以确定理财产品的收益。为此，可以利用 Brace 等在 1997 年提出的 LIBOR 市场模型(LIBOR Market Model)来模拟短期利率的变化。

本 章 小 结

(1)　可赎回债券是指在普通债券的基础上内嵌了可提前赎回条款，允许发行人根据一组预先设定的赎回价格(Callable Price)在债券到期前向投资人赎回债券。发行人持有的赎回权是一个在标的价格上升的时候购买标的资产的权利，所以它是一个看涨期权。可回售债券则是在普通债券的基础上内嵌了可提前回售条款，允许投资者根据一组预先设定的回售价格(Puttable Price)在债券到期前卖还给发行人，从而有利于投资者避免在债券持有期内因利率上升、债券价格下跌而遭受更大的损失。投资者持有的可回售权是一个在标的价格下跌的时候出售标的资产的权利，所以它是一个看跌期权。

从国际经验来看，确定含权债券价值的一个标准模式是采用 BDT 二叉树利率模型进行分析。具体步骤和案例参见“可赎回债券与可回售债券的价值分析”一节。

(2)　可转换公司债券简称“可转债”，是公司债券的一种，它赋予持有人在发债后一定时间内，可依据本身的自由意志，在特定时间、按特定条件将持有的债券转换为发行公司的股票或者另外一家公司股票的权利。可转换公司债券一般包括以下主要条款：票面利率、面值、发行规模、期限、转股条款、转股价格调整条款、转股价格修正和保护条款、存续期限、偿还方式、赎回条款等。

从可转债在我国的实践情况来看，它的发展主要受市场面的影响。可转债的出现无疑为企业筹资提供了一条新的渠道，它的引入和发展，给我国证券市场带来了新的活力。

可转换公司债券是一种兼有债权性和股票期权性的混合型金融产品。因此，可转换公司债券价值由对应的不含可转换条款的普通债券价值和内嵌的期权价值两部分构成。普通债券的价值可利用第二章讲述的普通债券定价方法，即用投资者持有债券期间能够获得的现金流量的贴现值来表示。可转换公司债券内嵌的期权一般为美式看涨期权，因此其计算方法通常也有两大类：一是直接利用 Black-Scholes 期权定价模型给出的无收益资产美式看涨期权的定价公式；二是利用蒙特卡罗方法，模拟标的股票价格的变化路径，进而按可转

① http://www.treasurydirect.gov/RI/OFAuctions。

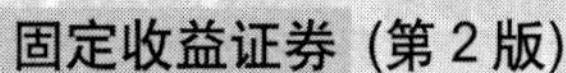

换公司债券的条款确定可转债的价值。

(3) 利率挂钩型结构化产品(Interest Rate Linked Structured Products)是指到期时发行人向投资者支付的收益与某种标的参考利率相挂钩，从而将投资者对未来利率走势的预期产品化。与其他挂钩型结构化产品一样，也可将其分解为固定收益证券和期权两个部分。按照产品收益受标的参考利率变动的影响方式，常见的利率挂钩型结构化产品主要有区间累积型产品、单向浮动型挂钩产品、固定期限利率互换挂钩型产品和触发型利率挂钩产品。

利率挂钩型结构化产品在国外首次出现于 1992 年至 1993 年，产品的推出满足了投资者在低利率时代渴望高收益的愿望。其后，该产品发行规模不断扩大，产品种类也日益丰富。在我国，利率挂钩型理财产品发行仍集中在外资银行。它们凭借丰富的开发管理经验、先进的产品结构设计、功能创新及产品定价等优势，根据投资者的产品需求及风险偏好，开发出利率挂钩型理财产品。

利用 BDT 模型的二叉树方法对利率挂钩型结构化产品进行定价的基本步骤如下：①估计期初的利率期限结构；②根据历史数据，估计波动率期限结构、各期限利率的波动率；③构造 BDT 模型利率二叉树；④根据理财产品条款，确定每期实际支付的利率；⑤确定每期支付的现金流，进行定价分析。

复习思考题

1. 假定目前市场上有一可回售债券，债券的面值为 100 元，票面利率为 2.53%，剩余期限为 3 年。该债券在一年后可以按照面值向发行人全部或部分回售债券。假设已经得到 2 年期利率二叉树图如图 8-12 所示。试估测该可回售债券在当前的理论价值。

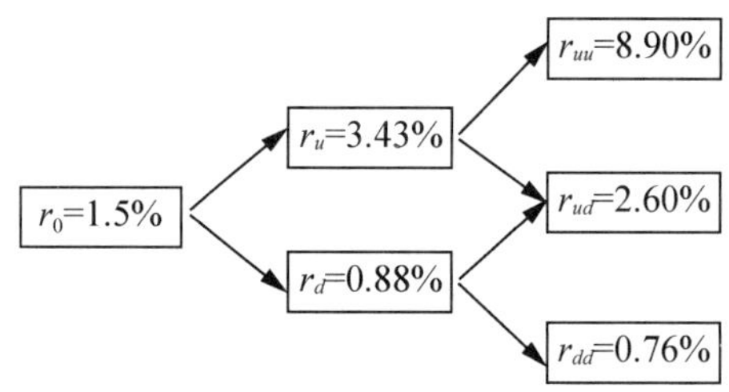

图 8-12　已经得到 2 年期利率二叉树图

2. 石化转债的基本条款如表 8-17 所示。

表 8-17　石化转债的基本条款

债券简称	石化转债
标的股票简称	中国石化
年限	6 年
发行日期	2011 年 2 月 23 日
止息日期	2017 年 2 月 23 日
转股期	2011 年 8 月 23 日至 2017 年 2 月 23 日
票面利率	6 年票息分别为 0.5%、0.7%、1.0%、1.3%、1.8%、2.0%，到期赎回价格 107 元(含最后一年利息)

续表

初始转股价	9.73 元
赎回条款	转股期内，当下述两种情形的任意一种出现时，公司有权决定按照债券面值加当期应计利息赎回全部或部分未转股的可转债：①在转股期内，如果公司 A 股股票在任何连续 30 个交易日中至少 15 个交易日的收盘价不低于当期转股价格的 130%(含 130%)；②当本次发行的可转债未转股余额不足人民币 3000 万元时
回售条款	无
向下修正条款	在可转债存续期内，当公司 A 股股票在 30 个连续交易日中至少 15 个交易日的收盘价低于当期转股价格 80%时，公司董事会有权提出转股价格向下修正方案，并提交公司股东大会表决，该方案须经出席会议的股东所持表决权的 2/3 以上通过方可实施。股东大会进行表决时，持有公司本次发行可转债的股东应当回避；修正后的转股价格应不低于该次股东大会召开日前 20 个交易日公司股票交易均价和前一交易日的公司股票交易均价，同时，修正后的转股价格不得低于最近一期经审计的每股净资产值和股票面值
资信等级	AAA

在 2011 年 2 月 22 日时，转债对应股票——中国石化的收盘价为 8.74 元，平均年化历史波动率为 26.41%，交易所剩余期限在 6 年左右、债券评级为 AAA 的企业债的市场平均到期收益率约为 5.12%。根据以上信息，对石化转债在期初时的理论价值进行分析。

3. 利率挂钩型结构化产品定价的主要步骤是什么？影响定价结果的主要因素是什么？

参 考 文 献

[1] 陈蓉，郑振龙. 固定收益证券[M]. 北京：北京大学出版社，2011.

[2] 徐忠. 中国债券市场发展中热点问题及其认识[J]. 金融研究，2015(2).

[3] 类承曜. 固定收益证券[M]. 5 版. 北京：中国人民大学出版社，2019.

[4] 弗兰克 • J. 法博齐. 固定收益证券手册[M]. 8 版. 范舟，等，译. 北京：中国人民大学出版社，2018.

[5] 姚长辉. 固定收益证券——定价与利率风险管理[M]. 3 版. 北京：北京大学出版社，2019.

[6] 张雪莹. 银行结构化理财产品定价研究[M]. 北京：中国金融出版社，2010.

[7] 张树德. 金融计算教程-MATLAB 金融工具箱的应用[M]. 北京：清华大学出版社，2007.